Die Funkentelegraphie im Recht.

Eine rechts- und verkehrsgeschichtliche Abhandlung

von

H. Thurn.

München, Berlin und Leipzig.
J. Schweitzer Verlag (Arthur Sellier).
1913.

Druck: Dr. F. P. Datterer & Cie. (Inh. Arthur Sellier) München und Freising.

Inhaltsverzeichnis.

Seite

Vorwort 5

Einleitung (Wirtschaftliche Bedeutung der Funkentelegraphie und technische Besonderheiten) 6

I. **Die drahtlose Telegraphie im internen Recht** 13

1. Funkentelegraphie und Telegraphenregal 13

2. Das Eingreifen der Gesetzgebung in den verschiedenen Staaten durch Erlaß besonderer Gesetze hinsichtlich des funkentelegraphischen Verkehrs 15

A. Gesetzliche Regelung der Funkentelegraphie in Deutschland . . . 16

B. Gesetzliche Regelung der Funkentelegraphie in fremden Staaten . . 34

a) Europa 34

b) Außereuropäische Staaten 50

C. Obligatorische Ausrüstung der Ozeandampfer mit Einrichtung der Funkentelegraphie 54

II. **Die Anwendung der völkerrechtlichen Grundsätze auf die drahtlose Telegraphie** 61

A. Die Funkentelegraphie in Friedenszeiten 61

B. Funkentelegraphie und Luftschiffe 67

C. Die Funkentelegraphie im Kriegsrecht 70

III. **Die internationale Regelung der Funkentelegraphie** 90

1. Die Vorkonferenz zur internationalen Regelung der Funkentelegraphie (Berlin 1903) 90

2. Der Berliner Funkentelegraphenvertrag 1906 . . . 95

3. Die Londoner Funkentelegraphenkonferenz 1912 und der Internationale Funkentelegraphenvertrag 97

Anhang:

1. Gesetz über das Telegraphenwesen des Deutschen Reichs vom 6. April 1892 121

2. Gesetz, betreffend die Abänderung des Gesetzes über das Telegraphenwesen des Deutschen Reichs vom 6. April 1892. Vom 7. März 1908 . . . 123

3. Verordnung über das Telegraphenwesen im Kiautschou-Gebiete. Vom 16. Oktober 1901 123

4. Verordnung über das Telegraphenwesen in den deutschen Schutzgebieten ausschließlich Kiautschou. Vom 15. Juni 1906 124

5. Bedingungen, von denen die Genehmigung zur Errichtung und zum Betriebe von Funkentelegraphenstationen an Bord deutscher Schiffe durch Privatunternehmer abhängig ist 125

6. Ausführungs-Übereinkunft zum Internationalen Funkentelegraphenvertrage (London 1912) 128

7. Sachverzeichnis zum Internationalen Funkentelegraphenvertrage, zum Schlußprotokoll und zur Ausführungs-Uebereinkunft 143

Literaturverzeichnis 148

Vorwort.

Die neuen Probleme, die beim Auftauchen der Funkentelegraphie im öffentlichen Verkehr gegeben waren, sind sofort von verschiedenen Seiten behandelt worden. Unter anderen Arbeiten — vgl. das Literaturverzeichnis — seien hier besonders die verdienstvollen Ausführungen von Dr. F. Scholz, Prof. L. Rolland, Prof. Bruno Zuculin und Prof. Dr. F. Meili erwähnt, die sich mehr oder minder mit völkerrechtlichen Fragen über den funkentelegraphischen Verkehr beschäftigen; verschiedene dieser Arbeiten sind allerdings bereits vor Inkrafttreten des Berliner Funkentelegraphenvertrags erschienen.

Eine zusammenfassende Monographie über das Recht und die Stellung der drahtlosen Telegraphie im öffentlichen Verkehr ist bisher nicht erschienen. Unter besonderer Berücksichtigung der Rechtsverhältnisse der Funkentelegraphie in Deutschland und unter gebührender Würdigung des Internationalen Funkentelegraphenvertrags (1912) sowie unter Hervorhebung der volkswirtschaftlichen Bedeutung dieses neuen Verkehrsmittels wird in der vorliegenden rechts- und verkehrsgeschichtlichen Abhandlung versucht, eine umfassende Darstellung der Entwicklung und des heutigen Standes der Rechtsverhältnisse der Funkentelegraphie zu geben, unter Anführung der einschlägigen Bestimmungen in den verschiedenen Staaten und im internationalen Recht. Es wird gezeigt, daß alle Glieder der internationalen Verkehrsgemeinschaft bemüht sind, den öffentlichen Verkehr durch internationale Abkommen zu schützen und zu regeln. Man darf nicht verkennen, daß die internationale Regelung der Funkentelegraphie nicht nur zu einer umfassenden Einigung der meisten Nationen, sondern auch zu der Erkenntnis geführt hat, daß kriegführende Mächte den Weltverkehr tunlichst wenig behindern sollen. Wir können in dem neuen Verkehrsmittel ein wichtiges Mittel erblicken, die einzelnen Staaten zu einer Rechtsgemeinschaft enger zusammenzuschließen. — In den völkerrechtlichen Ausführungen sind nur solche Punkte herausgegriffen worden, die m. E. allgemeines Interesse beanspruchen dürfen, und die teils infolge inzwischen eingetretener Tatsachen praktische Bedeutung gewonnen haben — die Gewohnheit wird hier zum wirklichen Rechtserzeuger — oder durch Beschlüsse internationaler Körperschaften eine Besprechung notwendig erscheinen ließen, wenngleich die konventionsartigen Ergebnisse dieser Verhandlungen im allgemeinen nur selten für internationale Verträge vorbildlich gewesen sind.

In der Arbeit sind insbesondere meine Aufsätze über diese Materie in den „Annalen des Deutschen Reichs für Gesetzgebung, Verwaltung und Volkswirtschaft" mitbenutzt worden; es sind dies: „Die Funkentelegraphie im Seekriegsrecht", Nr. 5/1912, „Die Funkentelegraphie im internationalen Recht", Nr. 1/1913 und „Die interne Regelung der Funkentelegraphie" in Nr. 5/1913.

Berlin-Friedenau, im Juli 1913.

Der Verfasser.

Einleitung.

„Die Erfindung der drahtlosen Telegraphie und des lenkbaren Luftballons stellt die großartigsten Triumphe des nie rastenden Geistes der neuzeitlichen Technik dar und der Weltverkehr erhält durch die neugeschaffenen Verkehrsmittel eine weitere intensive Belebung, weil sie sehr ernsthaft dazu beiträgt, Raum und Zeit zu besiegen.

Die Großtaten der Technik üben auf das moderne Leben einen gewaltigen Einfluß aus; insbesondere wird die Rechtswissenschaft dazu angeregt, neben dem antiken Rechte auch dem modernen Rechte ihre besondere Aufmerksamkeit zu schenken und namentlich das Verkehrsrecht als Spezialrechtsgebiet zu pflegen. Die Weltverkehrsanstalten sind m. E. die Herolde eines Weltrechts, das sich im Tempo der Geschichte innerhalb einzelner besonderer Gebiete zweifellos herausbilden wird." [1])

Unsere heutige moderne Jurisprudenz darf bei neuen technischen Erfindungen nicht ruhig zuschauen und warten, bis praktische Fälle den Ausbau des Rechts dringend fordern. Um den Lebensverhältnissen nicht nachzuhinken, muß sie, da bei technischen Errungenschaften auf dem Gebiete des Verkehrswesens meistens sofort rechtliche Probleme auftauchen, sogleich beim Erscheinen der neuen Gebilde, diese richtig und zielbewußt erfassen und die Rechtssätze aufstellen, die dafür maßgebend sein sollen.

Die drahtlose Telegraphie hat sich in kürzester Zeit als neues, bedeutsames Glied in die große Kette der glänzenden technischen Errungenschaften eingefügt, die unsere Kulturperiode der Elektrizität auszeichnen. Wissenschaft und Praxis haben hier ein für das gesamte Verkehrs- und Nachrichtenwesen hervorragendes Werk geschaffen: eine sichere, nur noch ausnahmsweise durch atmosphärische Erscheinungen beeinflußte Verständigung ist in wirtschaftlicher Weise ermöglicht. Kein Wunder, daß die Funkentelegraphie bald das wissenschaftliche Interesse aller Gebildeten erregte und zur Schaffung neuer gesetzlicher Grundlagen Veranlassung gab.

Vor Eintritt in unsere rechtsgeschichtliche Darstellung der Funkentelegraphie im internen und internationalen Recht seien zunächst von der Technik diejenigen Punkte hervorgehoben, in denen die Funkentelegraphie sich von der elektrischen Drahttelegraphie grundsätzlich unterscheidet, und infolgedessen neue Rechtslagen geschaffen hat.

Während bei der gewöhnlichen Drahttelegraphie elektrische „Ströme" mittels Metalldrähten von der Aufgabe- bis zur Empfangsstelle geleitet werden und dort die Empfangsapparate in Bewegung setzen, besteht das Prinzip der Funkentelegraphie darin, daß hier elektrische „Wellen" durch den Luftraum einen Verkehr ermöglichen, ohne daß eine materielle Verbindung zwischen Absende- und Empfangsstation besteht. Zur Ausstrahlung

---

[1]) Dr. F. Meili, Die drahtlose Telegraphie im internen Recht und Völkerrecht. Zürich 1908, S. 77. — Meili, der in einer Reihe von Schriften das gesamte Gebiet der heutigen Transport- und Verkehrsanstalten juristisch behandelt hat, beleuchtet in der genannten Arbeit die drahtlose Telegraphie vom Standpunkt des Völkerrechtslehrers aus, stellt sozusagen die Zivilrechtsverhältnisse dieses modernen Verkehrsmittels fest und untersucht die einschlägigen Fragen auf Grund des internen und fremden Rechtes, soweit dies beim Erscheinen der Schrift schon möglich war.

der Energie und zum Auffangen der elektrischen Wellen benutzt man ein besonders aus Drähten gebildetes Luftleitersystem, die „Antenne". Ein Zeichen — zur Verwendung kommt allgemein das internationale Morsealphabet — wird dadurch funkentelegraphisch übertragen, daß der Telegraphist in gewöhnlicher Weise die Morsetaste handhabt und hierdurch einen Stromkreis schließt, in dem im allgemeinen ein Induktorium als Wechselstromquelle, Leydener Flaschen als Kapazität und eine Funkenstrecke als Erreger der elektrischen Schwingungen liegen. Dieser Stromkreis liefert seine Energie an den Luftleiter, von wo sie in Form elektromagnetischer Wellen ausgestrahlt wird. Eine eigentliche Übertragung der Elektrizität selbst findet nicht statt; es handelt sich hier vielmehr nur um eine Übertragung der elektrischen Zustandsänderung des Raumes zur Empfangsstelle. Die Wellen (elektrische Verschiebungsströme mit periodisch wechselnder Intensität) treffen auf die Antenne der Empfangsstation und erregen in dem Luftleiter dieser Station elektromotorische Kräfte; die Wellen laden die Energie, welche sie tragen, gleichsam auf den Luftleiter über. Es entstehen somit im Empfangsluftleiter ebensolche Schwingungen wie im Sender. Die Schwingungen betätigen im Empfänger den mangels eines „elektrischen Sinnes" eingeschalteten Wellenanzeiger (Detektor), der die Anwesenheit elektrischer Wellen kundgibt. Mit Hilfe dieses feinen Reagenzmittels für funkentelegraphische Wellen werden die von der Gebestation ausgestrahlten Wellen im Empfangsapparat (Morseschreiber, photographischer Lichtschreiber oder in den meisten Fällen ein Fernhörer) registriert.

Nach Kausen [2]) liegt somit das Eigentümlich-Gegensätzliche der Funkentelegraphie zur gewöhnlichen Drahttelegraphie darin, daß „die bisherige Telegraphie vermittels eines im Einzeleigentum stehenden Drahtes durch den Luftraum bestimmt vieler Grundstückseigentümer oder souveräner Staaten usw. hindurch die Nachrichten vermittelte, während die Radiotelegraphie sich der res omnium communis Atmosphäre bedienen muß, um durch den Luftraum unbestimmt vieler Grundstückseigentümer oder souveräner Staaten usw. hindurch zu ihrem Ziele zu gelangen".

Bei der Drahttelegraphie handelt es sich also um eine geschlossene Anlage, während wir bei der Funkentelegraphie verschiedene, miteinander nicht zusammenhängende Anlagen unterscheiden müssen.

Die drahtlose Nachrichtenübermittelung [3]) ist an eine bestimmte Raumrichtung nicht gebunden und leidet nicht unter der lästigen Arbeit der Herstellung eigener Drahtleitungen. Darum sehen wir sie heute schon auf den verschiedenen Plätzen und in den verschiedensten Zweigen beschäftigt. Die Fahrzeuge der Handels- und Kriegsmarine sowie die Luftschiffe können funkentelegraphisch unter sich und mit den ebenfalls untereinander in Verbindung stehenden Landstationen in Verkehr treten, ohne daß andere Mittel als Sende- und Empfangsapparate nötig sind. Sie findet ferner Verwendung im Eisenbahnsicherungsdienst sowie im meteorologischen Wetterdienst und vermittelt die Verständigung bei wissenschaftlichen Arbeiten physikalischer oder geodätischer Natur usw.

---

[2]) Kausen, Die Radiotelegraphie im Völkerrecht, München 1910 S. 45.

[3]) Wer sich für eine allgemein verständliche Darstellung der Technik der Funkentelegraphie sowie für eine allgemeine Schilderung ihres Einflusses auf den Wirtschaftsverkehr und das Verkehrsleben usw. interessiert, sei auf mein in der Sammlung „Aus Natur und Geisteswelt" erschienenes Buch „Die Funkentelegraphie" (Leipzig, 2. Auflage 1913) verwiesen

Große Erfolge zeitigte die Funkentelegraphie auf dem Gebiete des militärischen Nachrichtenwesens, indem sie heute nicht nur ein unzertrennbarer Begleiter größerer manövrierender Truppen- und Schiffsverbände geworden ist, sondern auch bereits die Feuerprobe des Ernstfalls glänzend bestanden hat. (Vgl. den russisch-japanischen Krieg sowie die Expeditionen unserer Truppen in Deutsch-Südwestafrika. Auch bei den Expeditionen der Franzosen und Spanier in Marokko und der Italiener in Tripolis hat die Funkentelegraphie der Heerführung wichtige Dienste geleistet).

Durch die wachsende Bedeutung der drahtlosen Telegraphie, die sich in den jüngsten Kämpfen als hervorragendes Kriegsmittel besonders für die Flotte erwiesen hat, ist die Frage der rechtlichen Stellung der Funkentelegraphie im Kriege in den Brennpunkt des praktischen Interesses getreten. Die Heeres- und Marineverwaltungen der größeren Staaten werden heute dieses neueste Nachrichtenmittel nicht mehr entbehren wollen oder können. Ein moderner Krieg ohne Anwendung sämtlicher technischer Hilfsmittel, also auch der Funkentelegraphie, ist heute nicht mehr denkbar; eine Einschränkung dieses hervorragenden Mittels zur Benachteiligung der Gegner im Kriegsfalle durch internationale Abmachungen erscheint aussichtslos. So sehen wir bereits heute völkerrechtliche Probleme gegeben und Rechtsfragen aufgetaucht, deren Lösung um so schwieriger ist, als das Völkerrecht und die gesamte juristische Forschung vielfach vor ganz neuen, unerhörten Begriffen stehen, die auf noch unbetretenen Wegen erst mühsam erforscht werden müssen, zumal manche scheinbar endgültig festgelegten Begriffe des bisher geltenden Kriegsrechts gegenüber der Anwendung der drahtlosen Telegraphie versagen.

Das wichtigste Verwendungsgebiet der Funkentelegraphie ist nach wie vor der Seeverkehr. In erster Linie stellen die funkentelegraphischen Bordstationen einen unmittelbaren Verkehr auf hoher See zwischen der Schiffsleitung und den Reedereien oder den Schiffsagenturen her. Der Kapitän kann heute jederzeit mit neuen Weisungen versehen werden; die auf hoher See befindlichen Dampfer können ferner bei eintretender politischer Spannung oder beim Ausbruch eines Krieges rechtzeitig gewarnt und so u. U. viele Millionen schwimmenden Nationalvermögens gerettet werden.

Auch für nautische Zwecke ist das Vorhandensein einer Bordstation äußerst wertvoll. Die Bordstation ermöglicht den Empfang der von großen Funkentelegraphenstationen ausgesandten Zeitsignale (in Deutschland: Norddeich, in Frankreich: Eiffelturm-Paris, in den Vereinigten Staaten von Nordamerika: Arlington bei Washington) Wettervorhersagen, Sturmwarnungen, wichtiger nautischer Mitteilungen über Seezeichen, Wracks usw. Besondere Wichtigkeit erlangt jedoch die Bordstation bei Nebel und unsichtigem Wetter, in Sturm und Seenot; zahlreiche Fälle sind bekannt, in denen die Rettung der Passagiere und des Schiffes oder wenigstens eines Teils der wertvollen Ladung nur durch Funkentelegraphie gelungen ist. Ein mit Funkentelegraphenapparaten ausgerüstetes Schiff befährt also mit weit größerer Sicherheit die Meere, als ein Fahrzeug ohne dieses Nachrichtenmittel. Die Beriebssicherheitt wird aber nicht nur dadurch wesentlich erhöht, daß ein Schiff in der Stunde der Not durch Funkentelegraphie Hilfe herbeirufen kann, sondern auch dadurch, daß mit Hilfe der oben erwähnten funkentelegraphischen Zeitsignale die Schiffschronometer kontrolliert und falsche Längenbestimmungen und Kursberechnungen korrigiert werden können. Diese Möglichkeit dürfte besonders für diejenigen Dampfer von großer Wichtigkeit sein, die die Küstengewässer in fremden Ländern befahren, da diese vielfach noch nicht hinreichend vermessen, daher für die Schiffahrt gefährlich sind. Funkentelegraphische Einrichtungen an Bord erleichtern also der Schiffsführung wesentlich ihre Aufgabe und verringern die Schiffsverluste; die schon mehrfach ausgesprochene Forderung der Herabsetzung der hohen Versicherungsprämien für Schiffe mit funkentelegraphischen Bordstationen erscheint sonach gerechtfertigt.

Auch ein fortlaufend erscheinendes Schiffstageblatt ist auf größeren Passagierdampfern durch Einführung der drahtlosen Telegraphie möglich geworden; die Küstenstation Norddeich sendet z. B. täglich ausführliche Zeitungsberichte über wichtige politische Vorgänge, Parlamentsberichte, Börsennachrichten, Kurse usw., die von verschiedenen Dampfern noch in Entfernungen von 4000 km aufgenommen worden sind. Die Passagiere sind so dauernd über wichtige politische Vorgänge unterrichtet, erhalten Handelsnachrichten, Börsenkurse und bleiben auf den wichtigsten Strecken fast stets in Verbindung mit ihrer Familie; sie können ihren Angehörigen Mitteilung über das Befinden, über geschäftliche Dinge usw. zukommen lassen. Der auf deutschen Schiffen versuchsweise eingeführte „Ozeanbrief", der mit Hilfe der Bordstationen drahtlos vom Schiff an ein in entgegengesetzter Richtung fahrendes Schiff gegeben und dann im nächsten Hafen als Brief der Post zur Weiterbeförderung übergeben wird, erfreut sich infolge seiner großen Billigkeit und der Beschleunigung in der Beförderung bei den Passagieren großer Beliebtheit.

Für Frachtdampfer und Fischerei-Fahrzeuge ist der Besitz von Bordstationen ebenfalls von großer Bedeutung. Eine Bordstation bietet den Fischerei-Fahrzeugen z. B. die Möglichkeit, sich über Fangplätze zu verständigen, neue Anweisungen einzuholen, ihren Fang lange vor dem Eintreffen im Hafen zu melden, Sturmwarnungen entgegenzunehmen usw. — Auch bei Frachtdampfern, bei denen das Verkehrsbedürfnis für Privatnachrichten nur gering ist, dürfte sich eine Bordstation als ein wichtiges Mittel zur Sicherung der Navigation darstellen. — Die Schiffsleitung erspart durch eine solche Station außerdem viel Zeit, da sie in der Lage ist, den Agenturen ihre genaue Ankunftzeit im Hafen rechtzeitig mitzuteilen und ferner die Anzahl der auszuladenden Frachtstücke und den Bedarf an Kohlen, Proviant, Frischwasser usw. anzugeben. Ferner sind die Schiffsleitungen in der Lage, auf großen Entfernungen Mitteilungen über Wind und Wetter, schwimmende Wracks, veränderte Strömung, Landungsverhältnisse usw. auszutauschen. Auch werden den Dampfern durch Aufnahme der funkentelegraphischen Zeitsignale die sonst nötigen, langwierigen Zeitkontrollen, Sonnenhöhebestimmungen, Monddistanzberechnungen usw. erspart.

Wie schnell die Funkentelegraphie im öffentlichen Leben festen Fuß gefaßt hat, geht aus der nachfolgenden Übersicht hervor.

Die Nachweisung ist nach dem vom Internationalen Bureau des Welttelegraphenvereins herausgegebenen „Internationalen Verzeichnis der Funkentelegraphenstationen" nach dem Stande vom Juni 1913 (einschließlich Nachtrag Nr. 1 vom 15. Juni 1913) gefertigt. Einen Anspruch auf Vollständigkeit macht diese Nachweisung nicht, da einige Staaten mit genauen Angaben noch rückständig sind und andrerseits einzelne Stationen (z. B.

Name des Landes	Küstenstationen: Zahl der Stationen	Davon nach dem System: Telefunken	Davon nach dem System: Marconi	Davon nach dem System: Versch.	Davon dienen dem: Allgem. öff. Verkehr	Davon dienen dem: Beschr. öff. Verkehr	Davon dienen dem: Dienstverkehr und Seenot	Bordstationen: Zahl der Stationen	Davon nach dem System: Telefunken	Davon nach dem System: Marconi	Davon nach dem System: Versch.	Davon auf: Kriegsschiffen	Davon auf: Handelsschiffen [1])	Bemerkungen
Alaska	17	—	—	17*	16	—	1	1	—	1	—	—	1	* meistens Staatssystem.
Aegypten	1	—	1	—	1	—	—	1	—	1	—	—	1	
Austral. Staatenbund	9	2	—	7	9	—	—	2	—	—	2	2	—	
Belgien	1	—	1	—	1	—	—	16	—	16	—	—	16	
Belg.-Kongo	12	3	—	9*	11[2])	1	—	—	—	—	—	—	—	* Radio-Electrique.
Brit. Guyana	1	—	—	1	1	—	—	—	—	—	—	—	—	
„ Indien	11	—	3	8*	8	3	—	2	—	2	—	—	2	* Lodge-Muirhead.
„ Somaliland	2	—	2	—	2	—	—	—	—	—	—	—	—	
Brasilien	14	7	4	3	8	—	6	25	7	15	3	25	—	
Bulgarien	1	—	1	—	1	—	—	—	—	—	—	—	—	
Canada	37	—	35	2	37	—	—	53	1	46	6	2	51	
Ceylon	1	—	1	—	1	—	—	—	—	—	—	—	—	
Chile	4	1	3	—	—	—	4	9	—	9	—	9	—	
China	2	—	—	2	1	—	1	—	—	—	—	—	—	
Cocos-Keeling	1	—	1	—	1	—	—	—	—	—	—	—	—	
Cuba	1	—	—	1	1	—	—	—	—	—	—	—	—	
Curaçao	3	3	—	—	1	2	—	—	—	—	—	—	—	
Dänemark	8	7	—	1	1	7	—	26	5	4	17*	17	9	* System nicht bezeichnet.
Deutschland (Mutterland)	17	17	—	—	7	10	—	436	303	—	133*	133*	303	* System nicht bezeichnet.
„ (Schutzgebiete)	7	7	—	—	7	—	—	—	—	—	—	—	—	
Erythrea	1	—	1	—	—	—	—	—	—	—	—	—	—	
Falkland Inseln	1	—	1	—	1	—	—	—	—	—	—	—	—	
Fidji Inseln	3	—	3	—	3	—	—	—	—	—	—	—	—	
Frankreich	18	—	—	18*	12	—	6	278	—	55	223*	150	128	* meistens franz. Marine und franz. Staat.
Franz. Aequatorial-Afrika	1	—	—	1	1	—	—	—	—	—	—	—	—	
„ Indo-China	3	—	—	3	3	—	—	—	—	—	—	—	—	
„ West-Afrika	5	—	—	5	4	1	—	—	—	—	—	—	—	
Gibralta	2	—	1	1	—	—	2	—	—	—	—	—	—	
Goldküste	1	—	1	—	1	—	—	—	—	—	—	—	—	

Griechenland	2	1	1	—	—	—	2	24	9	15	—	20	4	
Großbritannien	51	—	20	31*	10	2	39	1124	42	572	510*	416	708	* meistens Marine-System.
Hawai	2	—	—	2	—	—	2	—	—	—	—	—	—	
Hongkong	1	—	—	1	—	—	1	—	—	—	—	—	—	
Japan	7	—	—	7*	7	—	—	95	—	—	95*	64	31	* Teishinsho u. staatl. System.
Italien	25	—	20	5	17	—	8	160	—	160	—	110	50	
Ital. Somaliland	8	—	8	—	1	7	—	—	—	—	—	—	—	
Liberia	2	1	—	1	2	—	—	—	—	—	—	—	—	
Madagaskar	3	—	—	3	3	—	—	—	—	—	—	—	—	
Malta	2	—	—	2	—	—	2	—	—	—	—	—	—	
Marianen (Inf.)	1	—	—	1	—	—	1	—	—	—	—	—	—	
Marokko	4	—	—	4	3	—	1	—	—	—	—	—	—	
Mexiko	9	9	—	—	9	—	—	—	—	—	—	—	—	
Monaco	—	—	—	—	—	—	—	1	—	—	1	1	—	
Neu-Seeland	2	2	—	—	2	—	—	17	6	11	—	—	17	
Niederlande	6	2	—	4	1	—	5	94	32	52	10	28	66	
Niederl. Indien	3	2	—	1	3	—	—	1	1	—	—	—	1	
Norwegen	8	8	—	—	7	—	1	36	8	5	23	21	15	
Oesterreich	1	1	—	—	1	—	—	35	33	1	1	—	35	
Oesterreich-Ungarn	3	3	—	—	2	—	1	55	55	—	—	55	—	
Panama	3	—	—	3	2	—	1	—	—	—	—	—	—	
Philippinen	16	—	—	16	7	—	9	—	—	—	—	—	—	
Portugal	6	—	1	5*	6	—	—	8	—	8	—	4	4	* alle de Forest.
Puertorico	1	—	—	1	1	—	—	—	—	—	—	—	—	
Rumänien	1	—	—	1	—	1	—	5	—	—	5*	—	5	* Branly-Popp.
Rußland	26	13	—	13	12	—	14	94	—	—	94*	82	12	* System meistens nicht bezeichn.
Spanien (Mutterland)	18	9	7	2	7	2	9	66	8	58	—	10	56	
" (Kolonien)	4	4	—	—	1	—	3	—	—	—	—	—	—	
Schweden	5	2	—	3	4	1	—	56	8	9	39*	38	18	* System nicht bezeichnet.
Südafrik. Union	2	—	2	—	2	—	—	—	—	—	—	—	—	
Tunis	1	—	—	1	—	—	1	6	6	—	—	5	1	
Uruguay	3	3	—	—	3	—	—	—	—	—	—	—	—	
Vereinigte Staaten von Amerika	77	2	23	52*	36	13	28	313	1	89	223*	218	95	* Meistens staatl. Marinesyst.
Westindien	4	—	—	4	3	—	1	—	—	—	—	—	—	
Zanzibar	2	—	—	2	2	—	—	—	—	—	—	—	—	
Insgesamt	494	112	141	241	294	50	150	3039	525	1129	1385	1410	1629	
			444			494				3039		3039		

¹) Die auf Handelsschiffen befindlichen Bordstationen dienen durchweg dem allgemeinen öffentlichen Verkehr.
²) Von den belgischen Kongostationen dient nur eine Station dem Seeverkehr; die übrigen Stationen sind Binnenlandstationen.

Militär- und Marinestationen) dem Bureau nicht mitgeteilt zu werden brauchen. Dies geht z. B. daraus hervor, daß die Telefunkengesellschaft (ohne die für die deutsche Marine- und Militärbehörden gebauten Stationen) am 1. April 1913 insgesamt 1565 Stationen geliefert hatte, und zwar 392 feste Stationen, 946 Bordstationen und 228 Militärstationen. Man schätzt heute die Gesamtzahl sämtlicher Funkentelegraphenstationen auf über 4000.

Welche Bedeutung die Funkentelegraphie für den Seeverkehr gewonnen hat, geht aus dem drahtlosen Telegrammverkehr hervor. Im Kalenderjahr 1912 sind von den deutschen Küstenstationen insgesamt 23768 Funkentelegramme bearbeitet worden; hierunter befanden sich 6115 an Bordstationen abgegebene und 14296 von Bordstationen auf hoher See aufgenommene Funkentelegramme. Die Küstenstation Norddeich hat im Jahre 1912 insgesamt 5895 Funkentelegramme abgegeben und 2117 Telegramme aufgenommen; unter den abgegebenen Telegrammen befanden sich 732 Zeitungstelegramme mit durchschnittlich täglich 282 Wörtern, ferner 366 Wettertelegramme, 60 Sturmwarnungen und 5 Nachrichten für Seefahrer. Von den englischen Küstenstationen sind im Rechnungsjahr 1911/12 insgesamt 6680 Funkentelegramme an Schiffe gegeben und 33827 Telegramme von Schiffen aufgenommen worden. Von den französischen öffentlichen Küstenstationen wurden nach dem Journal officiel vom 3. März 1912 in der Zeit von Oktober 1910 bis September 1911 insgesamt 16492 Funkentelegramme bearbeitet; den stärksten Verkehr hatten die Küstenstationen Ouessant (8037 Telegramme) und St. Maries-de-la-Mer (4725 Telegramme). Die deutschen Schiffe — Bordstationen der Debeg — haben im Jahre Oktober 1911/12 auf 577 Reisen 92587 Funkentelegramme, also im Durchschnitt 161 auf jeder Reise bearbeitet; hierzu kommen noch 4674 Ozeanbriefe (Brieftelegramme) mit 137065 Wörtern. Allein von einem zwischen Hamburg und New-York verkehrenden Personendampfer sind während einer Hin- und Rückreise 526 Telegramme mit 6664 Wörtern übermittelt und empfangen worden.

Für die Rechtslage ist der Umstand von der größten Bedeutung, daß es bis heute nicht gelungen ist, eine unbedingt „gerichtete" Funkentelegraphie einwandfrei in der Praxis zu ermöglichen, so daß bei dem augenblicklichen Stande der Funkentechnik die einzelnen Stationen sich bei gleichzeitigem Arbeiten mit annähernd gleichen Wellenlängen meistens stören werden. Auch der Umstand, daß verschieden „abgestimmte" Stationen imstande sind, durch Aenderung ihrer Wellenlängen die für andere Stationen bestimmten Telegramme aufzufangen oder die andern Sendestationen durch Zwischentelegraphieren lahmzulegen, ist seiner rechtlichen Folgen wegen besonders zu beachten, denn er beweist die Unsicherheit der Uebermittelung und die Unmöglichkeit der unbedingten Wahrung des Telegraphengeheimnisses. Hierauf ist z. B. die durch den Internationalen Funkentelegraphenvertrag vorgeschriebene tunlichste Einschränkung des funkentelegraphischen Verkehrs auf See und an der Küste sowie die gesetzliche Festlegung der von den verschiedenen Stationen zu benutzenden Wellenlängen zurückzuführen. Es darf nicht übersehen werden, daß infolge der Erschwerung der rechtlichen Lage durch die noch vorhandenen Mängel in dem funkentelegraphischen Verkehr den Funkentechnikern durch die Rechtswissenschaft die Punkte nachgewiesen werden, wo ihre Technik noch verbesserungsbedürftig ist.

I. Die drahtlose Telegraphie im internen Recht.

Bei dem internationalen Charakter der drahtlosen Telegraphie, die infolge ihrer hervorragenden Wichtigkeit für den Nachrichtendienst sowohl im Frieden, als auch im Land- und Seekrieg bald zu den hervorragendsten Verkehrsmitteln rechnete und naturgemäß sehr bald ihren Wirkungskreis über den innerstaatlichen Nachrichtenverkehr hinaus erweiterte, ist es kein Wunder, daß sich schon kurz nach ihrer Einführung neben dem internationalen auch das nationale Recht mit ihr befaßte. Bevor wir hier auf die interne Regelung der Funkentelegraphie näher eingehen, sei zunächst erörtert, aus welchen Gründen die Funkentelegraphie unter das Telegraphenregal fällt.

1. Funkentelegraphie und Telegraphenregal.

Nach dem heutigen Stande der Gesetzgebung in den einzelnen Staaten kann man in bezug auf ihre Stellung der neuen Erfindung gegenüber nach Meili[1]) drei Gruppen unterscheiden:

1. Es gibt Staaten, die die drahtlose Telegraphie als einen Teil des Telegraphenmonopols ansehen und, darauf gestützt, Verfügungen und Anordnungen treffen, die dieser juristischen Anschauung entsprechen;
2. es gibt Staaten, die die Errichtung und den Betrieb der drahtlosen Telegraphie ausdrücklich als Monopol erklären und dessen Verletzung unter Strafe stellen;
3. es gibt koloniale Rechtsgebiete, die sich nicht damit begnügen, den Monopolcharakter der drahtlosen Telegraphie zu proklamieren oder als gegeben anzusehen, sondern noch besonders den Privaten jede Errichtung von Apparaten auf eigenem Grund und Boden verbieten, unter Strafe stellen und Einziehung der Einrichtungen androhen.

Wenn die neue Erfindung als eine weitere Ausgestaltung der bisherigen Telegraphie zu bezeichnen ist, dann muß die Funkentelegraphie unter das Staatsmonopol in jenen Staaten fallen, in denen es ein Telegraphenregal gibt, und sich auch in anderen Punkten der bestehenden Telegraphengesetzgebung unterordnen. Nach der ursprünglichen Erklärung des Begriffes „Telegraphie" von Scheffler[2]) ist ein „Telegraph jede Vorrichtung, die eine Nachrichtenbeförderung dadurch ermöglicht, daß der an einem Orte zum sinnlichen Ausdruck gebrachte Gedanke an einem entfernten Orte wahrnehmbar wieder erzeugt wird, ohne daß der Transport eines Gegenstandes mit der Nachricht erfolgt".

In beinahe wörtlicher Anlehnung an die Schefflersche Definition erklärte das Reichsgericht:[3]) „Jede Nachrichtenbeförderung, welche nicht durch den Transport des körperlichen Trägers der Nachricht von Ort zu

---

[1]) Meili, Die drahtlose Telegraphie im internen Recht und Völkerrecht, Zürich 1908, S. 16/17.

[2]) Scheffler, Begriff der Telegraphie. Im Gerichtssaale, Bd. 36/1884 S. 481.

[3]) Erkenntnis vom 28. Februar 1889. (RGSt. Bd. 19 S. 55 ff.)

Ort, sondern dadurch bewirkt wird, daß der an einem Orte zum sinnlichen Ausdruck gebrachte Gedanke an einem andern Orte sinnlich wahrnehmbar wieder erzeugt wird, fällt dem Wesen der Telegraphenanstalten anheim." Nach dieser extensiven Erklärung des Begriffs „Telegraph" umfaßt dieser somit alle möglichen Methoden der Nachrichtenübermittelung, gleichgültig, ob es sich dabei um die Verwendung der Elektrizität, der pneumatischen Bewegungskräfte oder der akustischen Signale handelt. Die Ausführungen Dambachs[4]) lassen es unbestritten, daß unter dem Begriff des Telegraphen nicht nur die elektrischen Telegraphen fallen, sondern alle Vorrichtungen, durch die eine Nachrichtenbeförderung in der vorstehend dargelegten Weise ermöglicht wird. Es gehören hiernach auch optische Telegraphen, akustische Telegraphen, Läutesignale zur Vermittelung von Nachrichten usw. zu den Telegraphen.

Auch das Institut de Droit international, das sich gleich nach der Erfindung der drahtlosen Telegraphie um die Ordnung der auftauchenden völkerrechtlichen Fragen sehr verdient gemacht hat, stellte in dem von ihm in der Sitzung von Gent angenommenen Reglement[5]) die Funkentelegraphie der elektrischen Telegraphie gleich, indem es auf Antrag des Referenten P. Fauchille im Artikel 2 den Satz aussprach: „Aus Mangel an besonderen Vorschriften sind die für den gewöhnlichen telegraphischen Verkehr geltenden Regeln auch auf den drahtlosen Telegrammverkehr anzuwenden."

Noch verschiedene andere Schriftsteller, die sich zu dieser Frage geäußert haben, nehmen denselben Standpunkt ein. So sagt z. B. Scholz:[6]) „Daß funkentelegraphische Einrichtungen unter den Begriff des Telegraphen fallen, kann keinem Zweifel unterliegen. Draht- oder Kabelleitung ist nicht begriffliche Voraussetzung der Telegraphie. Wesen der Telegraphie ist unkörperliche Nachrichtenübertragung. Daher fällt auch die Telephonie (also auch die drahtlose Telephonie) hierunter."

Auch Joyce[7]) und Rolland[8]) rechnen die drahtlose Telegraphie, trotz der großen Unterschiede, die sie mit der bisherigen Drahttelegraphie aufweist, zur gleichen Familie. Rolland sagt: „Der Funkentelegraph ist ein Verkehrsmittel. Er ist verwickelter und vollkommener als der gewöhnliche Telegraph. Aber er ist dennoch von derselben Art. Besonders mit dem gewöhnlichen (elektrischen) Telegraphen hat er sehr große Aehnlichkeiten. Er ist sozusagen von der gleichen Familie wie dieser."

Nach der Entstehungsgeschichte des Gesetzes über das Telegraphenwesen des Deutschen Reiches vom 6. April 1892 — RGSt. Bd. 19 S. 55; Drucksachen des Reichstags, Session 1890/91, Nr. 308 S. 2104 und Session 1890/92, Nr. 460 S. 2701/02 — fallen Funkentelegraphenanlagen unzweifelhaft unter die Telegraphenanlagen im Sinne des Gesetzes, da, wie schon erwähnt, nach dem Willen des Gesetzgebers das Telegraphenregal jede Nachrichtenbeförderung umfaßt, die dadurch bewirkt wird, „daß der an

---

[4]) Dambach, Das Telegraphen-Strafrecht nach der deutschen Gesetzgebung. Berlin 1897, S. 6. Vgl. ferner: Erkenntnisse des Reichsgerichts vom 20. September 1881 und 28. Februar 1889.

[5]) „Règlement sur le régime international de la télégraphie sans fil" im Annuaire de l'Institut de droit international 1906, XXI S. 76—87 (Rapport), S. 328.

[6]) Scholz, Drahtlose Telegraphie und Neutralität. Berlin 1905, S. 19.

[7]) Joyce, A treatise on electric law, I, §§ 2 und 3.

[8]) Rolland, La télégraphie sans fil et le droit des gens. In Revue générale de droit international public. XIII S. 63.

einem Ort zum sinnlichen Ausdruck gebrachte Gedanke an einem andern Ort sinnlich wahrnehmbar wieder erzeugt wird". Diese Voraussetzung ist bei den Funkentelegraphenanlagen gegeben.

Nach den gemachten Ausführungen unterliegt es keinem Zweifel, daß die Funkentelegraphie unter den Oberbegriff der Telegraphie fällt. Daraus folgt aber, wie Meili[9]) ausführt, „daß sie überall da, wo ein Staatsmonopol der Staatstelegraphie existiert, als ein Teil dieses Monopols anzusehen ist. Der Betrieb von Anlagen dieser neuen Spielart der Telegraphie gehört also in die exklusive Tätigkeit des Staates, wenn und soweit die Vermittelung von Nachrichten in Frage kommt. Man darf dabei nicht etwa sagen, der Schluß gehe deswegen zu weit, weil man zur Zeit der Promulgation der Telegraphengesetze von der neuen Erfindung noch nichts gewußt habe. Für die Frage der Regalität ist es unerheblich, ob die Methode der elektrischen Telegraphie eine Gestalt angenommen hat, welche von der zur Zeit der Promulgation des Telegraphengesetzes allein und heute noch vorwiegend herrschenden erheblich abweicht."

Wenn somit die Funkentelegraphie als neue Spielart der elektrischen Telegraphie unter das Telegraphenmonopol fällt, so ist daraus weiter zu schließen, daß die in den einzelnen Staaten geltende interne Telegraphengesetzgebung auch auf dieses neue Verkehrsmittel Anwendung finden muß, daß also die Funkentelegraphie vollständig unter die Gesetzgebung der gewöhnlichen Telegraphie fällt. Es steht somit unzweifelhaft fest, daß in Deutschland die drahtlose Telegraphie und Telephonie unter das Telegraphenregal des Reiches fällt und den Bestimmungen des Telegraphengesetzes unterworfen ist.

Durch das Telegraphenregal wird dem Staate die ausschließliche Berechtigung zur Errichtung und zum Betriebe von Telegraphenanlagen — also auch von Funkentelegraphenanlagen — zur Vermittelung von Nachrichten zugesprochen. Anlagen, die nicht für die Uebermittelung von Nachrichten bestimmt sind, z. B. zur Höhenmessung, zum Anzeigen von Wasserhöhen, zum Geben von Nebelsignalen usw. dienen, unterliegen nicht dem Regal.

2. Das Eingreifen der Gesetzgebung in den verschiedenen Staaten durch Erlaß besonderer Gesetze hinsichtlich des funkentelegraphischen Verkehrs.

Aus dem Umstande, daß neben Deutschland, Frankreich und England auch die meisten anderen Küstenstaaten bereits vor Inkrafttreten des „Internationalen Funkentelegraphenvertrages" vom 3. November 1906 durch gesetzliche Bestimmungen die Entwicklung und Ausbeutung der drahtlosen Telegraphie überwacht und geleitet haben, erkennt man die große Bedeutung, die schon frühzeitig überall der drahtlosen Nachrichtenübermittelung beigemessen wurde. Die Sicherheit in der Uebermittelung von Telegrammen mit Hilfe der drahtlosen Telegraphie war bald so gestiegen und die Reichweite der Stationen so groß geworden, daß selbst die Gesetzgeber hierbei schon mit einem durchaus betriebsfähigen und zuverlässigen Mechanismus rechnen konnten.

[9]) Meili a. a. O. S. 20/22.

A. Gesetzliche Regelung der Funkentelegraphie in Deutschland.

In Preußen war von Anfang an die Ausübung der elektrischen Telegraphie als ein ausschließlich dem Staate zustehendes Recht (Regal) angesehen worden, obschon gesetzliche Bestimmungen darüber weder bestanden noch getroffen wurden. Dieses Telegraphenregal wurde später aus dem § 48 der Verfassung des Norddeutschen Bundes und nach Errichtung des Deutschen Reiches aus dem gleichlautenden § 48 der Reichsverfassung hergeleitet.[10])

Im Laufe der Zeit kamen jedoch gegen die rechtliche Grundlage des vom Reiche in Anspruch genommenen Regals Zweifel auf, die insofern nicht unberechtigt waren, als die Reichsverfassung selbst keine Bestimmungen enthält, die den Umfang des Regals genau begrenzen und etwaige Eingriffe in dasselbe unter Strafe stellen. Die Folge war, daß die Frage, ob es in Deutschland ein Telegraphenregal gebe, bis zum Erlaß des Telegraphengesetzes vom 6. April 1892 Gegenstand der heftigsten wissenschaftlichen Kämpfe war. Gesetzliche Bestimmungen hierüber bestanden nur im Königreich Sachsen, woselbst nach dem Gesetz vom 21. September 1855 zur Errichtung jedes elektrischen Telegraphen ministerielle Genehmigung erforderlich war und in Elsaß-Lothringen, woselbst sich die Regalität auf das Französische Dekret vom 27. September 1851 gründete, das im § 1 bestimmte, daß Telegraphen zur Nachrichtenbeförderung nur von der Regierung oder mit deren Genehmigung angelegt werden dürfen. Die deutsche Reichsregierung folgerte aus dem Artikel 48 der Reichsverfassung in Uebereinstimmung mit mehreren bedeutenden Staatsrechtslehrern, daß das Telegraphenwesen, da es als eine einheitliche Staatsverkehrsanstalt eingerichtet und verwaltet werden sollte, in Deutschland zum Regale erhoben worden sei.[11]) Da infolge der großen Ausdehnung des Fernsprechverkehrs in den achtziger Jahren die Frage der rechtlichen Begründung des Regals wesentlich an praktischer Bedeutung gewonnen hatte, war es geboten, die Rechte des Reichs in bezug auf das Telegraphenregal gesetzlich festzulegen. Es geschah dies durch das bereits oben erwähnte „Gesetz über das Telegraphenwesen des Deutschen Reichs" vom 6. April 1892.[12]) Seine wesentlichsten Bestimmungen sind folgende:

1. Das Recht, Telegraphen- und Fernsprechanlagen zu errichten und zu betreiben, steht ausschließlich dem Reiche zu;

2. die Ausübung dieses Rechtes kann für einzelne Strecken oder Bezirke an Privatunternehmer und an Gemeinden verliehen werden;

3. ohne Genehmigung des Reichs können bestimmte Telegraphenanlagen (neuerdings jedoch nicht Funkentelegraphenanlagen) für den inneren Dienst von Behörden, für den Betrieb von Transportanstalten sowie auf

---

[10]) Art. 48 der Reichsverfassung bestimmt: „Das Postwesen und das Telegraphenwesen werden für das gesamte Gebiet des Deutschen Reiches als einheitliche Staatsverkehrsanstalten eingerichtet und verwaltet."

[11]) Vgl. über diese Frage u. a.: Dambach, Das Telegraphenstrafrecht nach der Deutschen Gesetzgebung, Berlin 1897; Laband, Das Staatsrecht des Deutschen Reiches, Berlin 1895; Fischer, Das neue deutsche Telegraphengesetz (Schmollers Jahrbuch) Bd. 16 Heft 3; Ludewig, Zu dem Entwurfe eines Gesetzes über das Telegraphenwesen des Deutschen Reiches, 1891; Maas, Der Telegraphengesetzentwurf und seine Gefahren, 1891; Meili, Das Telephonrecht, Leipzig 1885; von Bar, Das Gesetz über das Telegraphenwesen des Deutschen Reiches, 1892.

[12]) Wortlaut siehe Anhang unter 1 Seite 121.

Privatgrundstücken und zwischen mehreren Grundstücken eines Besitzers oder eines Betriebs errichtet oder benutzt werden;

4. eine Erhöhung der bestehenden Telegraphen- und Fernsprechgebühren und eine Ausdehnung der Gebührenfreiheiten darf nur im Wege der Gesetzgebung erfolgen;

5. das Telegraphengeheimnis ist unverletzlich;

6. die Kosten der Schutzvorrichtungen gegen die gegenseitige Störung des Betriebs zwischen den elektrischen Anlagen hat derjenige Teil zu tragen, dessen Anlage später errichtet oder geändert worden ist;

7. die durch das Gesetz für das Reich festgestellten Rechte stehen in Bayern und Württemberg diesen Bundesstaaten zu.

Die Benutzung des elektrischen Telegraphen in **Preußen**, der im Anschluß an den früheren nur Staatszwecken dienenden optischen Telegraphen errichtet wurde, sollte zunächst den kgl. Behörden vorbehalten sein, wurde aber durch Allerhöchsten Erlaß vom 31. August 1849 für den Privatverkehr des Publikums vom 1. Oktober 1849 ab freigegeben. Die Bedingungen hatte das Handelsministerium in dem „**Regulativ** über die Benutzung des elektromagnetischen Staats-Telegraphen seitens des Publikums" vom 6. August 1849 festgesetzt, zu dem unterm 24. September 1849 Ergänzungen erlassen wurden. Späterhin entwickelte sich die innere Ordnung im preußischen Telegraphenwesen gleichmäßig mit der Ausbildung des Deutsch-Oesterreichischen Telegraphenvereins, indem nach jedem Abschluß eines neuen Vereinsvertrags auch die Vorschriften für die Benutzung des Telegraphen in Preußen mit dem „**Reglement** für den telegraphischen Verkehr auf den Linien des Deutsch-Oesterreichischen Telegraphenvereins" in Einklang gebracht wurden. Vom Jahre 1865 ab führte das Reglement die Bezeichnung „Telegraphenordnung", deren Vorschriften für den inländischen Telegraphendienst in der Hauptsache mit den Abmachungen auf den jeweiligen internationalen Telegraphenkonferenzen übereinstimmen. Auch die Beschlüsse der letzten Konferenz (Lissabon 1908) sind bei Abänderung der „**Telegraphenordnung für das Deutsche Reich**" vom 16. Juni 1904 (Zentralblatt f. d. D. R. 1904, Nr. 28, S. 229 ff.) berücksichtigt worden.[13])

Der wesentliche Inhalt des „**Internationalen Telegraphenvertrags von St. Petersburg**", vom 10./22. Juli 1875, auf den in unserer Abhandlung wiederholt Bezug genommen wird, ist kurz folgender:

A. Die Bestimmungen des Vertrags im allgemeinen Interesse des telegraphierenden Publikums und des Betriebsdienstes sind:

1. Jedermann wird das Recht zugestanden, mittels der internationalen Telegraphen zu korrespondieren und die verschiedenen Einrichtungen zu benutzen, die zum Zwecke der größeren Sicherheit sowie zur Erleichterung der Beförderung und Zustellung der Telegramme bestehen;

---

[13]) Der Reichskanzler hat am 14. Juni 1908 im Zentralblatt für das Deutsche Reich für 1908 Nr. 28 S. 230 ff. eine „Abänderung der Telegraphenordnung vom 16. Juni 1904" erlassen; diese Bestimmungen betreffen den Funkentelegraphendienst und sind am 1. Juli 1908 in Kraft getreten. Ebenso ist aus Anlaß des Inkrafttretens der Beschlüsse des Londoner Funkentelegraphenvertrags am 21. Juni 1913 eine abermalige Abänderung erfolgt, die am 1. Juli 1913 in Kraft getreten ist. (Zentralblatt für das Deutsche Reich für 1913, Nr. 33 vom 27. Juni 1913.)

2. die Telegraphenverwaltungen sind verpflichtet:
a) alle Maßregeln zur Sicherstellung des Telegraphengeheimnisses zu treffen,
b) die gute und rasche Beförderung der Telegramme zu sichern, die für den Zweck erforderlichen Leitungen in der am meisten bewährten Weise herzustellen und zu verwenden.

B. Die Bestimmungen, die den besonderen Interessen des Staates dienen, sind:

1. Staatstelegramme genießen den Vorrang vor allen übrigen Telegrammen;

2. Staatstelegramme können allgemein in geheimer Sprache abgefaßt werden, Privattelegramme dagegen nur, wenn dies zwischen den Staaten besonders vereinbart worden ist;

3. Privattelegramme können, wenn ihr Inhalt für die Sicherheit des Staates gefährlich erscheint oder gegen die Landesgesetze, die öffentliche Ordnung oder die guten Sitten verstößt, von der Beförderung ausgeschlossen werden.[14]) Hinsichtlich der Staatstelegramme steht den Verwaltungen eine Kontrolle über den Inhalt und ein Recht zur Ausschließung von der Beförderung nicht zu;

4. die Verwaltungen übernehmen in bezug auf den internationalen Telegraphendienst keinerlei Verantwortlichkeit;

5. die Regierungen behalten sich das Recht vor, den internationalen Telegraphendienst u. U. einzuschränken oder einzustellen.[15])

Schon vor dem Zustandekommen des Internationalen Funkentelegraphenvertrags hatte in Deutschland das Reichs-Postamt eine am 1. April 1905 in Kraft getretene „Vorschrift für den Gebrauch der Funkentelegraphie im öffentlichen Verkehr"[16]) erlassen, in der der funkentelegraphische Betrieb zwischen den deutschen Küstenstationen und allen mit ihnen in Verkehr tretenden Funkentelegraphenstationen sowie der Verkehr der unter deutscher Flagge fahrenden Schiffe unter sich erstmalig geregelt und ein einigermaßen störungsfreier Verkehr mehrerer Stationen miteinander überhaupt erst möglich gemacht wurde. In dieser Vorschrift war bereits zum Ausdruck gebracht, daß die Auswechselung der Funkentelegramme mit dem Reichstelegraphennetz sich nach den für die Seetelegramme erlassenen Bestimmungen regelt und daß ferner auf den allgemeinen Verkehr mit Funkentelegraphie die Vorschriften des Internationalen Telegraphenvertrags und der Telegraphenordnung für das Deutsche Reich sinngemäß Anwendung finden sollen.

Auf Grund des durch Gesetz vom 7. März 1908 abgeänderten Telegraphengesetzes und des Berliner Internationalen Funkentelegraphenvertrags — auf beide Gesetze wird später noch näher eingegangen werden — hat der Staatssekretär des Reichs-Postamts 1908 eine „Anweisung für

---

[14]) Art. 7: Die Hohen vertragsschließenden Teile behalten sich die Befugnis vor, die Beförderung eines jeden Privat-Telegramms zu verhindern, welches für die Sicherheit des Staates gefährlich erscheint oder gegen die Landesgesetze, die öffentliche Ordnung oder die guten Sitten verstößt.

[15]) Art. 8: Jede Regierung behält sich ferner die Befugnis vor, den internationalen Telegraphendienst, wenn sie es für notwendig erachtet, entweder überhaupt oder nur auf gewissen Linien und für gewisse Arten von Korrespondenzen, auf unbestimmte Zeit einzustellen, wobei ihr jedoch die Verpflichtung obliegt, hiervon sofort jeder der übrigen vertragsschließenden Regierungen Kenntnis zu geben.

[16]) Amtsblatt des Reichs-Postamts Nr. 16/1905 und Nr. 56/1906.

den Funkentelegraphendienst"[17]) herausgegeben; eine neue „Anweisung" ist am 1. Juli 1913, dem Tage des Inkrafttretens des Londoner Funkentelegraphenvertrags, vom Reichskanzler durch das Zentralblatt für das Deutsche Reich vom Jahre 1913 (Nr. 32, S. 619 ff.) veröffentlicht worden.

Wir haben bereits früher gesehen, aus welchen Gründen die drahtlose Telegraphie und Telephonie in Deutschland unter das Telegraphenregal des Reiches fällt und den Bestimmungen des Telegraphengesetzes unterworfen ist. Innerhalb des Deutschen Reiches und seiner Küstengewässer soweit sich die Hoheitszone des Reiches erstreckt, dürfen danach im allgemeinen ohne Genehmigung des Reiches (oder Bayerns und Württembergs) Funkentelegraphenanlagen zu Zwecken der Nachrichtenübermittelung nicht errichtet oder betrieben werden. In der Begründung[18]) ist ausgeführt, weshalb den der Funkentelegraphie zurzeit noch anhaftenden Mängeln und Uebelständen nur durch ein gesetzgeberisches Eingreifen in der Weise begegnet werden konnte, daß der gesamte funkentelegraphische Verkehr unter Einwirkung des Reiches einheitlich nach festen Regeln gestaltet wurde.

Die Ausübung des sich aus §§ 1 und 15 des TelG. ergebenden Rechtes zur Errichtung und zum Betrieb von Telegraphenanlagen für die Nachrichtenübermittelung kann jedoch nach § 2 des genannten Gesetzes für einzelne Strecken und Bezirke an Privatunternehmer und muß auf Antrag an Gemeinden für den Verkehr innerhalb des Gemeindebezirks unter gewissen Bedingungen verliehen werden. Auch können nach § 3 des TelG. ohne Genehmigung des Reiches errichtet und betrieben werden:

1. Telegraphenanlagen, die ausschließlich dem inneren Dienste von Landes- oder Kommunalbehörden, Deichkorporationen, Siel- und Entwässerungsverbänden gewidmet sind;

2. Telegraphenanlagen, die von Transportanstalten auf ihren Linien ausschließlich zu Zwecken ihres Betriebes oder für die Vermittelung von Nachrichten innerhalb der bisherigen Grenzen benutzt werden;

3. Telegraphenanlagen
a) innerhalb der Grenzen eines Grundstückes,
b) zwischen mehreren einem Besitzer gehörigen oder zu einem Betriebe vereinigten Grundstücken, deren keines von dem anderen über 25 km in der Luftlinie entfernt ist, wenn diese Anlage ausschließlich für den der Benutzung der Grundstücke entsprechenden unentgeltlichen Verkehr bestimmt ist.

In diesen Fällen hätte also dem Reich keine Einwirkung auf die Gestaltung des funkentelegraphischen Betriebes zugestanden. Das Telegraphengesetz ist zu einer Zeit erlassen worden, wo man an Funkentelegraphie noch nicht dachte. Die auf dem Gebiete der drahtlosen Telegraphie und Telephonie erzielten Erfolge hatten zur Genüge gezeigt, daß die im Telegraphengesetz vorgesehenen Ausnahmen vom Regal für die drahtlose Telegraphie ohne Schädigung der allgemeinen Verkehrsinteressen und der Landesverteidigung nicht beibehalten werden konnten und daß demgemäß eine Aenderung des bestehenden Gesetzes erforderlich war.

In der Praxis waren ferner Zweifel entstanden, ob sich nach dem geltenden Rechte das Telegraphenregal des Reiches auch auf die innerhalb

---

[17]) Veröffentlicht unter dem 12. August 1909 durch das Zentralblatt für das Deutsche Reich vom Jahre 1909, S. 753 ff.

[18]) Begründung zum „Entwurf eines Gesetzes, betreffend die Abänderung des Gesetzes über das Telegraphenwesen des Deutschen Reiches vom 6. April 1892" in Nr. 560 der Drucksachen der 12. Legislaturperiode des Reichstages, I. Session 1907/08.

oder außerhalb der deutschen Hoheitsgewässer befindlichen deutschen Seeschiffe erstreckt. So sagt z. B. Meili:[19]) „Die Exemption des § 3 Nr. 2 kommt den Transportanstalten zugute . . . . ., während bei den Eisenbahnen die Telegraphenanlagen durch besondere Vorrichtungen repräsentiert werden, an denen die Eisenbahnlinie vorbeiführt, macht bei der drahtlosen Telegraphie der auf den Schiffen zur See installierte Apparat die Fahrt auf der ganzen Reise mit. Die drahtlosen Telegraphenanlagen auf den Schiffen freilich dienen nicht ausschließlich den Zwecken ihres Betriebes, obschon man sagen kann, daß wenigstens ein Schiffstageblatt mit drahtlosen Telegrammen auch dazu gehöre. Es kann gewiß nicht geleugnet werden, daß die Orientierung über die Ereignisse der Welt, mit andern Worten die Zeitungslektüre, eines der primitivsten Bedürfnisse des heutigen Kulturmenschen ist. Was würde man zu einem Hotel ersten Ranges sagen, in dem keine Zeitungen aufliegen? Und die großen Ozeandampfer, die ihre Passagiere tage- ja wochenlang beherbergen, sind doch, wirtschaftlich angesehen, nichts anders als schwimmende Hotels. Die Beschaffung der Tagesneuigkeiten gehört daher, sobald ein Fortschritt der Technik sie gestattet, zum Betrieb eines Passagierdampfers ebenso, wie die Beschaffung der Nahrung und Getränke für die Passagiere.“ Meili sucht zu begründen, daß Schiffahrtsunternehmungen, die, ebenso wie auch Eisenbahnen bestimmte Privilegien besitzen, erlaubt sein müßte, z. B. drahtlose Bordstationen zum Verkehr auf hoher See ohne Konzession zu errichten, da auf dem Meere keine Reichs-Telegraphenstationen vorhanden sind. Es sei noch darauf hingewiesen, daß Meili, trotz seiner in diesem Punkte von der Auffassung der deutschen Regierung abweichenden Stellungnahme, die unbedingte Monopolisierung der drahtlosen Telegraphie durch den Staat befürwortet und mit Recht erhöhten Strafschutz, z. B. gegen Auffangung elektrischer Wellen, fordert, ein Fall, für den das geltende Strafrecht versagt.[20]) Er sagt (a. a. O. S. 44): „Die Strafrechtwissenschaft wird sich entschließen müssen, einer neuen Idee Eintritt zu gewähren, daß es nämlich moderne Rechtsgüter gibt, die sich nicht in die bisherige Nomenklatur hineinpferchen lassen, oder aber von Fall zu Fall zu legiferieren.“

Bezüglich der Streitfrage, ob sich das Telegraphenregal des Reiches auch auf deutsche Seeschiffe erstrecke, die sich innerhalb oder außerhalb der deutschen Hoheitsgewässer befinden, steht die deutsche Regierung nach der „Begründung“ (S. 6) mit Recht auf dem Standpunkt, daß dies zu bejahen sei. Wäre die Frage zu verneinen, so würde der Betrieb der Funkentelegraphenstationen an Bord der deutschen Seeschiffe der reichsrechtlichen Regelung überhaupt nicht unterliegen. Bei Bejahung dieser Frage erhebt sich die weitere Frage, ob und inwieweit die im § 3 Ziff. 2 des TelG.

---

[19]) Meili a. a. O. S. 40 u. 41.

[20]) Der Erlaß neuer Strafrechtsvorschriften, die besonders auf die Funkentelegraphie Bezug haben, wird sich kaum umgehen lassen. Es könnte z. B. gesetzlich festgelegt werden, ob das Abfangen funkentelegraphischer Wellen als Diebstahl anzusehen sei oder ob eine Verwertung aufgefangener Nachrichten bzw. eine absichtliche Störung strafbar sei. Nach der geltenden Fassung des StGB. würde z. B. eine strafbare Verletzung des Telegraphen-Geheimnisses dann nicht vorliegen, wenn es sich um Nachrichten handelt, die gar nicht für die aufnehmende Empfangsstation bestimmt waren. Nach den von der Reichs-Telegraphenverwaltung aufgestellten Bedingungen (Seite 26 Punkt 3) würde dem Inhaber der genehmigten Anlage jedoch die Genehmigung entzogen werden können, falls etwa in der Anlage aufgefangene Nachrichten anderer Stationen nicht geheim gehalten würden.

zugunsten der Transportgesellschaften zugelassene Ausnahme auf die Seeschiffahrtsunternehmungen Anwendung finden kann. Wird § 3 Ziff. 2 für anwendbar erachtet, so würden die Bordstationen deutscher Seeschiffe genehmigungsfrei sein, entweder allgemein oder wenigstens so weit sie nur zu Zwecken des Schiffahrtsbetriebes benutzt werden.

Dieser Zustand war unhaltbar.

Unter dem Schutze des § 3 TelG. hätten sich ungehindert zahlreiche Funkentelegraphenanlagen entwickeln können, die — bei der Unmöglichkeit, durch Mittel der Technik eine Störung anderer Anlagen und das unbefugte Auffangen der Funkentelegramme auszuschließen, — der Betriebssicherheit des funkentelegraphischen Verkehrs erheblichen Eintrag tun würden. Es würden dadurch die Interessen des öffentlichen Telegraphenverkehrs stark gefährdet werden.

Die Begründung sagt alsdann weiter:

„Noch bedenklicher gestaltet sich die Sachlage, wenn die Annahme richtig ist, daß nach dem geltenden Rechte die Errichtung und der Betrieb von Funkentelegraphenanlagen auf Seeschiffen der Genehmigung des Reiches nicht bedarf. Je mehr Schiffe der Handelsflotte mit Funkentelegraphenstationen ausgerüstet werden, um so mehr wächst die Gefahr der Störung, die den Küsten- und Bordstationen der Marine, den dem öffentlichen Verkehre dienenden Küstenstationen und den Bordstationen der Handelsschiffe selbst droht. Um im funkentelegraphischen Verkehr auf See Ordnung zu halten und die Möglichkeit gegenseitiger Störungen auf das geringste Maß zu beschränken, ist es unumgänglich nötig, daß der Betrieb der Bordstationen auf den Handelsschiffen nach einheitlichen, vom Reiche aufzustellenden Grundsätzen gehandhabt wird. Alle diese Erwägungen führen zu dem Schlusse, daß durch die Gesetzgebung die Genehmigungsfreiheit der Funkentelegraphenanlagen da, wo sie besteht, zu beseitigen ist."

Die deutsche Reichsregierung sah sich somit gezwungen, die nach der bisherigen Rechtslage vorhandene Genehmigungsfreiheit der Anlagen für drahtlose Telegraphie und Telephonie zu beseitigen. Eine besondere gesetzliche interne Regelung der Frage der Funkentelegraphie war um so notwendiger, als bei dem bisherigen Stande der Gesetzbestimmungen die deutsche Regierung nicht in der Lage gewesen wäre, dem auf ihre Anregung und tätige Mitwirkung geschlossenen internationalen Abkommen Folge zu geben.

Der von der deutschen Regierung mit Nachdruck verfochtene Grundsatz, daß die Küstenstationen und die Bordstationen sowie die Bordstationen untereinander ohne Unterschied des von ihnen benutzten funkentelegraphischen Systems (Art. 3 des IFV.) zum wechselseitigen Austausche der Funkentelegramme verpflichtet sind, wird im Art. 3 des Vertrags aufgestellt. Durch die internationale Festlegung dieses wichtigen Grundsatzes ist die Bahn frei gemacht worden für neue Erfindungen. Für Deutschland war die Anerkennung dieses Satzes bereits durch den Vertrag von 1906 (Art. 1 des Zusatzabkommens) insofern besonders von Bedeutung, als dadurch den Bestrebungen ausländischer Gesellschaften, ihrem System ein Monopol auf deutschen Handelsschiffen zu sichern, der Boden entzogen war.

Nach Art. 8 des IFV. soll der Betrieb der Funkentelegraphenstationen tunlichst so eingerichtet werden, daß er den Dienst anderer Stationen nicht stört. In der Ausführungs-Uebereinkunft sind die Vorschriften enthalten, die der Durchführung dieses Grundsatzes dienen. Nur bei einer genauen Einhaltung dieser Bestimmungen läßt sich die Störung anderer Stationen so weit als irgend möglich vermeiden. Wenn den unter den Vertrag fallenden Küsten und Bordstationen die Benutzung der Wellenlängen zwischen 600 und 1600 m verboten ist, so ist dies geschehen, um namentlich den Kriegsmarinen, denen die Wahl einer Wellenlänge zwischen 600 und 1600 m freigegeben ist, einen größeren Schutz gegen Störungen und gegen unbefugtes Auffangen ihrer Telegramme zu geben.[21])

Es entspricht dem öffentlichen Interesse, daß der Regierung eine Einwirkung auf die Höhen der Gebühren zusteht. Nach Art. 10 des JFV. unterliegt die Höhe der Küstengebühr und der Bordgebühr der Genehmigung der Regierung, der die Küstenstationen oder das Schiff untersteht.

Nach Art. 1 des JFV. müssen die vertragschließenden Staaten dafür sorgen, daß die Vertragsbestimmungen auch von den Privatunternehmern, die sie zur Errichtung und zum Betriebe von Stationen ermächtigen, befolgt werden. Nach dem Art. IX der Ausführungs-Uebereinkunft darf keine Bordstation ohne Genehmigung der Regierung, der das Schiff untersteht, durch einen Privatunternehmer errichtet oder betrieben werden.

Die deutsche Regierung sah sich somit gezwungen, durch eine entsprechende Abänderung und Ergänzung des Telegraphengesetzes die bestehenden Lücken auszufüllen. Die einheitliche Zusammenfassung der Funkentelegraphie in der Hand des Reiches (vorbehaltlich der Sonderstellung von Bayern und Württemberg) ist durch das neue Gesetz erreicht. Der Wortlaut des Gesetzes ist folgender:

Einziger Artikel.

Das Gesetz über das Telegraphenwesen des Deutschen Reiches vom 6. April 1892 (RGBl. S. 467) wird dahin abgeändert:

1. Der § 3 erhält folgenden Absatz 2:

Elektrische Telegraphenanlagen, welche ohne metallische Verbindungsleitungen Nachrichten vermitteln, dürfen nur mit Genehmigung des Reiches errichtet und betrieben werden.[22])

2. Hinter § 3 werden folgende Vorschriften eingeschaltet:

§ 3a.

Auf deutschen Fahrzeugen für Seefahrt oder Binnenschiffahrt dürfen Telegraphenanlagen, welche nicht ausschließlich zum Verkehr innerhalb des Fahrzeuges bestimmt sind, nur mit Genehmigung des Reiches errichtet und betrieben werden.

§ 3b.

Der Reichskanzler trifft die Anordnungen über den Betrieb von Telegraphenanlagen auf fremden Fahrzeugen für Seefahrt oder Binnenschiffahrt, welche sich in deutschen Hoheitsgewässern aufhalten.[23])

3. Der § 7 erhält folgenden Absatz 2:

Die Vorschrift des Absatzes 1 Satz 1 findet auf Anlagen der im § 3 Absatz 2 bezeichneten Art erst vom 1. Juli 1913 ab Anwendung.

---

[21]) Sehr mit Recht hebt hier Meurer hervor, daß in dieser Form die Funkentelegraphie durch das Völkerrecht freie Bahn über die Durchgangsstaaten erhielt, und „daß man den interessierten Ländern das Recht gab, solche Betriebseinrichtungen zu verlangen, welche die schädlichen Rückwirkungen auf den eigenen Betrieb aufzuheben resp. abzuschwächen geeignet erscheinen". (Vgl. Meurer, Luftschiffahrtsrecht. In den „Annalen des Deutschen Reichs für Gesetzgebung usw." Nr. 3/1909.)

[22]) Hierdurch werden also die Ausnahmen, die für die gewöhnliche Telegraphie vom Staatsmonopol bestehen, beseitigt. Das Reichsmonopol ist somit bei der drahtlosen Telegraphie strenger durchgeführt, als bei der Telegraphie mit Drahtleitung.

[23]) Da der Staat nach allgemeinen Grundsätzen des Völkerrechts in seinen Hoheitsgewässern ein Aufsichtsrecht ausüben darf, wird in dem § 3b zum Ausdruck gebracht, daß durch diese Bestimmung das Reich, im Gegensatz zu den einzelnen Uferstaaten für kompetent erklärt wird, die nötigen Anordnungen zu erlassen.

Das Gesetz ist unterm 7. März 1908 Allerhöchst vollzogen und in Nr. 13 des am 21. März ausgegebenen Reichs-Gesetzblattes veröffentlicht worden.

Die Errichtung und der Betrieb sämtlicher Anlagen für drahtlose Nachrichtenübermittelung bedürfen somit in jedem Falle der Genehmigung des Reiches; das Reich hat jedoch davon Abstand genommen, sämtliche funkentelegraphische Anlagen selbst zu errichten und zu betreiben, und so dem Wettbewerb freie Hand gelassen. Die bei Beratung des Gesetzentwurfs mehrfach in dieser Richtung geäußerten Bedenken sind von den Regierungsvertretern als durchaus unbegründet erklärt worden. So erklärte z. B. der Vertreter der Reichs-Postverwaltung,[24]) daß

„die Reichspost allen funkentelegraphischen Systemen neutral gegenüberstehe und in bezug auf keines derselben eine Verpflichtung übernommen habe, die eine Bevorzugung vor anderen einschlösse. Zweck des internationalen Abkommens sei ja gerade, eine Monopolstellung einzelner Systeme zu verhüten, und dadurch freie Bahn für die technische Entwicklung der drahtlosen Telegraphie zu schaffen. Für die Reichsverwaltung käme nicht nur das Telefunkensystem, sondern ebensogut alle anderen Systeme (Fessenden, De Forest, Poulsen, Marconi usw.) in Betracht. Nur die Güte der zu erwartetenden Leistungen würde entscheidend sein. Natürlich müßten sich alle Systeme, die in Frage kämen, gleichmäßig den allgemein aufgestellten Bedingungen fügen, unter denen die wichtigste die sei, daß sie sich zur Korrespondenz mit anderen Stationen ohne Rücksicht auf das System verpflichteten. Unter dieser Voraussetzung würde insbesondere auch das Marconisystem zugelassen werden..... Das Reich sei vollkommen imstande, auch andere Systeme als das Telefunkensystem einzuführen, und stehe auch fortdauernd mit den Erfindern anderer Systeme wegen Erprobung ihrer Einrichtungen in Verbindung.“

Auch die Reichs-Marineverwaltung ließ durch einen Vertreter betonen, daß auch sie allen Systemen frei gegenüberstehe, alle neuen Erfindungen unparteiisch prüfe und bereit sei, die besten von ihnen einzuführen.

Ueber die Grundsätze zur Erteilung von Genehmigungen zu Funkentelegraphenanlagen wurde folgende Erklärung [25]) abgegeben:

„Für die Erteilung der Genehmigung werde das allgemeine öffentliche Interesse maßgebend sein. Neben dem Verkehrsinteresse komme natürlich auch das Interesse der Landesverteidigung dabei in Rücksicht. Die deutschen Landstationen werde das Reich voraussichtlich in der Regel in eigener Verwaltung behalten aus demselben Grunde, aus dem es die Stationen für Drahttelegraphie selbst errichte und betreibe. Umgekehrt werde man den Betrieb der Stationen auf der Kauffahrteiflotte in der Regel den Privatunternehmern überlassen und es bestehe nicht die Absicht, ihnen bei der Konzessionserteilung irgendwie unnötige Schwierigkeiten zu machen.“

Seitens eines Vertreters der Marineverwaltung wurde erklärt, daß die Marineverwaltung nicht die Absicht hätte, die drahtlose Telegraphie auf den Schiffen zu hemmen. Sie müsse natürlich dafür sorgen, daß nicht umgekehrt die wichtigen Interessen der Landesverteidigung zu Schaden kämen, die von Telegraphenanlagen der Kauffahrteischiffe ausgehen. Es sei wünschenswert, daß möglichst jedes größere Kauffahrteischiff eine Funkentelegraphenanlage besitze, da in diesem Falle eine Verständigung bei Nebel, sowie bei Seenot der Kriegsschiffe oder aber der Kauffahrteischiffe leichter sei. Auch könnten die Anordnungen der Mobilmachungen und ähnliche wichtige Nachrichten den in Fahrt befindlichen Schiffen schneller mitgeteilt werden. Hiernach dürfte die Marineverwaltung kein Interesse

---

[24]) Nr. 681 der Drucksachen der 12. Legislaturperiode des Reichstages I. Session 1907/08, S. 4378 ff.

[25]) Nr. 681 der Drucksachen der 12. Legislaturperiode des Reichstages I. Session 1907/08, S. 4378 ff.

daran haben, Landesverteidigungsinteressen vorzuschieben, um dadurch die Bedürfnisfrage zu verneinen. Dieser Standpunkt sei nicht ein einseitiger Ressortstandpunkt, sondern werde von den anderen in Betracht kommenden Verwaltungen — namentlich von der Militärverwaltung — geteilt. — Ein Regierungsvertreter bemerkte ferner:

„Wenn auch in der Regel für Schiffe die Bedürfnisfrage zu bejahen sei, so seien doch Fälle (z. B. in der Küstenfahrt oder bei Lustjachten) denkbar, in denen ein erhebliches Verkehrsbedürfnis nicht vorliege und der mit der Errichtung der Schiffsstation verbundene Vorteil außer Verhältnis zu dem Nachteil stehe, der in der Möglichkeit der Störung anderer Schiffs- oder Küstenstationen zu finden sei. Für solche Fälle müsse es statthaft sein, die Genehmigung zu versagen. Die Reichsregierung werde bei Prüfung der Genehmigungsanträge von Schiffen durchaus sachlich und, wie schon mehrfach hervorgehoben, in entgegenkommender Weise verfahren."

Eine Kontingentierung der Zahl der für drahtlose Telegraphie ausgerüsteten Handelsschiffe ist demnach nicht beabsichtigt; im Gegenteil dürfte es nach der gegenwärtigen Lage der Dinge der Regierung um so erwünschter sein, je stärker deren Zahl wächst. Auch unnötige Schwierigkeiten bei der Konzessionserteilung werden somit nicht gemacht werden, nur sollen den Privatanlagen durch die Genehmigungsbedingungen diejenigen Schutzmaßregeln, Betriebs- und Kontrollvorschriften auferlegt werden, die durch die internationalen Uebereinkommen vorgeschrieben oder sonst zur Sicherung eines geregelten Betriebes anderer Funkentelegraphenanstalten erforderlich sind. Die Bedingungen, von denen die Genehmigung zur Errichtung und zum Betriebe von Funkentelegraphenstationen an Bord deutscher Schiffe durch Privatunternehmer abhängig ist, sind im Anhang unter 5 Seite 125 ff. abgedruckt. (Vgl. Anl. 1 zu § 19 der Anweisung für den Funkentelegraphendienst.)

Die Vorschriften über die technische Einrichtung der Bordstationen gemäß Art. IX der Ausführungs-Uebereinkunft zum Londoner Internationalen Funkentelegraphenvertrage, die vom 1. Juli 1913 ab in Deutschland Geltung haben, lauten in den wesentlichen Punkten:[26])

1. Jede Bordstation muß so eingerichtet sein, daß sie sich der Wellenlängen von 600 m und 300 m bedienen kann. Die Wellenlänge von 600 m ist die Normalwelle.

2. Bordstationen, die sich nicht ausschließlich auf den Verkehr mit der jeweilig nächsten Küstenstation beschränken, müssen außerdem zum Geben und Empfangen mit der Wellenlänge von 1800 m ausgerüstet sein.

3. Bordstationen kleiner Schiffe, die sachlich außerstande sind, die Wellenlänge von 600 m als Sendewelle zu erzielen, können ermächtigt werden, ausschließlich die 300 m Welle zu benutzen; sie müssen aber in der Lage sein, für den Empfang die 600 m Welle zu benutzen.

4. Die ausgesandten Wellen müssen möglichst rein und so wenig wie möglich gedämpft sein. Schaltungen mit direkter Entladung der Antenne durch Funkenstrecken (plain aerial, offener Schwingungskreis) sind abgesehen von Fällen der Not und von kleinen Bordstationen, bei denen die Primärenergie 50 Watt nicht übersteigt, unzulässig.

5. Die Apparate müssen eine Sende- und Empfangsgeschwindigkeit von mindestens 20 Wörtern in der Minute zulassen, wobei das Wort zu 5 Buchstaben gerechnet wird.

6. Neue Anlagen, die mit mehr als 50 Watt arbeiten, sind so einzurichten, daß außer mit der normalen Reichweite leicht noch mit mehreren kleineren Reichweiten gearbeitet werden kann, deren kleinste etwa 15 Seemeilen betragen soll.

---

[26]) Vergl. §§ 17², 18 u. 20 der „Anweisung für den Funkentelegraphendienst" vom 1. Juli 1913.

Die mit mehr als 50 Watt arbeitenden alten Anlagen sind nach Möglichkeit so umzugestalten, daß sie den vorstehenden Bestimmungen genügen.

7. Die Empfangsapparate müssen mit möglichst großer Sicherheit gegen Störungen den Empfang mit Wellen bis zu 600 m zulassen.

8. Die dem funkentelegraphischen Apparat zugeführte Kraft darf, an den Klemmen des Generators der Station gemessen, unter normalen Verhältnissen ein Kilowatt nicht übersteigen. Eine größere Kraft darf nur angewendet werden, wenn das Schiff auf Entfernungen von mehr als 200 Seemeilen von der nächsten Küstenstation Nachrichten auszutauschen hat oder wenn infolge außergewöhnlicher Umstände die Uebermittelung sich nur durch einen vermehrten Kraftaufwand ermöglichen läßt.

9. Alle Bordstationen der ersten und der zweiten Kategorie müssen mit funkentelegraphischen Hilfseinrichtungen versehen sein, die eine eigene Energiequelle haben, schnell in Betrieb gesetzt werden können und wenigstens 6 Stunden lang

a) bei Bordstationen der ersten Kategorie mindestens auf 80 Seemeilen Entfernung,

b) bei Bordstationen der zweiten Kategorie mindestens auf 50 Seemeilen Entfernung

einen funkentelegraphischen Nachrichtenaustausch zulassen. Sofern die normale Einrichtung der Bordstationen bereits eine der vorstehenden Bestimmung entsprechende Einrichtung mit umfaßt, ist die Aufstellung einer besonderen Hilfseinrichtung nicht erforderlich.

Ueber die Zuteilung der Bordstationen zu den verschiedenen Kategorien bleibt Bestimmung vorbehalten.

10. Bei jeder Bordstation ist das zur Herstellung einer Notantenne etwa erforderliche Material bereitzuhalten.

Vorläufig ist deutscherseits die Einteilung der Schiffe in drei Kategorien nach folgenden Gesichtspunkten vorgenommen worden:

Bordstationen der ersten Kategorie sollen erhalten:

1. Alle Passagierdampfer im transatlantischen Verkehr nach Nordamerika;
2. Alle Passagierdampfer, welche einen Bruttoraumgehalt von nicht unter 6000 t haben und nicht unter 14 Knoten laufen;
3. Alle Passagierdampfer — außer den unter 1 und 2 fallenden —, welche 1000 Personen oder mehr an Bord haben ohne die Besatzung und die Deckspassagiere (Kulis).

Alle übrigen nicht unter 1—3 fallenden Passagierdampfer sollen Bordstationen der zweiten Kategorie führen.

Alle Frachtdampfer sollen Bordstationen der dritten Kategorie erhalten.

Im Interesse der Weiterentwickelung und Vervollkommnung der Funkentelegraphie wird den Versuchsanlagen bei Erteilung der Genehmigung in weitestgehendem Maße entgegengenommen. „Die tatkräftige Förderung", so sagt Jentsch[27]) sehr richtig, „die die Reichstelegraphie bisher in jeder Beziehung der wissenschaftlichen Ergründung und praktischen Ausbildung des neuen Verkehrsmittels hat angedeihen lassen, bürgt wohl dafür, daß wissenschaftlichen Versuchsanlagen in weitgehendem Maße entgegengekommen wird und Kontroll- oder Betriebsvorschriften ihnen nur soweit auferlegt werden, als unbedingt notwendig ist".

Es sei noch besonders hervorgehoben, daß auch nur Empfangsstationen allein der Genehmigung des Reiches unterliegen, wodurch das unbefugte Auffangen von Nachrichten möglichst verhütet werden soll. Ohne diese Bestimmung würde sich ein literarisches Freibeutertum entwickeln, dem sonst nicht leicht beizukommen wäre, dem aber durch das neue Gesetz in Verbindung mit dem § 9[28]) des alten ein kräftiger Riegel vorgeschoben wird.

---

[27]) Jentsch, „Die gesetzliche Regelung der drahtlosen Telegraphie in Deutschland", im „Jahrbuch der drahtlosen Telegraphie und Telephonie", Leipzig 1907, S. 616.

[28]) Mit Geldstrafe bis 1500 M oder mit Haft oder mit Gefängnis bis zu 6 Monaten wird bestraft, wer vorsätzlich entgegen den Bestimmungen dieses Gesetzes eine Telegraphenanlage errichtet oder betreibt.

Die drohende Freiheitsstrafe dürfte der beste Schutz gegen das unberechtigte Auffangen und Verwerten drahtloser Nachrichten sein!

Funkentelegraphische Empfangsanlagen in Universitäten, technischen Hochschulen und Akademien, Erdbeben- und Sternwarten usw., die wissenschaftlichen Versuchen dienen oder das Norddeicher Zeitsignal zu wissenschaftlichen Zwecken aufnehmen wollen, müssen zurzeit innerhalb des Reichstelegraphengebiets die nachstehenden von der Reichs-Telegraphenverwaltung erlassenen Bedingungen erfüllen:

1. Die Genehmigung zur Errichtung und zum Betriebe der funkentelegraphischen Empfangsstation in . . . . . erfolgt unter dem Vorbehalte des jederzeitigen Widerrufs. Wenn der Widerruf stattfindet, müssen die Betriebseinrichtungen — Apparate und Antennen — sofort entfernt werden.

2. Die Anlage darf nur zur Ausführung von funkentelegraphischen Versuchen und zur Aufnahme der diesen Versuchen dienenden Mitteilungen benutzt werden.

Zur Kontrolle ist den Beauftragten der Reichs-Telegraphenverwaltung, der Reichs-Marine-Verwaltung und der Heeresverwaltung zu gestatten, die Räume, in denen die Apparate betrieben werden, zu betreten und von den zur Ausführung der Versuche getroffenen Vorrichtungen Kenntnis zu nehmen.

3. Der Inhaber der Genehmigung ist unter voller Verantwortlichkeit verpflichtet, unbedingt dafür Sorge zu tragen, daß in der Anlage etwa aufgefangene Nachrichten anderer Stationen unter allen Umständen geheim gehalten werden. Bei Zuwiderhandlungen wird die Genehmigung zurückgezogen.

4. Der Aufforderung der Reichs-Telegraphenverwaltung, der Militär- oder Marinebehörden sowie der Beauftragten dieser Behörden, den Betrieb zeitweilig einzustellen und auf Verlangen während dieser Zeit die Betriebseinrichtungen — Apparate und Antennen — zu beseitigen, ist ohne Verzug zu entsprechen.

Bei privaten Versuchsanlagen (Sende- und Empfangsanlagen) zu wissenschaftlichen Zwecken sowie zu Lehrzwecken in Universitäten usw. gelten dieselben Bedingungen; nur erhält der erste Absatz des 2. Punktes folgende Fassung:

„Die Anlage darf nur zur Ausführung von funkentelegraphischen Versuchen und zur Beförderung der diesen Versuchen dienenden Mitteilungen benutzt werden; die Uebermittelung anderer Nachrichten ist weder gegen Bezahlung noch unentgeltlich gestattet."

Für Anlagen, die lediglich gewerblichen Zwecken dienen, wie z. B. die gewerblichen Empfangsanlagen für Uhrmacher zur Aufnahme des Zeitsignals zwecks Kontrolle ihrer Uhren, gelten im allgemeinen die gleichen Bedingungen. Nur hat man an diese Apparate besondere technische Anforderungen gestellt, um zu verhüten, daß außer der Zeitsignalwelle auch noch andere Wellen und auf diese Weise u. U. die von den öffentlichen Stationen abgegebenen Funkentelegramme aufgenommen werden können. Die Bestimmungen hierüber lauten:

2. Die Anlage darf nur zum Empfang der von der Station Norddeich zurzeit mit einer Wellenlänge von 1650 m gegebenen Zeitsignale und Wettertelegramme benutzt werden. Eine Aenderung dieser Wellenlänge bleibt vorbehalten.[29])

3. Die Anlage muß folgenden technischen Anforderungen entsprechen:

a) Die Empfangsapparate sind so einzurichten, daß der Inhaber die Abstimmung nur in unmittelbarer Nähe der zugewiesenen einen Wellenlänge ändern kann. Die einstellbaren Wellenlängen dürfen nicht mehr als 5 % nach oben oder unten von der vorgeschriebenen Wellenlänge abweichen.

b) Die Antenne darf nicht größer, die Kopplung zwischen Antenne und Detektorkreis nicht fester sein, als für den beabsichtigten Empfang ausreicht.

---

[29]) Die Pariser Zeitsignalkonferenz sieht eine Zeitsignalwelle von 2500 m vor.

c) Die Einzelteile der Schwingungskreise — auch des Antennenkreises — müssen durch Lötung dauernd fest verbunden sein; nur an den Anschaltestellen der Detektoren und Fernhörer sind Ausnahmen zulässig.

d) Die Lötstellen müssen sich innerhalb eines Gehäuses befinden, das alle Apparatteile enthält und durch Plomben so zu verschließen ist, daß dem Inhaber der Anlage nur der Griff der Abstimmvorrichtung und die Anschaltestellen von Detektor und Fernhörer zugänglich bleiben. Für die Antennenzuführung außerhalb dieses verschlossenen Teils ist Draht mit einer festen zusammenhängenden Isolierhülle zu verwenden.

e) Die nachträgliche Anschaltung von Leitungen oder von Abstimmitteln ist untersagt.

Zur Kontrolle ist den Beauftragten der Reichs-Telegraphenverwaltung, der Reichs-Marine-Verwaltung und der Heeresverwaltung zu gestatten, die Räume, in denen die Apparate betrieben werden, zu betreten und von allen zur Anlage gehörigen Einrichtungen Kenntnis zu nehmen.

Die übrigen Bedingungen sind die gleichen, wie bei den wissenschaftlichen Empfangsanlagen. Anträge auf Genehmigung funkentelegraphischer Versuchs- und Empfangsanlagen müssen die Interessenten der zuständigen Ober-Postdirektion einreichen, die den Antrag an die Zentral-Postbehörde weitergibt.

Funkentelegraphische Versuchsanlagen dürfen den Betrieb auf den Reichs-Telegraphen- und Fernsprechleitungen nicht stören. Die Reichs-Telegraphenverwaltung hat folgende Schutzvorschriften für Telegraphen- und Fernsprechleitungen in der Nähe der Antennendrähte funkentelegraphischer Sendeanlagen erlassen:

1. Die Telegraphen- und Fernsprechleitungen sowie die Sendedrähte der Funken-Telegraphenanlagen sind so zu führen, daß unmittelbare Berührungen, auch beim Reißen von Drähten, nicht eintreten können.
2. Bei Kreuzungen der Schwachstromleitungen mit den Sendedrähten ist ein Abstand von 5 m zwischen den beiderseitigen Drähten zu wahren.
3. Paralleler oder nahezu gleichgerichteter Verlauf der Schwachstromleitungen mit den Sendedrähten ist nur bei Innehaltung eines Abstandes von 15 m zulässig.

Antennendrähte für Funkentelegraphenanlagen, die nur zum Empfang eingerichtet sind, müssen so geführt sein, daß sie von Reichs-Telegraphen- und Fernsprechleistungen mindestens 1 m entfernt bleiben. Wenn es nicht ausgeschlossen ist, daß die Antenne mittelbar oder unmittelbar mit einer Starkstromanlage in Berührung kommt, so finden auf die Antennen, die in der Elektrotechnischen Zeitschrift, Jahrgang 1908, Seite 876 veröffentlichten „Allgemeinen Vorschriften für die Ausführung und den Betrieb neuer elektrischer Starkstromanlagen (ausschließlich der elektrischen Bahnen) bei Kreuzungen und Näherungen von Telegraphen- und Fernsprechleitungen" in demselben Umfang Anwendung wie auf Starkstromanlagen selbst.

Die Empfangsantenne ist auf Kosten des Besitzers der Anlage zu verlegen, sobald die Reichs-Telegraphenverwaltung dies im Interesse des Telegraphen- oder Fernsprechbetriebs für erforderlich erachtet.

Wer entgegen den Bestimmungen des Telegraphengesetzes eine genehmigungspflichtige Funkentelegraphenanlage ohne Genehmigung errichtet oder betreibt, macht sich nach § 9 des TelGes. strafbar. Auch wenn eine genehmigungsfreie Anlage gegen die Bestimmungen des Telegraphengesetzes benutzt wird, macht sich der Inhaber der Anlage strafbar. Voraussetzung ist hierbei, daß der Täter den eingetretenen Erfolg gewollt hat, also vorsätzlich handelte. Auch ein rechtlicher Irrtum, wenn es z. B. dem Täter nicht bekannt war, daß die Anlage genehmigungspflichtig war, schützt nicht vor Strafe. Strafbar ist nur die vollendete Regalitätsverletzung; der Versuch der Regalitätsverletzung würde nicht strafbar sein, da es sich hier um ein „Vergehen" handelt, dessen Strafbarkeit nicht ausdrücklich im Gesetz festgelegt ist. In der vollendeten Errichtung einer Anlage würde schon eine Verletzung des Regals liegen; bei Uebermittelung oder beim Empfang einer einzigen Nachricht würde vollendeter straffälliger Betrieb vorliegen.

Hinsichtlich der Fragen der Gebühren für die Erteilung der Konzession ist zu bemerken, daß die Erhebung von Gebühren durch die Reichs-Telegraphenverwaltung nur so weit in Frage kommt, als sie von dem Betriebe der Einrichtung einen Verlust an eigenen Einnahmen zu befürchten hat. In dem mehrfach erwähnten schriftlichen Bericht der 21. Kommission (S. 4380) heißt es hierüber:

„Im drahtlosen Verkehr von Küste zu Schiff oder von Schiff zu Schiff könne dies nicht vorkommen, infolgedessen sei für diese Fälle die Frage, ob die Erhebung einer Genehmigungsgebühr beabsichtigt sei, zu verneinen. Auch würden die Gebühren der Bordstationen den Inhabern dieser Stationen belassen werden. Nur wenn es sich im Verkehr von Landstation zu Landstation um Privatanlagen handeln sollte, deren Betrieb den Reichstelegraphenanlagen Ausfälle bereiten würde, sei die Festsetzung einer solchen Gebühr denkbar. Wolle man die Erhebung einer solchen Gebühr gesetzlich überhaupt ausschließen, so würde das Reich dahin gedrängt werden, in Fällen, die es sonst vielleicht gegen eine dem Ausfall entsprechende Jahresgebühr genehmigt hätte, wegen des befürchteten Einnahmeausfalls einfach die Genehmigung zu versagen."

Zweifellos würde es durchaus gerechtfertigt sein, wenn die Reichs-Telegraphenverwaltung bei gewerblichen Empfangsanlagen zur Aufnahme und Weiterverwertung des Norddeicher Zeitsignals eine Gebühr erheben würde, da ja auch für die telegraphische oder telephonische Uebermittelung der Normalzeit eine Gebühr zu zahlen ist.

Zu Ziff. 2 des neuen Gesetzes war dem Entwurf folgende Begründung beigegeben, die wir wegen ihrer Wichtigkeit für den funkentelegraphischen Verkehr der Schiffe wörtlich hier wiedergeben:

„Die hinter § 3 TelG. einzuschaltenden §§ 3a und 3b regeln das Telegraphenwesen auf deutschen Schiffen und auf den fremden Schiffen, die sich in deutschen Hoheitsgewässern aufhalten.

1. Wie schon erwähnt, ist es in Zweifel gezogen worden, ob sich das Telegraphenregal auf deutsche Seeschiffe — innerhalb und außerhalb der deutschen Hoheitsgewässer — erstreckt. Diesen Zweifeln gegenüber bedarf es einer ausdrücklichen Gesetzesvorschrift, die es unzweideutig ausspricht, daß auf deutschen Seeschiffen Telegraphenanlagen, die zum Verkehre mit dem Lande oder mit anderen Schiffen bestimmt sind, nur mit Genehmigung des Reiches errichtet und betrieben werden können, einerlei, wo sich die Schiffe befinden.

Es erscheint angezeigt, die gesetzliche Regelung der Schiffstelegraphie nicht auf die Funkentelegraphenanlagen zu beschränken. Gewisse Arten der optischen und akustischen Telegraphie — z. B. die Telegraphie mittels Scheinwerfer und Blinkfeuer, die bei weiterer Entwicklung eine Gefährdung der Leuchtfeuer besorgen läßt, und die Unterwasserschalltelegraphen, die als Verkehrsmittel zwischen Unterseebooten für die Kriegsmarine von großer Bedeutung sind — dürfen der Genehmigung des Reiches nicht entzogen werden. Für die Schiffe eine ins einzelne gehende Unterscheidung zwischen genehmigungspflichtigen und genehmigungsfreien Arten der Telegraphie im Rahmen des Gesetzes vorzunehmen, ist untunlich, schon im Hinblick auf die nicht übersehbare Entwicklungsfähigkeit der einzelnen Arten. Es empfiehlt sich deshalb, die zum Verkehr mit dem Lande oder mit anderen Schiffen bestimmten Telegraphenanlagen allgemein der Genehmigungspflicht zu unterwerfen.

Die Absicht des § 3a geht dahin, die gesamte deutsche Schiffahrt im weitesten Sinne unter das Telegraphenregal zu stellen. Es ist deshalb, der Sprache der neueren Gesetze und Verordnungen folgend, der umfassendere Begriff „Fahrzeuge" statt „Schiffe" gewählt. Ferner ist, um jeden Zweifel auszuschließen, zum Ausdruck gebracht, daß sich das Telegraphenregal sowohl auf die deutschen Fahrzeuge für Seefahrt, als auch auf die deutschen Fahrzeuge für Binnenschiffahrt erstreckt. Zwar ist das Telegraphenregal für die innerhalb der Territorialgrenzen des Reiches betriebene Binnenschiffahrt zweifellos schon nach jetzigem Rechte begründet, da die

Binnengewässer Teile des Reichsgebietes sind. Es könnte jedoch auch hier das Regal in Zweifel gezogen werden, wenn die deutschen Fahrzeuge — wie z. B. bei Bodensee-, Rhein- und Elbschiffahrt — ihre Fahrten nach fremden Hoheitsgewässern ausdehnen. Die deutschen Binnenfahrzeuge müssen aber gleich den deutschen Seefahrzeugen innerhalb und außerhalb der deutschen Gewässer dem Telegraphenregal unterliegen.

Unter „deutschen Fahrzeugen für Seefahrt" sind alle Seefahrzeuge verstanden, die zur Führung der Reichsflagge berechtigt sind

— §§ 1 bis 3 des Gesetzes betreffend das Flaggenrecht der Kauffahrteischiffe vom 22. Juni 1899 (RGBl. S. 319); § 26 desselben Gesetzes in der Fassung des Gesetzes zur Abänderung des Gesetzes betreffend das Flaggenrecht der Kauffahrteischiffe vom 29. Mai 1901 (RGBl. S. 184) —;

der Begriff „deutsche Fahrzeuge für Binnenschiffahrt" umfaßt alle zur Führung der Reichsflagge berechtigten Binnenschiffe

— vgl. z. B. § 26a des Gesetzes betreffend das Flaggenrecht der Kauffahrteischiffe, in der Fassung des Gesetzes vom 29. Mai 1901 (RGBl. S. 184) —

und außerdem die nicht zur Führung der Reichsflagge berechtigten Fahrzeuge für Binnenschiffahrt, die in einem deutschen Bundesstaate beheimatet sind

— § 6 des Gesetzes betreffend die privatrechtlichen Verhältnisse der Binnenschiffahrt, in der Fassung der Bekanntmachung vom 20. Mai 1898 (RGBl. S. 868) —.

Grundsätzlich wird durch den § 3a die Geltung des Telegraphenregals auch für die optische und akustische Schiffstelegraphie anerkannt. Um eine Beeinträchtigung der Interessen der Schiffahrt durch diesen Grundsatz zu verhüten, ist eine Verordnung des Reichskanzlers in Aussicht genommen,[80]) die den Schiffen die nötige Bewegungsfreiheit in der Errichtung und dem Betrieb optischer und akustischer Telegraphenanlagen gewöhnlicher Art zu Zwecken ihres Betriebes sichern soll.

2. Fremde Schiffe, die sich in Gewässern aufhalten, die der Hoheit des Reiches oder einem deutschen Bundesstaat unterstehen (deutsche Hoheitsgewässer), haben sich nach den Grundsätzen des Völkerrechts den deutschen Anordnungen zu fügen, die über den Betrieb ihrer Telegraphenanlagen erlassen werden. Unter Anerkennung dieses Rechtssatzes trifft § 3b eine Kompetenzvorschrift,[81]) um klarzustellen, daß nicht den einzelnen Uferstaaten, sondern dem Reiche in der Person des Reichskanzlers, die Befugnis zum Erlasse der bezüglichen Anordnungen zusteht.

3. Gemäß § 15 TelG. steht für bayerische und württembergische Binnenfahrzeuge das im § 3a festgestellte Telegraphenregal sowie gegenüber fremden Schiffen in bayerischen und württembergischen Hoheitsgewässern das im § 3b festgestellte Verordnungsrecht diesen Bundesstaaten zu."

Da ausreichende Erfahrungen über einen wirtschaftlichen Betrieb mit dem neuen Verkehrsmittel seinerzeit noch nicht vorlagen, konnte bis zum 1. Juli 1913 seitens der Telegraphenverwaltung sowohl eine Erhöhung als auch eine Ermäßigung der Gebührensätze vorgenommen werden, während nach diesem Zeitpunkt eine Erhöhung nur auf Grund eines Gesetzes möglich ist. Die internationalen Abmachungen beziehen sich nur auf die Festsetzung der Gebühren für den Verkehr zwischen Land und Schiff. Dem Reichskanzler ist innerhalb des durch den Funkentelegraphenvertrag und

---

[80]) Vgl. Ausführungen auf Seite 30.

[81]) Bei den Verhandlungen in der Kommission (Aktenstück Nr. 681, S. 4380) erklärte der Regierungsvertreter auf eine Anfrage, ob die Anordnungen über den Betrieb von Telegraphenanlagen auf fremden Fahrzeugen dem Reichstag bekannt gegeben würden, daß die generellen Anordnungen veröffentlicht werden würden, aber es wohl denkbar sei, daß unter besonderen Umständen, z. B. in Fällen politischer Spannung, besondere Bestimmungen für einzelne Schiffe getroffen würden. Diese könnten dann natürlich nicht veröffentlicht werden. Der Einwand, die aus der Landeshoheit entspringenden Befugnisse würden im Kriegsfalle ausreichend sein, wurde mit der Bemerkung zurückgewiesen, daß dem Reich keine Landeshoheit zustehe und durch § 3b die Zuständigkeit des Reichskanzlers begründet werden solle.

die Ausführungs-Uebereinkunft gegebenen Rahmens volle Bewegungsfreiheit in diesem Punkte gelassen.

Nach § 3a des Gesetzentwurfs sollen auch die optische und akustische Schiffstelegraphie dem Reichsregal unterworfen werden; jedoch sollte, wie auch in der Begründung zum Ausdruck gebracht wurde, den Schiffen die nötige Bewegungsfreiheit in der Errichtung und dem Betrieb optischer und akustischer Telegraphenanlagen gewöhnlicher Art zu Zwecken ihres Betriebes gesichert werden, so daß jeder Grund zur Beunruhigung hinfällig sein dürfte. Auf eine Anfrage, wie weit die Beschränkung der optischen und akustischen Telegraphie gehen sollte, wurde folgendes erwidert:[32])

„Was die optische und akustische Telegraphie angehe, so sei beabsichtigt, das jetzt in der Handelsmarine übliche Telegraphieren mit Signalflaggen nach dem internationalen Signalbuche freizugeben. Wie weit die Lichttelegraphie, die auf der Handelsmarine kaum noch Eingang gefunden habe, den Kauffahrteischiffen freigegeben werden könne, unterliege noch der Erwägung. Es sei dabei zu bedenken, daß die Verwendung von Blinkfeuern und Scheinwerfern leicht die Wirksamkeit der Leuchtfeuer beeinträchtigen könne. Hinsichtlich der akustischen Telegraphie beständen ähnliche Bedenken. Hier könne eine Freigabe der Telegraphie durch Unterwasserschallsignale mit der neuerdings mit Erfolg eingeführten Benutzung solcher Signale seitens der Feuerschiffe zur Warnung bei Nebel usw. in Widerstreit geraten. Ueber alle diese Fragen werde im Wege der Verordnung entschieden werden, und es sei beabsichtigt, vor Erlaß einer solchen den Regierungen der Seeuferstaaten Gelegenheit zur Aeußerung zu geben. Es sei nicht in Aussicht genommen, die Beschaffung und Verwendung von Scheinwerfern für Lösch- und Ladeeinrichtungen zu erschweren. Sollten solche indes verbotwidrig zu einer nicht freigegebenen Art von optischen Telegraphen verwendet werden, so würde allerdings unter Umständen im Wege des Strafverfahrens eingeschritten werden."

Die im § 3b der Novelle in Aussicht gestellte „Bekanntmachung betreffend die Schiffstelegraphie" hat der Reichskanzler am 16. Juli 1908 erlassen; sie ist im RGBl. Nr. 43 vom 24. Juli 1908 veröffentlicht und lautet:

Auf Grund des § 3a des Gesetzes über das Telegraphenwesen des Deutschen Reiches vom 6. April 1892 (RGBl. S. 467) und vom 7. März 1908 (RGBl. S. 79) wird, mit der aus § 15 dieses Gesetzes sich ergebenden Einschränkung, über die Errichtung und den Betrieb optischer und akustischer Telegraphenanlagen auf deutschen Fahrzeugen für Seeschiffahrt und Binnenschiffahrt nachstehendes bestimmt:

Bis auf weiteres wird allgemein genehmigt, Anlagen zu errichten und zu betreiben:

1. für die Vermittelung von Nachrichten:
   a) durch Signale mit Flaggen, Fernsignalkörpern, Semaphoren oder Kunstfeuern;
   b) durch Signale mit Lichtblicken oder mit farbigen Laternen unter der Beschränkung, daß im Bereiche der Befeuerung der deutschen Fahrwasser, Küsten und Inseln die Lichtstärke der Signallichter nicht die für die Positionslaternen vorgeschriebene übersteigen darf;
   c) durch Schallsignale, welche durch die Luft übertragen werden;
2. für den Empfang von Nachrichten durch Unterwasserschallsignale.

Auf Grund des § 3b des obengenannten Gesetzes hat der Reichskanzler am 12. Dezember 1909 folgende „Bestimmungen über den Betrieb der Telegraphenanlagen auf fremden Schiffen in deutschen Hoheitsgewässern" (RGBl. Nr. 63 vom 20. Dezember 1909, S. 977) erlassen:

I. Fremden Kriegsschiffen ist allgemein gestattet:
   1. die Vermittelung von Nachrichten durch optische und akustische Signale mit Ausnahme der Abgabe von Unterwasserschallsignalen;

[32]) Aktenstücke Nr. 681. Bericht der 21. Kommission S. 4379.

2. der Gebrauch der Funkentelegraphie; jedoch darf der funkentelegraphische Verkehr der öffentlichen Küstenstationen sowie der Küsten- und Bordstationen der Kaiserl. Marine nicht gestört werden. Im Verkehr mit deutschen oder fremden Funkentelegraphenstationen sind für fremde Kriegsschiffe die Anweisung für den Funkentelegraphendienst (Zentralblatt f. d. D. R. 1909, S. 753) und die sonst ergehenden Anordnungen maßgebend.

II. Anderen fremden Fahrzeugen für Seefahrt und Binnenschiffahrt ist bis auf weiteres gestattet:
1. die Vermittelung von Nachrichten durch optische und akustische Signale mit Ausnahme der Abgabe von Unterwasserschallsignalen und mit der ferneren Einschränkung, daß im Bereiche der Befeuerung der deutschen Fahrwasser, Küsten und Inseln Signale mit Lichtblicken und farbigen Laternen nur mit solchen Signallichtern gemacht werden dürfen, deren Lichtstärke die für Positionslaternen vorgeschriebene nicht übersteigt;
2. der Gebrauch der Funkentelegraphie nach Maßgabe der Anweisung für den Funkentelegraphendienst und der sonst ergehenden Anordnungen, jedoch innerhalb von Häfen, Reeden und Flußmündungen, sowie auf Binnenwasserstraßen nur mit schriftlicher Genehmigung des Reichs-Postamts.

III. Im öffentlichen Interesse können die unter I und II getroffenen Bestimmungen vorübergehend beschränkt oder aufgehoben werden.

IV. Ein nach vorstehenden Bestimmungen nicht gestatteter Betrieb von Telegraphenanlagen ist nach § 9 des Gesetzes über das Telegraphenwesen strafbar; auch kann nach Maßgabe des § 40 des Strafgesetzbuches für das Deutsche Reich auf Einziehung der zur Nachrichtenübermittelung bestimmten Geräte erkannt werden. Ferner können die unbefugt betriebenen Anlagen nach § 11 des Gesetzes über das Telegraphenwesen außer Betrieb gesetzt oder beseitigt werden.

Nach Art. X[4] der Ausführungs-Uebereinkunft zum Londoner Funkentelegraphenvertrag untersteht der Funkentelegraphendienst der Bordstation der Oberaufsicht des Kapitäns oder seines Stellvertreters. Er ist, sofern er von der Reichs-Telegraphenverwaltung auf das Telegraphengeheimnis verpflichtet ist, als Vorsteher der Bordstation zur Einsichtnahme sämtlicher Telegramme befugt. In Deutschland hatte die Angelegenheit, betr. die rechtliche Stellung der auf Kauffahrteischiffen angestellten Telegraphisten gegenüber der Schiffsleitung, der Reederei, der Reichs-Telegraphenverwaltung und der für deutsche Schiffe hauptsächlich in Betracht kommenden Deutschen Betriebsgesellschaft für drahtlose Telegraphie m. b. H. bereits früher, und zwar auf Grund der im Jahre 1911 im Reichsamt des Innern abgehaltenen kommissarischen Verhandlungen folgende Regelung[33]) erfahren:

1. Der Bordtelegraphist untersteht der vollen Disziplinargewalt des Kapitäns nach Maßgabe der Seemannsordnung, da er sowohl im Falle der Vermietung oder des Verkaufes der Funkentelegraphenanlage an die Reederei als auch im Falle des Eigenbetriebs der Anlage seitens einer Betriebsgesellschaft durch die von der Gesellschaft erlassene Dienstvorschrift für die Bordtelegraphisten in seinem gesamten dienstlichen Verhalten der Aufsicht des Kapitäns oder dessen Stellvertreters unterstellt und ferner von der Reederei angemustert ist, demnach zur Schiffsbesatzung gehört.

2. Dem Kapitän des Schiffes ist die Befugnis zu geben, unter vollem Einschluß in das Telegraphengeheimnis von allen Telegrammen Einsicht zu nehmen. Die Konzession zum Betriebe der Bordtelegraphenstation wird der Reederei erteilt, der von dieser angestellte Kapitän ist daher nicht nur gemäß §§ 3, 84 der Seemannsordnung in allen Angelegenheiten des Schiffsbetriebs der mit der Disziplinargewalt ausgestattete Vorgesetzte des Bordtelegraphisten, sondern er ist auch als Vorsteher der Telegraphenstation anzusehen und kann ihm deshalb alle die Betriebsanweisungen zukommen lassen, die mit dem Telegraphengesetz vom 6. April 1892 (RGBl. S. 467) und der Telegraphenordnung vom 16. Juli 1904 (RGBl. S. 229) vereinbar sind. Insbesondere steht dem Kapitän die Kontrolle über den Betrieb und die Einsicht in die Telegramme zu.

---

[33]) Hansa, deutsche nautische Zeitung, Hamburg. Nr. 23 vom 8. Juni 1912.

3. Da auf die Bordstationen das Telegraphengesetz Anwendung findet, ist der Kapitän gehalten, die in § 8 des Gesetzes festgelegte Unverletzlichkeit des Telegraphengeheimnisses zu beachten.

4. In den Verträgen der Deutschen Betriebsgesellschaft für drahtlose Telegraphie m. b. H. wird die Bestimmung, daß die Telegraphisten an Bord dienstlich dem Kapitän oder seinem Stellvertreter unterstellt sind, dahin erweitert werden, daß der Kapitän oder sein Stellvertreter als Vorsteher der Bordstation die Telegramme einsehen darf, sofern sie auf das Telegraphengeheimnis verpflichtet sind. Eine gleichlautende Bestimmung soll auch in die Dienstvorschrift für Bordtelegraphisten übernommen werden.

5. Die Verpflichtung der Kapitäne oder ihrer Stellvertreter erfolgt bei der Post- oder Telegraphenanstalt am Orte des Heimatshafens der Schiffe. Welche Verkehrsanstalt dabei in den einzelnen Orten in Betracht kommt, werden die Ober-Postdirektionen den Reedereien auf Antrag mitteilen.

6. Jeder auf das Telegraphengeheimnis zu verpflichtende Kapitän oder Stellvertreter eines solchen ist von der Reederei mit einem Ausweis zu versehen, welcher der Verkehrsanstalt, bei der er sich zur Verpflichtung einfindet, vorzulegen ist.

7. Die über die Verpflichtung nach dem nachstehenden Muster aufgenommene Verhandlungsschrift wird dem Verpflichteten ausgehändigt und dient als Ausweis gegenüber dem Bordtelegraphisten.

Verhandelt beim Kaiserlichen . . . . amt
in . . . . am 191

Herr . . . . ist heute als Kapitän — als Vertreter des Kapitäns — eines mit Funkentelegraphenapparaten ausgerüsteten Schiffes auf das Telegraphengeheimnis verpflichtet worden. Er wurde mit § 8 des Gesetzes über das Telegraphenwesen des Deutschen Reichs vom 6. April 1892 sowie mit § 355 des Strafgesetzbuchs bekannt gemacht und besonders darauf hingewiesen, daß über den Inhalt der ankommenden und abgehenden Telegramme sowie darüber ob und mit wem jemand Telegramme wechselt, gegenüber Dritten die strengste Verschwiegenheit zu beobachten ist.

Herr . . . . erkennt diese Vorschriften für sich als bindend an.

Vorgelesen, genehmigt und unterschrieben

. . . .
(Vor- und Zunahme des Verpflichteten)

. . . .
(Name und Amtsbezeichnung des Verhandelnden).

Nach den bisher angeführten Bestimmungen war der funkentelegraphische Verkehr deutscher Schiffe innerhalb der deutschen Hoheitsgewässer nicht beschränkt. Nach der Verordnung des Reichskanzlers[34]) vom 9. Juli 1912 ist nunmehr auch den deutschen Bordstationen der Gebrauch der funkentelegraphischen Senderapparate innerhalb deutscher Häfen nur mit schriftlicher Genehmigung des Reichs-Postamts gestattet. Diese Einschränkung dürfte im Interesse der Störungsfreiheit der den Häfen benachbarten Küstenstationen erfolgt sein, während sie für die Schiffe nicht von Bedeutung ist, da diese in den Häfen Gelegenheit haben, auf andere Weise mit dem Lande zu verkehren. Die Benutzung von Empfangsapparaten ist den Bordstationen nach wie vor ohne Einschränkung erlaubt, so daß ihnen die Möglichkeit verbleibt, Sturmwarnungen, Wettertelegramme, Zeitsignale und andere wichtige Nachrichten auch während des Aufenthalts in den Häfen aufzunehmen.

Da die deutschen Schutzgebiete nicht zum Gebiete des Deutschen Reiches gehören, konnte das Telegraphengesetz hier nicht ohne weiteres Geltung haben. Für diese Gebiete wurde das Telegraphenregal durch zwei beson-

[34]) Zentralblatt für das Deutsche Reich, 1912, S. 581.

dere Kaiserliche Verordnungen eingeführt: es sind dies die „Verordnung über das Telegraphenwesen im Kiautschougebiet" vom 16. Oktober 1901 (RGBl. Nr. 43 vom 1. November 1901, S. 379) und die „Verordnung über das Telegraphenwesen in den deutschen Schutzgebieten, ausschließlich Kiautschou" vom 15. Juni 1906 (RGBl. Nr. 37 vom 28. Juni 1906, S. 848). Nach dem Wortlaute dieser Verordnungen[35]) sind hier auch die Telegraphenanlagen ohne Draht in das Regal miteinbegriffen.

Fragen wir uns nun noch, wie die unverändert gebliebenen Bestimmungen des Telegraphengesetzes auf die Funkentelegraphie anzuwenden sind. Im § 8 ist das Telegraphengeheimnis festgelegt, das auch durch die §§ 99—100 der StPO., den § 111 der KO. und den § 355 des StGB. gewährleistet wird. Da nun eine unbedingte Geheimhaltung bei dem funkentelegraphischen Verkehr heute noch nicht in vollem Umfange möglich ist, hat die Telegraphenverwaltung die Verpflichutng, alle technischen Hilfsmittel einzuführen, die ein solches Abfangen der Telegramme nach Möglichkeit beschränkt oder wenigstens die Geheimhaltung aufgefangener Nachrichten durch private Versuchsanlagen sicherstellt.[36]) Sobald neue Erfindungen die Geheimhaltung möglich machen sollten, würde der Unternehmer der Anlage gezwungen sein, die Mittel anzuwenden, die das Abfangen von Funkentelegrammen unmöglich machen.

Ferner müssen nach dem Wortlaut des § 12 des TelG. die Funkentelegraphenanlagen „nach Möglichkeit" so ausgeführt werden, daß sie weder ältere Funkentelegraphenanlagen noch den sonstigen Telegraphenbetrieb störend beeinflussen. U. U. muß der störende Teil seine Anlagen so umbauen, daß die Störung vermieden wird. Etwaige, auf Grund des § 12 entstehende Streitigkeiten gehören nach § 13 des Gesetzes vor die ordentlichen Gerichte und sind gemäß den §§ 198, 202—204 ZPO. zu beschleunigen. Auch gelten sie im Sinne des § 202 GVG. und des § 201 ZPO. als Feriensachen.

Die übrigen Paragraphen des Telegraphengesetzes bringen in bezug auf ihre Anwendung auf die Funkentelegraphie nichts besonderes.

StGB. §§ 317 und 318 schützen die Telegraphenanlagen vor Beschädigung und Zerstörung. Ob dieser Schutz für die Funkentelegraphenanlagen ausreichend ist, erscheint zweifelhaft, da der Betrieb u. U. unmöglich gemacht werden kann, ohne daß die Anlage selbst beschädigt oder zerstört wird. Weck will deshalb (a. a. O. S. 153) das Unterbrechen oder Stören des Betriebes besonders als „strafbaren Tatbestand" aufgestellt sehen. Da die Strafvorschrift StGB. § 360 II unzureichend und TelG. § 9 nur dann anwendbar ist, wenn die Störung von einer anderen gesetzwidrig betriebenen „Telegraphenanlage" ausgeht, müßte also eine besondere Strafvorschrift für die Fälle erlassen werden, in denen der Betrieb der Funkentelegraphenanlage beeinträchtigt wird, ohne daß dessen Anlagen beschädigt oder zerstört werden.

---

[35]) Wortlaut beider Verordnungen siehe Anhang unter 3 und 4 Seite 123 ff.

[36]) Aehnlich auch: Landsberg, „Die drahtlose Telegraphie im deutschen und internationalen Verkehrsrecht", Marburg 1909, S. 22 ff. Vgl. auch Punkt 3 der Bedingungen für Versuchsanlagen.

B. Gesetzliche Regelung der Funkentelegraphie in fremden Staaten.

Ebenso wie Deutschland hatten die meisten anderen Küstenstaaten vielfach vor Inkrafttreten des Berliner Funkentelegraphenvertrags für den internen Verkehr besondere Einzelgesetze erlassen, die auch für die in den Territorialgewässern befindlichen Schiffe maßgebend sind. Wegen ihrer Wichtigkeit für den funkentelegraphischen Verkehr der in diesen Gewässern befindlichen Schiffe sind die hauptsächlichsten Bestimmungen der einzelnen Gesetze nachstehend auszugsweise wiedergegeben.

a) Europa.

1. Belgien.

In Belgien ist die Funkentelegraphie durch Gesetz [37]) vom 10. Juli 1908 (Loi sur la télégraphie sans fil et la téléphonie sans fil par les radiations électriques) zum Staatsmonopol erklärt worden. Für die Errichtung und den Betrieb drahtloser Telegraphenstationen bedarf es der Genehmigung der Regierung. Die Genehmigungsbedingungen werden durch das Ministerium festgesetzt. Aus Gründen der öffentlichen Ordnung oder der Sicherheit des Staates kann die Regierung die Stationen schließen. Fremde Schiffe in belgischen Hoheitsgewässern müssen die besonderen Vorschriften im funkentelegraphischen Verkehr beachten.

Durch Königliche Verordnungen vom 5. August 1908 und vom 25. Oktober 1908 sind besondere Gebühren für staatliche Postdampfer usw. festgelegt worden.

2. Dänemark.

In Dänemark wurde am 19. April 1907 ein „Gesetz über die drahtlose Telegraphie" (Funkentelegraphie) [38]) erlassen, das dem Staat das ausschließliche Recht gibt, innerhalb seines Landes und seiner Territorialgewässer Funkentelegraphenstationen zu errichten und zu betreiben. Fremde Schiffe dürfen in dänischen Gewässern Bordstationen nur unter Beobachtung der von dem Minister der öffentlichen Arbeiten erlassenen Bestimmungen betreiben. Der Verkehr fremder Schiffe kann u. U. ganz untersagt werden.

Schiffe dänischer Flagge dürfen innerhalb oder außerhalb der dänischen Gewässer Stationen nur mit Genehmigung des Ministers der öffentlichen Arbeiten errichten oder betreiben.

Wissenschaftliche und technische Versuche dürfen nur mit Genehmigung des Ministers ausgeführt werden. Die Bestimmungen im Art. 17 des Gesetzes Nr. 84 vom 11. Mai 1897 über die Wahrung des Telegraphengeheimnisses seitens der Telegraphenbeamten und die im Uebertretungsfalle vorgesehenen Strafen gelten auch für die drahtlose Telegraphie. Ebenso kann auch der Art. 18 desselben Gesetzes, betr. die gleichen Bestimmungen für die Angestellten von Privatgesellschaften, von dem Minister auf die Telegraphisten der Bordstationen übertragen werden. Zuwiderhandlungen werden, wenn keine höhere Strafe verwirkt ist, mit Einziehung der ungesetzlich aufgestellten oder angewendeten Apparate bestraft; außerdem kann auf Geldstrafe bis 400 Kronen erkannt werden.

[37]) Journal télégraphique Nr. 7/1909, S. 172.
[38]) Journal télégraphique Nr. 10/1907, S. 264 ff.

Der Minister der öffentlichen Arbeiten hat am 24. November 1908 besondere Ausführungsbestimmungen [39]) erlassen: „Ordonnance concernant les dispositions à observer pour l'installation et l'exploitation de stations radiotélégraphiques ainsi que pour la transmission de radiotélégrammes."

Durch das Telegraphengesetz [40]) vom 20. Oktober 1905 ist übrigens auch für Island bestimmt worden, daß der Staat auf Island und in diesen Territorialgewässern das Monopol hat, Telegraphen- und Fernsprechanlagen sowie jedes andere Verkehrsmittel für den Nachrichtenaustausch zu errichten und zu betreiben, gleichviel welcher Art diese sind.

3. Frankreich.

In Frankreich befand sich der Telegraph schon lange als Monopol in den Händen des Staates. Der Entwicklungsgang des französischen Funkentelegraphengesetzes vom 28. September 1904 ist kurz folgender: Durch Dekret vom 7. Februar 1903 [41]) wurde bestimmt, daß die Post- und Telegraphenverwaltung allein zur Errichtung und zum Betriebe von Funkentelegraphenstationen für den amtlichen oder privaten Verkehr berechtigt sei. Jedoch konnten die einzelnen staatlichen Behörden im Einverständnis mit der Post- und Telegraphenverwaltung solche Funkentelegraphenstationen errichten und betreiben, die zum ausschließlichen und unmittelbaren amtlichen Verkehr bestimmt waren. Auch konnte u. U. Privatgesellschaften im Einverständnis mit den übrigen Ministerien die Genehmigung zur Errichtung und zum Betrieb von Privatstationen erteilt werden. Später wurde dann durch das inzwischen aufgehobene Dekret vom 27. Februar 1904 [42]) (Décret relatif aux postes côtiers de télégraphie sans fil) bestimmt, daß die von der Marineverwaltung errichteten Stationen mit denen der staatlichen Telegraphenverwaltung vereinigt und dieser die Oberleitung übertragen wurde. Die Standpunkte der Küstenstationen sollten in jedem Einzelfall im Einvernehmen mit der Post- und Telegraphenverwaltung und der Marineverwaltung bestimmt werden. Der Artikel 3 bestimmt, daß im Mobilmachungsfall alle Küstenstationen der Post- und Telegraphenverwaltung sowie alle privaten Küstenstationen der Marineverwaltung unterstehen sollen. Hierauf wurde am 28. September 1904 das Décret concernant le service radiographique erlassen, wonach für Privattelegramme freier Verkehr zwischen Schiffsstationen beliebigen Systems und den Küstenstationen in Frankreich herrschen soll.

Das neueste Dekret vom 5. März 1907 (Journal officiel vom 20. März 1907) lautet auszugsweise folgendermaßen:

Art. 1 besagt, daß die an den Küsten von Frankreich, Algier und Tunis belegenen Funkenstationen in 4 Klassen zerfallen:

1. Stationen, die speziell dem Handelsverkehr dienen,
2. Küstenstationen, die besonders für Zwecke der Kriegsmarine errichtet sind,
3. Militärstationen und
4. Leuchtturmstationen.

---

[39]) Journal télégraphique Nr. 3/1910, S. 68.

[40]) Journal télégraphique Nr. 10/1910, S. 229.

[41]) Décret relatif à l'établissement et à l'exploitation des postes de télégraphie sans fil destinés à l'échange de la correspondance officielle ou privée. Journal télégraphique, 1904, S. 85 ff.

[42]) Bulletin mensuel des Postes et des Télégraphes, 1904, S. 65/66.

Art. 2 besagt, daß die dem öffentlichen Verkehr dienenden Stationen von der Post- und Telegraphenverwaltung errichtet, unterhalten und betrieben werden. Die Marinestationen ressortieren von der Marineverwaltung, die Militärstationen werden von dem Kriegsministerium verwaltet.

Die Leuchtturmstationen werden gemeinsam von dem Ministerium der öffentlichen Arbeiten und der Telegraphenverwaltung betrieben. Im Falle einer Mobilmachung unterstehen alle Stationen ausnahmslos dem Kriegs- und Marinedepartement.

In den Artikeln 3—5 werden technische Fragen erörtert; so enthält z. B. Art. 4 Bestimmungen über die Zusammensetzung einer Kommission, die aus Vertretern des Marine- und Kriegsministeriums, der Ministerien der öffentlichen Arbeiten, der Kolonien, Auswärtigen Angelegenheiten, Handel und Industrie usw. besteht und die Aufgabe hat, technische und sonstige Fragen auf dem Gebiete der Funkentelegraphie zu prüfen.

Der Art. 6 bestimmt, daß, ausgenommen in Kriegszeiten, alle Küsten- und sonstigen Handelsstationen, mit Ausnahme der Versuchs- und Uebungsstationen, dem allgemeinen öffentlichen Verkehr geöffnet sind.

Die übrigen Artikel enthalten allgemeine Bestimmungen über die internationale Verrechnung der Gebühren, Genehmigung von Privatanlagen, Kosten für Versuchsstationen usw.

Das Dekret von 1907 ist in unwesentlichen Punkten (Zusammensetzung der Kommission) durch Dekret vom 26. April 1910 und vom 15. Februar 1911 abgeändert worden. (Vgl. Journal officiel vom 30. April 1910 und vom 18. Februar 1911.) Durch Dekret vom 20. November 1911 (Journal officiel vom 24. November 1911) hat dieses Gesetz nochmals in einigen Punkten betr. die Kommissionszusammensetzung eine Aenderung erfahren. Zu erwähnen ist ferner das Dekret vom 25. Juni 1909 betr. die Behandlung von Semaphor- und Funkentelegrammen.

Durch Dekret des Präsidenten vom 14. Januar 1911 werden die Bordgebühren für Kriegsschiffe, deren Bordstationen auch dem privaten Verkehr geöffnet sind, festgesetzt, während durch Dekret des Ministers der öffentlichen Arbeiten, der Post- und Telegraphie vom 5. Dezember 1911 Bestimmungen über die von den im Aermelkanal und im Pas de Calais gelegenen Küstenstationen zu erhebenden Küstengebühren erlassen worden sind.

4. Großbritannien einschl. der britischen Kolonien, Besitzungen und Protektorate.

In **Großbritannien** befand sich der Telegraphenbetrieb bis zum Jahre 1869 in Händen von Privatgesellschaften; erst nachdem 1869 das gesamte Telegraphennetz von der englischen Regierung aufgekauft worden war, konnte der Telegraph durch Gesetz vom 9. August 1869 zum staatlichen Monopol erhoben werden. Dieses Monopol war aber beschränkt auf den Verkehr im Vereinigten Königreich von Großbritannien und Irland (Art. 4) und bestimmte (Art. 5, Abs. 6), daß „Telegramme im Austausch mit allen außerhalb des Vereinigten Königreichs belegenen Orten" nicht unter das Monopol fallen sollten. Während die Regierung Kabelgesellschaften besondere Bedingungen auferlegen konnte, traf dies bei funkentelegraphischen Unternehmungen nicht zu.

Diese Rechtslage war um so seltsamer, als an sich die Anwendbarkeit des Regierungsmonopols auf die drahtlose Telegraphie in England früher und deutlicher betont worden ist als in irgendeinem anderen Lande. Bereits im Jahre 1880 war nämlich gelegentlich des Rechtsstreites, der vor dem obersten englischen Gerichtshofe zwischen der Telegraphenverwaltung und der Edison Telephone Company über die Geltung des Monopols für das Fernsprechwesen ausgefochten wurde, in bezug auf den Begriff des Wortes „Telegraph" festgestellt worden: Jeder zur Uebermittelung von Signalen dienende Apparat — ohne Rücksicht darauf, ob eine Leitung benutzt wird oder nicht — sei als Telegraph anzusehen; und ferner wären als unter das Monopol fallend auch solche Signale anzusehen, die, wenn das überhaupt möglich wäre — von Ort zu Ort durch die Erde oder durch die Luft fortgepflanzt würden. Bevor also eine drahtlose elektrische Telegraphie für möglich gehalten wurde, war bereits ausgesprochen, daß diese z. F. unter das Regal fallen müsse; nachdem das für unmöglich gehaltene Verkehrsmittel nun tatsächlich ins Leben getreten und schon eine große praktische Bedeutung erlangt hatte, ergab sich, daß das Regal gerade hinsichtlich des wichtigsten Verwendungszweckes der Funkentelegraphie, d. h. für den Verkehr mit Schiffen in See, eine empfindliche Lücke besaß.

Die englische Regierung erließ daher am 15. August 1904 ein besonderes Gesetz „The Wireless Telegraphy Act 1904",[43]) das seine überaus schnelle Fertigstellung dem Ausbruch des russisch-japanischen Krieges, der die große Bedeutung der drahtlosen Telegraphie für die moderne Kriegsführung bewies, verdankte. Durch dieses Gesetz, dessen Gültigkeit wiederholt verlängert worden ist, wurde dem Staate das Genehmigungsrecht zur Errichtung von funkentelegraphischen Anlagen im britischen Gebiet oder an Bord eines britischen Schiffes verliehen und die Errichtung von Funkentelegraphenanlagen ohne eine vom Postmaster-General auszusprechende Konzession unter Strafe gestellt. Auch der Betrieb von Funkentelegraphenanlagen auf fremden Schiffen ist auf Grund dieses Gesetzes in den Territorialgewässern nur mit Genehmigung der Postverwaltung gestattet. Zuwiderhandlungen ziehen Geldstrafe und Einziehung der Apparate nach sich.

Bis zum Erlaß dieses Gesetzes waren in England ohne staatliche Genehmigung Funkentelegraphenstationen regellos im Lande errichtet und zur Nachrichtenübermittelung mit außerhalb der Territorialgewässer befindlichen Schiffen und mit dem Auslande benutzt worden. In Kriegszeiten wäre hiernach der Staat ohne das vorgenannte Gesetz nicht imstande gewesen, zu verhüten, daß unkontrollierte telegraphische Nachrichten das Land verließen. Es hätten also wichtige militärische oder politische Nachrichten von Unberufenen aufgefangen, Verbindungen britischer Kriegsschiffe miteinander und mit der Admiralität durch die vielfach stärkeren Landstationen gestört, feindliche Schiffe mit Mitteilungen versehen werden können usw. Durch das neue Gesetz sicherte sich die englische Regierung eine wirksame Kontrolle des neuen Verkehrsmittels und kann heute, besonders für die Zwecke der Landesverteidigung, der Marine und der Staatstelegraphenverwaltung, von der Funkentelegraphie den ihr geeignet erscheinenden Gebrauch machen.

Nach der am 20. Juni 1908 auf Grund des Wireless Tel. Act 1904 erlassenen „Verordnung"[44]) darf ohne schriftliche Erlaubnis des General-Postmeisters kein funkentelegraphischer Apparat auf fremden Handelsschiffen benutzt werden, solange sich das Schiff in irgendeinem Hafen der briti-

---

[43]) Als „Loi portant réglementation de la télégraphie sans fil" im Journal télégraphique, Nr. 12/1907, S. 310/312, wiedergegeben.

[44]) The Wireless Telegraphy (Foreign Ships) Regulation. Als „Ordonnance concernant la télégraphie sans fil à bord de navires étrangers" abgedruckt im Journal télégraphique Nr. 5/1910, S. 112 ff.

schen Inseln befindet. Fremde Kriegsschiffe unterliegen während ihres Aufenthalts in britischen Häfen den von Zeit zu Zeit erlassenen Verordnungen der britischen Admiralität. Der Verkehr der fremden Bordstationen in den Territorialgewässern darf den Verkehr der Marinestationen und der sonstigen auf den britischen Inseln oder in den Territorialgewässern rechtmäßig errichteten und betriebenen Stationen nicht stören. Zuwiderhandlungen werden mit Geldstrafen und u. U. Einziehung der Funkentelegraphenapparate bestraft.

Laut Bekanntmachung im Post Office Circular vom 30. Dezember 1904, 31. Januar 1905 und 30. Januar 1906 hat die Post- und Telegraphenverwaltung besondere Betriebsvorschriften für private Bordstationen, für den Verkehr der Großstation Poldhu und für Kriegsschiffstationen erlassen. Durch Order in Council vom 29. Februar 1908 ist die Uebertragung der Gesetzesvorschriften auf britische Schiffe in See angeordnet worden.

Erwähnt sei ferner noch der Vertrag der Postverwaltung mit der Marconi Wireless Telegraph Co. und der Marconi International Marine Communication vom 11. August 1904 (Ordered by the House of Commons vom 11. April 1906) betr. Erleichterungen im funkentelegraphischen Verkehr und der Vertrag vom 24. Juli 1903 des Navy Department mit der Marconi Wireless Tel. Co.,[45]) wonach die Gesellschaft der Marine auf 11 Jahre das Recht eingeräumt hat, gewisse Patente für die Zwecke der Königlichen Marine zu verwerten. Laut Vertrag zwischen dem Postmaster General einerseits und Marconis Wireless Tel. Co. und The Marconi International Marine Communication Co. andererseits vom 29. September 1909 ist der Betrieb verschiedener Marconi-Küstenstationen von der Postverwaltung, die die Stationen käuflich erworben hat, übernommen worden. Nach dem Vertrage vom 1. Dezember 1909 zwischen dem Postmaster General und The Society of Lloyds sind ebenfalls verschiedene andere Küstenstationen käuflich in das Eigentum und den Betrieb der Postverwaltung übergegangen.

Auch in den verschiedenen englischen Kolonien, Besitzungen und Protektoraten sind auf Anregung der Regierung schon frühzeitig zur Regelung des funkentelegraphischen Verkehrs Sondergesetze erlassen worden, die den Kolonien usw. ein weitgehendes Monopol für Funkentelegraphie geben. Eine Zusammenstellung und Würdigung der bis 1903 erlassenen Gesetzesbestimmungen findet sich in der Zeitschrift The Electrician[46]) vom 23. Oktober 1903 in einem Aufsatz: Legislation for wireless telegraphy. Die einzelnen Gesetze, die meistens früher als das obenangeführte britische Gesetz in Kraft traten, sowie die in jüngster Zeit erlassenen Gesetze seien im nachfolgenden unter kurzer Angabe des wesentlichsten Inhalts in alphabetischer Reihenfolge aufgeführt.

Australien (Australischer Staatenbund.) Durch Bundesgesetz vom 18. Oktober 1905 (Wireless Telegraphy Act 1905[47]) ist das Monopol des Staates auf dem Festland und in den Territorialgewässern des Bundesgebietes hinsichtlich funkentelegraphischer Anlagen festgelegt worden. Eng-

[45]) Vgl. „Drahtlose Telegraphie in der englischen Flotte". In „Deutsche Verkehrs-Zeitung" Nr. 32/1906.

[46]) Vgl. auch den Aufsatz „Gesetzliche Regelung der Funkentelegraphie in England und seinen Kolonien" in „Deutsche Verkehrs-Zeitung" Nr. 48/1903.

[47]) Journal télégraphique Nr. 5/1910 S. 113.

lische Kriegsschiffe sind von diesem Gesetz ausgenommen. Lizenzen für gewisse Zeit, unter besonderen Bedingungen und gegen bestimmte Gebühren erteilt der Postmaster General.

Zu diesem Gesetz sind vom Commonwealth of Australia durch „Statutory Rules, Nr. 105" vorläufige Ausführungsbestimmungen erlassen worden, worin General Licences (für australische Schiffe), Experimental Licences (für Landstationen) und Supplementary Licences (für andere Schiffe) unterschieden werden. In australischen Häfen und in den Hoheitsgewässern dürfen australische und fremde Schiffe nur mit Genehmigung des Postmaster General Funkentelegraphenapparate benutzen. Für fremde Schiffe in australischen Häfen und Gewässern sind besondere Vorschriften erlassen worden. In Zeiten politischer Spannung kann der Gebrauch der Funkentelegraphie seitens fremder Schiffe in australischen Hoheitsgewässern untersagt werden. Die Militär- oder Marinebehörde kann in solchen Zeiten jede genehmigte Station requirieren oder besetzen oder eine Betriebskontrolle ausüben.

Ferner hat der Commonwealth am 30. Oktober 1909 ein Gesetz über die Kontrolle der Kabel und Funkentelegraphenstationen im Kriege erlassen (Telegr. Act 1909), wonach der Governor-General im Falle eines Krieges von jeder Funkentelegraphenanlage Besitz ergreifen kann.

Bahama-Inseln. Durch Gesetz vom 14. Mai 1902 wird bestimmt, daß niemand ohne Genehmigung der zuständigen Behörde befugt ist, funkentelegraphische Nachrichten über See zu befördern oder zu empfangen. Das Gesetz ist durch eine Bestimmung vom 11. Mai 1903 noch dahin erweitert worden, daß auch die Herstellung, Errichtung und Unterhaltung aller zur Beförderung solcher Nachrichten dienenden Instrumente und Apparate ohne Genehmigung verboten sein soll.

In Barbados kommt in Betracht: Wireless and Submarine Telegraph Act 1905.

Bermuda-Inseln. Das Gesetz vom 23. Juni 1903 enthält ähnliche Bestimmungen. Bemerkenswert ist, daß zwecks Beschlagnahme gesetzwidrig benutzter Apparate auf Grund eidlicher Versicherung glaubwürdiger Personen die Vornahme von Haussuchungen als zulässig bezeichnet wird. Nach dem im März 1909 in Kraft getretenen Act unterliegt die Kontrolle in Hoheitsgewässern der Regierung.

Britisch-Guyana. Das am 31. Januar 1903 in Kraft getretene Gesetz (Telegraph Ordinance, 1903) verleiht der Regierung das ausschließliche Recht zur Herstellung, Unterhaltung und zum Betriebe telegraphischer Verbindung mit außerhalb der Kolonie belegenen Orten. Das Wort „Telegraph" soll im Sinne des Gesetzes alle Apparate umfassen, die zur Nachrichtenübermittelung durch Elektrizität, Magnetismus oder Galvanismus dienen, sei es mit oder ohne Benutzung von Drahtleitungen. Ordinance Nr. 7 vom Jahre 1910 sieht eine Lizenz vor.

In Britisch-Indien kann gemäß den Bestimmungen des Sea Customs Act (1878) der Generalgouverneur[48]) die Einführung funkentelegraphischer Apparate auf solche Fälle beschränken, in denen die Einführung durch Personen erfolgt, denen nach dem Indian Telegraph Act (1885) eine Konzession zur Errichtung solcher Stationen erteilt worden ist.

---

[48]) The Gazette of India vom 17. Juli 1909.

In Britisch-Neuguinea besteht ein Gesetz: The Wireless Telegraphy Ordinance of 1905.

In Britisch-Ostafrika ist durch Wireless Telegraphy Ordinance 1908 (An Ordinance to provide for the Regulation of Wireless Telegraphy) die Errichtung und der Betrieb funkentelegraphischer Anlagen nur mit Genehmigung des Gouverneurs und unter den von diesem festzusetzenden Bedingungen gestattet. Die Handhabung funkentelegraphischer Apparate auf Schiffen in den Protektoratsgewässern ist verboten, sofern diese gegen die erlassenen Vorschriften verstößt.

In Canada darf nach dem Gesetz vom 20. Juli 1905 (The Wireless Act 1905) niemand ohne Genehmigung der Regierung an Land oder an Bord eines in Canada registrierten Schiffes eine Funkentelegraphenstation errichten oder betreiben. Die Form und Dauer der Lizenzen, sowie die Lizenzgebühren werden von der Postverwaltung in Uebereinstimmung mit dem Governor in Council festgesetzt.

Auch Telegraph Acts, Part IV, handelt von der Errichtung funkentelegraphischer Stationen gegen Lizenz. Ein den gegenwärtigen Verhältnissen Rechnung tragender Gesetzentwurf liegt beim Parlament.

In der Capkolonie[49]) ist am 14. November 1902 eines der wichtigsten Gesetze (The Electric Telegraphs Amendment Act, 1902) in Kraft getreten. Wo das Telegraphengesetz vom Jahre 1861 oder dessen Ergänzungen die Bezeichnung „electric Telegraph" anwenden, soll diese umfassen: jedes System oder jedes Mittel zur Beförderung von Zeichen, Signalen oder Mitteilungen durch Elektrizität, Magnetismus, Elektromagnetismus oder ähnliche Kräfte mit oder ohne Benutzung von Leitungen, einschließlich des unter dem Namen „drahtlose Telegraphie" oder „Aethertelegraphie" bekannten Systems sowie aller Verbesserungen oder Erweiterungen des letzteren. Niemand darf ohne Lizenz des Governor derartige Anlagen errichten oder betreiben. Ferner soll die im Gesetz angewendete Bezeichnung „elektrische Telegraphenlinien" umfassen: alle Apparate, Instrumente, Masten, Leitungen, sowie alle sonstigen Gegenstände, die zum Zwecke der Absendung oder zum Empfangen solcher Zeichen, Signale oder Mitteilungen dienen oder benutzt werden können. Das Gesetz soll sowohl für die Kolonie selbst, als auch für deren Territorialgewässer Geltung haben.

Auf den Falklands-Inseln ist am 15. März 1912 eine Ordinance in Kraft getreten, die die Errichtung und den Betrieb von Funkentelegraphenstationen an die Erteilung einer Lizenz knüpft.

Gambia. Nach dem Gesetz vom 19. Februar 1903 (The Telegraphic Establishments [Maintenance of Control] Ordinance, 1903) darf keine Person oder Gesellschaft ohne behördliche Genehmigung in der Kolonie, in deren Schutzgebieten oder in den sie umgebenden Territorialgewässern Telegraphenapparate herstellen, unterhalten oder betreiben. Drahtlose Telegraphen, besonders Marconi-Apparate und ähnliche Einrichtungen zur Nachrichtenbeförderung ohne Benutzung von Leitungen werden ausdrücklich als unter das Gesetz fallend bezeichnet.

Die Goldküste (The Wireless Telegraph Ordinance vom 22. September 1903) und

[49]) Die Capkolonie, Natal, der Oranjefreistaat und Transvaal sind seit dem 31. März 1910 unter einer Regierung vereinigt.

Hongkong (The Wireless Telegraph Ordinance 1903) haben ebenfalls durch besondere Gesetze jede Anwendung der drahtlosen Telegraphie von der Genehmigung der zuständigen Behörden abhängig gemacht. Durch The Wireless Tel. Ord. 1909 ist am 23. April 1910 eine Verordnung in Kraft getreten, wodurch der Gebrauch der Funkentelegraphie auf Handelsschiffen in den Gewässern von Hongkong geregelt wird.

Jamaica ist durch das am 12. März 1903 in Kraft getretene Gesetz (Wireless Telegraph Law 1903) in gleicher Weise vorgegangen. Das Monopol gilt für die Insel und alle zugehörigen Gebietsteile, sowie für jeden Verkehr mit fremden Orten. Besonders hoch erscheinen die in Jamaica wegen Vergehen gegen das Regal festgesetzten Strafen; sie können in Einzelfällen bis 1000 £ betragen und steigen bei fortgesetzter Uebertretung des Gesetzes um 50 £ für jeden Tag; außerdem können die widerrechtlich benutzten Apparate polizeilich beschlagnahmt und zerstört werden.

Zu erwähnen ist ferner Telegraph Control Law 1904 und The Direct West India Cable Company's Law 1909.

Lagos hat durch Gesetz vom 28. August 1903 (Wireless Tel. Ord. 1903) ein Regal für drahtlose Telegraphie geschaffen und dabei gleich hohe Strafen festgesetzt wie Jamaica, während die Strafen in den übrigen Kolonien fast durchweg erheblich niedriger bemessen worden sind.

Für Malta ist das alte Telegraphengesetz vom Jahre 1875, das jegliche Uebermittelung von Signalen oder Nachrichten von einem Orte zum andern unter Benutzung von Leitungen der Regierung vorbehält, durch Gesetz vom 30. Juni 1903 dahin erweitert worden, daß es auch auf drahtlose Telegraphie Anwendung finden soll.

In Neu-Fundland ist nach Post-and Telegraph Acts 1906 die Errichtung von Stationen an eine Lizenz geknüpft. Nach dem Act vom 15. Juni 1905 wird die Kontrolle des Betriebs durch den Governor ausgeübt.

In Neu-Seeland war durch The Wireless Telegraphy Act 1903 [50]) der Regierung vom 26. September 1903 ab ein Monopol zur Errichtung und zum Betriebe funkentelegraphischer Anlagen gegeben worden. Die Errichtung drahtloser Stationen ohne Genehmigung zieht hohe Geldstrafen und Einziehung der Apparate nach sich. Das Gesetz wurde im Zusammenhang mit der Kodifikation der neuseeländischen Gesetzgebung formell aufgehoben und bildet, sachlich unverändert, jetzt Teil X (Art. 162—164) von The Post and Telegraph Act 1908.

Im Oranjefreistaat[51]) ist der Regierung durch The Wireless Telegraphy Licensing Ordinance 1903 das Monopol zuerkannt worden. Die Lizenzgebühr ist sehr hoch; sie beträgt 100 Pfund; Zuwiderhandlungen werden mit Geldstrafen oder hohen Gefängnisstrafen bedroht.

Seychellen. Das Gesetz vom 2. Mai 1903 (The Telegraph and Electrical Stations Ordinance 1903) ist in der Fassung eingehender als die meisten bisher erwähnten Gesetze. Es bestimmt, daß keinerlei Telegraphen-Apparate oder Maschinen und keinerlei sonstigen Hilfsmittel, welcher Art sie auch sein mögen, zum Zwecke der elektrischen Nachrichtenbeförderung durch sogenannte drahtlose Telegraphie oder zu irgendeinem andern

---

[50]) Journal télégraphique 1908 Nr. 11, S. 343.
[51]) Siehe Fußnote 49 auf Seite 40.

mit der Absendung oder mit dem Empfange von Nachrichten zwischen den Seychellen und sonstigen Orten zusammenhängenden Zwecke ohne Genehmigung der Regierung errichtet oder benutzt werden dürfen, und zwar weder auf Privatgrundstücken noch an anderen Orten. Das Wort „Ort" soll auch gelten für Schiffe und für jedes andere Wassertransportmittel. Die Bestimmungen gelten nicht für englische Kriegsschiffe.

Die britische Regierung von Singapore hat durch „An Ordinance to provide for the regulation of Wireless Telegraphy" vom 29. November 1912 (Straits Settlements Government Gazette vom 20. Dezember 1912) angeordnet, daß die Errichtung und der Betrieb von F.-T.-Stationen innerhalb der Kolonie und auf Schiffen nur mit Genehmigung des Gouverneurs gestattet ist. Zuwiderhandlungen werden mit Geld- oder Gefängnisstrafen bedroht. Auch fremden Schiffen innerhalb der Gewässer der Kolonie können hinsichtlich des Betriebs bestimmte Auflagen gemacht werden.

In den englischen Protektoraten im westlichen Teile des Stillen Ozeans hat der britische High Commissioner for the Western Pacific für die ihm unterstellten Inselgruppen [52]) mit Ausnahme der Neuen Hebriden am 3. Dezember 1912 eine „Regulation to govern the use of wireless Telegraphy in the Western Pacific" erlassen: „The Wireless Telegraphy Regulation 1912." Hiernach bedürfen die Funkentelegraphenanlagen einer besonderen Lizenz; der High Commissioner behält sich vor, den Gebrauch der Funkentelegraphie auf britischen und fremden Handelsschiffen innerhalb der Territorialgewässer der Schutzgebiete durch besondere Ausführungsbestimmungen zu regeln.

In den nachstehend aufgeführten Gebieten handeln die Verordnungen von der Errichtung von Stationen gegen Lizenzen, setzen die Strafen im Uebertretungsfalle fest usw.

Britisch Honduras, Ordinance Nr. 13, 1903;
Grenada, Wireless Telegraph Ordinance, 1903;
North Nigeria, Wireless Telegraph Proclamation 1904;
Nyassaland, Wireless Telegr. Ordinance, 1908;
St. Helena, Wireless Telegr. Ordinance, 1912;
St. Lucia, Wireless Telegr. Ordinance, 1912;
St. Vinzent, Wireless Telegr. Ordinance, 1904;
Sierra Leone, Wireless Telegr. Amendment Ordinance 1912;
Somaliland, Wireless Telegr. Ordinance 1908;
Southern Rhodesia, Electric Telegraph Amendment Ordinance 1904,
South Nigeria, Wireless Telegraph Ordinance und Amending Ordinance;
Uganda, Wireless Telegr. Ordinance 1908.

Die vorstehenden Ausführungen lassen erkennen, mit welcher Sorgfalt man in den britischen Kolonien bemüht gewesen ist, nicht nur den Begriff „Telegraph" soweit wie irgend möglich auszudehnen und besonders die Funkentelegraphie als unter diesen Begriff fallend zu kennzeichnen, sondern auch hervorzuheben, daß das Regal auch für den über die Territorial-

---

[52]) Geltungsbereich: Protektorat der Britischen Solomons Inseln, der Gilbert und Ellice Inseln einschließlich Ocean Island, ferner Union, Fanning, Phönix, Washington, Christmas und Pitcairn Inseln.

grenze hinausgehenden Verkehr Geltung haben soll. Damit war erreicht worden, daß diese Kolonien, ohne daß es weiterer gesetzlicher Grundlagen bedurft hätte, imstande waren, allen etwa künftig zu treffenden internationalen Abmachungen über Funkentelegraphie Geltung zu verschaffen.

5. Italien.

Ueber die ursprüngliche Regelung der Funkentelegraphie in Italien vgl. „Archiv für Post und Telegraphie", Berlin, Nr. 10/1906. Nach dem neuen Gesetz vom 30. Juni 1910[53]) (genehmigt durch Kgl. Dekret vom 1. Februar 1912) ist die Funkentelegraphie in Italien und seinen Kolonien für Regierungsrecht erklärt worden. An Private werden Konzessionen zur Errichtung und zum Betriebe von Funkentelegraphenanlagen erteilt. Der Staat kann aber jederzeit die Einrichtung und den Betrieb gegen Entschädigung übernehmen oder die Privatanstalten aufkaufen. Wenn eine Privatanlage die staatlichen Stationen stört oder den technischen Anforderungen nicht entspricht, kann die Regierung die bereits erteilte Konzession zurückziehen. Zuwiderhandlungen werden mit hohen Geldstrafen, Haft und Einziehung der Apparate bestraft. Die gleiche Strafe hat zu erwarten, wer sich der auf den Handels- und Vergnügungsdampfern bestehenden Anlagen während des Ankerns in den Gewässern des italienischen Staates bedient. Ferner sieht das Gesetz Strafen vor für Störung des Betriebs anderer Anlagen und für mißbräuchliche Anwendung des Notzeichens.

In ihrem mit Marconi am 16. Februar 1903 bzw. 5. Mai 1904 abgeschlossenen Vertrage hatte sich die italienische Regierung als Gegenleistung für die unentgeltliche Ausübung der Marconi-Patente verpflichtet, 14 Jahre lang für kommerzielle Stationen nur Marconistationen zuzulassen und den vom Staate betriebenen Küstenstationen den Verkehr mit solchen Schiffen zu untersagen, die andere Systeme an Bord führen. Die mit der Marconigesellschaft eingeleiteten Verhandlungen haben nun gemäß Zusatzabkommen vom 6. Februar 1911 zum Marconivertrag vom 5./10. Mai 1904 (genehmigt durch Kgl. Dekret vom 2. März 1911) den Erfolg gehabt, daß die italienischen Küstenstationen seit dem 1. Juni 1911 mit deutschen und französischen Schiffen ohne Unterschied des von ihnen benutzten funkentelegraphischen Systems Telegramme austauschen dürfen. Schiffe der italienischen Kriegs- und Handelsmarine können im Auslande mit allen Küstenstationen ohne Unterschied des Systems in Verkehr treten.

In Ausführung des Gesetzes vom 30. Juni 1910 ist durch Kgl. Dekret vom 1. Februar 1912 Nr. 227 ein Reglement,[54]) betr. das Funken-Telegraphen- und Fernsprechwesen, erlassen worden. Die Verordnung behandelt die Abgrenzung der Zuständigkeiten zwischen dem Post- und Telegraphenministerium und dem Kriegs- sowie dem Marineministerium hinsichtlich der einschlägigen Angelegenheiten (Kap. 1), die Errichtung und Zusammensetzung eines ständigen Funken-Telegraphenbeirates (Kap. 2), die Erteilung von Konzessionen an Private zum Betriebe von funkentelegraphischen und telephonischen Verkehrsanlagen (Kap. 3), die Annahmebedingungen und Beschäftigungsverhältnisse des Beamtenpersonals für den

[53]) Bolletino del Ministero delli Poste et del Telegrafi Nr. 25/1910.
[54]) „Deutsche Verkehrs-Zeitung", Berlin 1912, S. 343.

bezeichneten Betriebsdienst (Kap. 4), den Betrieb von Bordstationen in den italienischen Küstengewässern (Kap. 5), endlich die Gebühren (Kap. 6). Aus dem Inhalt sei folgendes hervorgehoben:

Der Zuständigkeit des Post- und Telegraphenministeriums unterstehen die Einrichtung und der Betrieb aller für den internen und den internationalen Verkehr eröffneten Staats-Funkentelegraphenanlagen sowie die Ueberwachung der konzessionierten Privatanlagen im Innern des Landes, endlich die Festsetzung der Tarife für den gesamten Privatverkehr. Dem Kriegsministerium sind in Friedenszeiten sämtliche für den Militärdienst, in Kriegszeiten auch sämtliche für den öffentlichen Privattelegraphenverkehr bestimmten Anlagen unterstellt. Das Marineministerium endlich ist zuständig für alle Küstenstationen, für den Betrieb und die Einrichtung der staatlichen und für die Ueberwachung der privaten Bordstationen.

Der ständige Beirat für funkentelegraphische Angelegenheiten setzt sich zusammen aus einem der Verwaltung nicht angehörenden Vorsitzenden, einem General- und einem Admiralstabsoffizier, aus dem Direktor der höheren Post- und Telegraphenschule sowie dem zuständigen Ministerialdirektor im Post- und Telegraphenministerium. Die genannten fünf Mitglieder werden durch Königliche Ordre ernannt. Außerordentliche Mitglieder ohne entscheidende Stimme können auf Antrag des Vorsitzenden durch Ministerialerlaß jederzeit ernannt werden. Der Sitz des Beirats befindet sich beim Marineministerium. Gegenstände, über die sein Gutachten eingeholt werden soll, sind u. a.: die Ausarbeitung der einschlägigen Betriebsdienstvorschriften, Fragen wissenschaftlicher Natur, der Abschluß internationaler Verträge, die Feststellung der technischen Anforderungen für die konzessionspflichtigen Anlagen, die Bedingungen für die Zurückziehung der Konzessionen und für das Vorkaufsrecht des Staates sowie die Prüfung neuer technischer Systeme.

Die Konzessionen werden durch gemeinsamen Beschluß der drei beteiligten Ministerien erteilt. Sie können erstmalig nicht mit Wirkung über den 16. Februar 1917 hinaus erteilt werden; von da an ist ihre Verlängerung von 5 zu 5 Jahren statthaft. Die Konzessionen werden erteilt für den Betrieb von Anlagen zum privaten und zum öffentlichen Verkehr. Als Privatverkehr gilt dabei der Nachrichtenaustausch zwischen Grundstücken ein und desselben Eigentümers oder zwischen Grundstücken von zwei verschiedenen Eigentümern. Jede Verkehrsvermittelung für Rechnung Dritter ist hierbei ausgeschlossen. Anlagen dieser Art unterliegen einer Konzessionsgebühr von 50 Lire, die jährlich erneut fällig wird. Außerdem hat der Berechtigte eine Kaution in Höhe von ebenfalls 50 Lire zu hinterlegen. Anlagen für den Privatverkehr sind von der Entrichtung der Konzessionsgebühren befreit, wenn der gesamte Grund und Boden zwischen ihnen sich im Privateigentum befindet, oder wenn es sich um Anlagen zu wissenschaftlichen oder Unterrichtszwecken handelt. Die Konzession haftet an der Person des Berechtigten. Sie ist unvererblich und nur mit Einwilligung der Regierung veräußerlich. Konzessionen für den öffentlichen Funken-Telegraphen- und Fernsprechverkehr unterliegen einer vierteljährlich postnumerando zahlbaren Abgabe in Höhe von 10 % der aufkommenden Telegrammgebühreneinnahme. Der Berechtigte hat eine Kaution von mindestens 200 Lire zu stellen.

Das Beamtenpersonal für den Betriebsdienst wird einer besonderen Fachprüfung unterzogen. Die näheren Anordnungen treffen die beteiligten drei Ministerien.

In den Hoheitsgewässern des italienischen Staates ist der Betrieb privater Bordstationen auf Schiffen der Handelsmarine grundsätzlich untersagt. Ausnahmen sind nur zugelassen: beim Verlassen des Hafens, in Fällen der Gefahr zum Herbeirufen von Hilfe oder sonst in dringenden Fällen, letzteres jedoch nur innerhalb der ersten halben Stunde nach Ankerwerfen, endlich in allen Fällen, in denen es dem Schiffer durch höhere Gewalt oder durch gesundheitspolizeiliche Anordnung unmöglich wird, an Land zu gehen.

Die besonderen Funkentelegraphengebühren kommen nur in Anwendung, auf solche Telegramme, die mit Bordstationen gewechselt werden. In diesen Fällen setzt sich die besondere Gebühr zusammen aus der Küsten-, der Bord- und der gewöhnlichen Land-Telegraphengebühr.

6. Niederlande.

In den Niederlanden ist der interne Funkentelegraphenverkehr durch Königliches Dekret vom 22. Dezember 1905 reglementiert worden. Ferner wurde der funkentelegraphische Dienst insofern geregelt, als die Regierung am 17. Dezember 1905 der Holland-Amerika-Linie die Erlaubnis[55] zur Errichtung und zum Betriebe von Funkentelegraphenstationen an Bord ihrer unter holländischer Flagge segelnden Schiffe erteilt hat. Ein besonderes Abkommen ist im Januar 1907 zwischen dem General-Direktor der niederländischen Posten und Telegraphen und der Compagnie de Télégraphie sans fil in Brüssel[56]) getroffen worden. Als öffentliche Küstenstation kommt Scheveningen in Betracht. Verschiedene Verträge der niederländischen Post- und Telegraphenverwaltung mit der Marconi- und der Telefunkengesellschaft haben nur lokales Interesse. Zu erwähnen ist ferner noch eine Vereinbarung zwischen den Ministern der Marine und der öffentlichen Arbeiten vom 20./30. August 1909 bzw. zwischen dem Kriegsminister und dem Minister der öffentlichen Arbeiten vom 20. August und 4. September 1909 betr. Regelung der gegenseitigen Verhältnisse im Interesse der Landesverteidigung, zwecks Fernhaltung von Störungen des beiderseitigen Funkentelegraphendienstes.

Die Kgl. Verordnung vom 10. Juni 1908 verfügte die Aufnahme der Bestimmungen über Funkentelegraphie gemäß dem Internationalen Funkentelegraphenvertrag in das „Dienstreglement für den Reichstelegraphen". (Kgl. Verordnung vom 8. Juli 1904 und vom 28. August 1905.)

7. Norwegen.

Das norwegische Gesetz vom 16. Juli 1907[57]) hinsichtlich des funkentelegraphischen Verkehrs geht in manchen Punkten noch weiter als das dänische Gesetz, enthält aber sonst für das Ausland nur wenige interessante Einzelheiten. Fremde Schiffe dürfen auf norwegischem Seeterritorium nur mit Erlaubnis der Regierung drahtlos telegraphieren oder telephonieren, selbst wenn die Stationen von der Regierung des fremden Landes genehmigt sind. Die Königliche Verordnung vom 24. Oktober 1908 regelt die Benutzung von Funkenstationen an Bord fremder Schiffe während des Aufenthalts in norwegischen Gewässern.

8. Oesterreich.

In Oesterreich ist die Errichtung und der Betrieb von Funkentelegraphenanlagen durch die Verordnung[58]) des K. K. Handelsministeriums

[55]) Diese „Licence pour l'installation et l'utilisation de stations radiotélégraphiques accordée à la Compagnie de navigation néerlands-américaine société anonyme „Holland-America-Line", établie à Rotterdam, à bord de ses navires portant pavillon néerlandais" ist abgedruckt im „Journal télégraphique" Nr. 2/1907, S. 42/43.

[56]) Dieses „Arrangement entre le Directeur Général des Postes et des Télégraphes des Pays-Bas et la Compagnie de Télégraphie sans fil à Bruxelles" ist abgedruckt im „Journal télégraphique" Nr. 8/1907, S. 211/212.

[57]) Journal télégraphique Nr. 3/1909.

[58]) Post- und Telegraphen-Verordnungsblatt, Wien, Nr. 14/1910. (Journal télégraphique Nr. 6/1911.)

vom 7. Januar 1910 betr. Funkentelegraphen-(Telephon-)Anlagen in dem Gebiete der im Reichsrate vertretenen Königreiche und Länder, auf österreichischen Schiffen, sowie auf den Schiffen fremder Nationalität in österreichischen Territorialgewässern an eine staatliche Konzession gebunden, um deren Erteilung nach § 1 „mittels stempelpflichtiger, mit einer Beschreibung der Anlage und einem Schaltungsschema in je drei Exemplaren illustrierter Eingabe anzusuchen ist". Die weiteren Paragraphen lauten:

„§ 2. Die Wahl des Systems der funkentelegraphischen Apparate und Einrichtungen sowie die Festsetzung der Küsten- und Bordgebühren innerhalb der durch das Funkentelegraphenübereinkommen (RGBl. Nr. 36 ex 1909), bzw. durch das zugehörige Reglement gezogenen Grenzen unterliegt der Genehmigung des Handelsministeriums.

§ 3. Im Sinne des § 5 der bezogenen Verordnung werden die allgemeinen Bestimmungen der Konzessionsurkunde für funkentelegraphische Bordstationen durch die Beilage (Konzessionsurkunde) festgesetzt.

§ 4. In technischer Beziehung muß die Funkentelegraphenanlage bei Bordstationen folgenden Anforderungen genügen:

a) sie muß dem Stande der Technik entsprechend eingerichtet sein und eine Korrespondenz mit Stationen anderer Systeme ermöglichen;
b) das angewandte System muß ein solches mit Abstimmung sein;
c) die Sende- und Empfangsgeschwindigkeit darf unter gewöhnlichen Umständen nicht hinter zwölf Wörtern zu fünf Buchstaben in der Minute zurückbleiben;
d) die dem funkentelegraphischen Apparat zugeführte Kraft darf unter normalen Verhältnissen ein Kilowatt nicht übersteigen. Eine größere Kraft kann angewendet werden, wenn das Schiff genötigt ist, auf eine Entfernung von mehr als 300 Kilometer von der nächsten Küstenstation Nachrichten auszutauschen oder wenn die Uebermittelung sich infolge von Hindernissen nur durch einen vermehrten Kraftaufwand ermöglichen läßt.

§ 5. Auch auf Schiffen fremder Nationalität, die sich in österreichischen Territorialgewässern befinden, ist der Betrieb von Funkentelegraphen- (telephon-) Anlagen an die vorherige Erwirkung einer staatlichen Bewilligung gebunden.

Diese Bestimmung findet auf Kriegsschiffe und auf Schiffe in Seenot keine Anwendung.

Setzt ein Schiff fremder Nationalität seine Funkentelegraphen- (telephon-) Anlage in österreichischen Territorialgewässern unbefugt in Betrieb, so sind die Staatsbehörden berechtigt, jene Vorkehrungen zu treffen, die den Betrieb dieser Anlage innerhalb der österreichischen Territorialgewässern wirksam verhindern.

§ 6. Diese Verordnung tritt sofort in Kraft."

Bordstationen auf österreichischen Schiffen müssen die Vorschriften des Internationalen Funkentelegraphenvertrages nebst Ausführungs-Uebereinkunft beachten. Die vom K. K. Handelsministerium erlassene „Dienstanweisung[59]) für Bordtelegraphenstationen auf österreichischen Schiffen" bestimmt im allgemeinen:

1. Die Bordstationen haben sich innerhalb der durch das Funkentelegraphenübereinkommen von Berlin, samt Zusatzübereinkommen und das Reglement hiezu, gezogenen Grenzen mit der Annahme, Beförderung und Zustellung von Funken-(Radio)telegrammen zu befassen; sie haben die auf derlei Telegramme bezüglichen Dienstnotizen ordnungsmäßig zu behandeln und über die von ihnen eingehobenen Gebühren Rechnung zu führen und abzulegen. Sie haben den ihnen, sei es direkt, sei es durch Vermittlung der betriebführenden Unternehmung zukommenden Weisungen der K. K. Staatstelegraphenverwaltung, bzw. der befugten Funktionäre der letzteren, jederzeit unweigerlich und pünktlichst zu entsprechen.

---

[59]) Der vollständige Text ist enthalten in „Zeitschrift für Post und Telegraphie", Wien, Nr. 9/1910.

2. Die Bordtelegraphisten sind (unbeschadet ihres dienstlichen Verhältnisses zur betriebführenden Unternehmung) der K. K. Staatstelegraphenverwaltung für den in jeder Hinsicht klaglosen Betrieb der ihnen anvertrauten Bordstation verantwortlich. Sie haben das Dienst- und Telegraphengeheimnis strenge zu wahren; zu letzterem Behufe müssen die Bordstationen so eingerichtet sein, daß unbefugten Personen weder Zutritt zu den Apparaten noch Einblicknahme in die Telegrammniederschriften, Protokolle usw. möglich ist.

3. Der Betrieb der Bordstationen wird, außer durch die vorliegenden reglementären Bestimmungen, durch das Reglement zum internationalen Funkentelegraphenübereinkommen geregelt; doch haben auch die Bestimmungen des internationalen Telegraphenreglements, soweit sie mit jenen des ersterwähnten internationalen Reglements nicht in Widerspruch stehen, auf die funkentelegraphische Korrespondenz sinngemäße Anwendung zu finden.

Außerdem enthält die Anweisung Vorschriften über die Annahme, Beförderung und Bestellung der Funkentelegramme sowie über Diensttelegramme und Dienstnotizen und über Rechnungslegung. Die Errichtung und der Betrieb von Bordstationen auf österreichischen Schiffen war bis zum Jahre 1910 Sache der Schiffseigentümer. Durch Verordnung vom 8. November 1910 wurde dann für einzelne Passagierschiffe die obligatorische Ausrüstung[60]) mit funkentelegraphischen Bordstationen verlangt. Neuerdings hat die Staatsverwaltung durch Verordnung des Handelsministeriums vom 1. März 1912 die Errichtung und den Betrieb von Bordstationen in gewissen Fällen sich selbst vorbehalten. Nach den „Normalbestimmungen über die Errichtung und den Betrieb von Bordtelegraphenämtern"[61]) führen die von der Staatsverwaltung auf österreichischen Schiffen betriebenen Bordstationen die Bezeichnung „K. K. Bordtelegraphenamt" unter Beifügung des Schiffsnamens. Die Errichtung eines Bordtelegraphenamts auf einem österreichischen Schiffe erfolgt auf Antrag des Schiffseigentümers beim Handelsministeriums, dem es freisteht, die Errichtung eines Bordtelegraphenamts ohne Angabe von Gründen abzulehnen oder an besondere Bedingungen zu knüpfen, sofern das Schiff nicht unter die obengenannte Verordnung vom 8. November 1910 fällt. Von Interesse sind noch folgende Bestimmungen:

Bei Errichtung eines Bordtelegraphenamts stellt die Staatsverwaltung auf ihre Kosten die gesamte funkentelegraphische Ausrüstung und alle Amtsbehelfe; ferner sorgt die Verwaltung für die Unterhaltung der Station und läßt sie e. F. durch zwei Telegraphisten betreiben. Der Schiffseigentümer muß u. a. die zur Errichtung einer Bordstation nötigen Räume und die zum Betrieb erforderliche elektrische Kraft hergeben, ferner dem Amtspersonal Unterkunft und Naturalgebühren (Verpflegung, ärztliche Behandlung usw.) gewähren. Der Schiffseigentümer muß weiterhin dafür sorgen, daß den Bordtelegraphisten bei der Erfüllung ihrer Obliegenheiten jede mögliche Unterstützung zuteil werde und ihnen die Gehaltsbezüge zu den Fälligkeitsterminen durch die Schiffsverwaltung auf Rechnung des Staates ausgezahlt werden. Außerdem muß der Schiffseigentümer mit seinen fahrplanmäßig verkehrenden Schiffen u. U. abkommandierte Telegraphisten, Kontrollorgane des Funkentelegrapheninspektorats usw. kostenfrei befördern. Als Beitrag zu den der Staatsverwaltung durch das Bordtelegraphenamt erwachsenden Kosten hat der Schiffseigentümer jährlich 2200—2500 K. zu zahlen. Die Bordtelegraphisten sind der allgemeinen Schiffsdisziplin unterworfen und in dieser Hinsicht an die Weisungen des Kapitäns gebunden. Der Kapitän hat zu den Räumen der Schiffsstation Zutritt.

Reedertelegramme und schiffsdienstliche Telegramme sind in gewissen Fällen von der Bordgebühr befreit. Die Bordtelegraphenämter unterstehen in disziplinarer, betriebs- und materialtechnischer Beziehung einem in Triest aufgestellten Funkentelegraphen-Inspektorat; diesem liegt auch die Ausübung des staatlichen Aufsichtsrechtes über den Funkentelegraphendienst in österreichischen Gewässern ob.

---

[60]) Vgl. Ausführungen unter Punkt C, S. 57.

[61]) Post- und Telegraphen-Verordnungsblatt Nr. 31/1912.

9. Portugal.

In einzelnen Staaten, z. B. in Portugal, ist das Telegraphenmonopol des Staates von vornherein derart formuliert worden, daß darunter ohne weiteres jede neue Abart der Telegraphie fällt. So bestimmt das portugiesische Dekret von 1866, daß jede Telegraphenanlage, gleichgültig welchen Systems, sowie alle Seetelegraphen, die für den amtlichen Dienst der Regierung oder für Private bestimmt sind, dem Staate unterstehen. Das portugiesische Dekret vom 21. Dezember 1901 [62]) geht noch weiter und erklärt im Art. 1 zum Monopol: „Die Errichtung, die Verwaltung und der Betrieb von Telegraphen- und Fernsprechleitungen, sowie aller pneumatischen, akustischen, elektrischen oder sonstigen Telegraphen, die zum schnellen Nachrichtenaustausch dienen."

Hinsichtlich der Monopolisierung der drahtlosen Telegraphie kommt in Portugal das „Règlement pour l'établissement et l'entretien des lignes et des bureaux télégraphiques et téléphoniques de l'Etat" [63]) vom 28. Juni 1902 in Frage, dessen Titel III (Télégraphes sans fils conducteurs) nachstehend wiedergegeben ist:

Art. 102. Die Errichtung und der Betrieb aller elektrischen Telegraphensysteme, die als Telegraphie ohne Draht, Telegraphie mit Hertzschen Wellen, Wellentelegraphie usw. bezeichnet werden, und zum schnellen Nachrichtenaustausch bestimmt sind, unterstehen dem Monopol und der Gesetzgebung des Staates.

Art. 103. Die Regierung behält sich das ausschließliche Recht vor:

a) die im vorigen Artikel erwähnten Telegraphen zu errichten und zu betreiben und zwar nicht nur hinsichtlich des Landverkehrs, sondern auch hinsichtlich derjenigen Stationen, die für den Verkehr zwischen Land und Meer bestimmt sind;

b) alle Versuche mit den Systemen und Apparaten selbst auszuführen, die zurzeit schon bestehen oder später noch erfunden werden.

Art. 107. Handelsschiffe aller Nationen können funkentelegraphisch von hoher See aus mit dem Land verkehren, aber nur durch Vermittlung der staatlichen Küstenstationen; von den Häfen und den Territorialgewässern aus nur mit besonderer Genehmigung. Fremde Schiffe müssen den Hafenbehörden pp. melden, daß sie Funkentelegraphenapparate an Bord führen. Portugiesische Handelsschiffe bedürfen der Genehmigung des Marineministers zur Errichtung einer Bordstation.

Art. 109. Die Regierung wird gegen alle diejenigen einschreiten, welche heimlich versuchen würden, eines der im Art. 102 genannten Telegraphensysteme zu errichten oder zu betreiben, ebenso gegen diejenigen, welche verstohlenerweise Versuche mit solchen Telegraphen machen werden.

Einziger Paragraph. In Kriegszeiten wird die Begehung der in diesem Artikel aufgeführten Vergehen als Spionage angesehen werden.

Ein Entwurf zu einem besonderen Gesetz über Funkentelegraphie ist bereits im Jahre 1904 eingebracht, bisher aber nicht zur Beratung gelangt.

10. Rumänien.

Das in Rumänien am 29. November 1905 erlassene „Règlement sur l'établissement des rapports entre la Direction Générale des Postes, des Télégraphes et des Téléphones et le Service Maritime roumain, relativement à la création et à l'exploitation d'un service de télégraphie sans fil" [64]) sowie das Reglement vom 17. Dezember 1905 haben für das Ausland nur geringes Interesse. Als öffentliche Küstenstationen kommt Constantza in Betracht.

---

[62]) Meili a. a. O. S. 22 in französischem Wortlaut.

[63]) Meili a. a. O. S. 30 in französischem Wortlaut.

[64]) Journal télégraphique Nr. 11/1907, S. 287/288.

11. Rußland.

In Rußland ist durch „Reglement betr. die Funkentelegraphenstationen" vom 20. Februar 1908 bestimmt worden, daß für diese Stationen hinsichtlich der Verwaltung, des Betriebs und der Beaufsichtigung die Bestimmungen des Telegraphenstatuts mit einigen Ausnahmen und Ergänzungen gelten. Funkentelegraphische Bordstationen auf Schiffen, die in die Häfen eingelaufen sind, oder an den Küsten ankern, unterliegen besonderen Vorschriften, die vom Minister des Innern im Einvernehmen mit den Ministern des Krieges, der Marine, der Verkehrswege, des Auswärtigen, des Handels und der Industrie erlassen werden.

Durch Gesetz vom 6. Juni 1912 (veröffentlicht in der Gesetzsammlung I Nr. 144 vom 22. Juni/5. Juli 1912) ist ein „Reglement für das interressortliche radiotelegraphische Komitee" festgesetzt worden. Dieses Komitee soll die Tätigkeit der verschiedenen Ressorts in der Ausbreitung und Verwertung des russischen Netzes radiotelegraphischer und radiotelephonischer Stationen einheitlich leiten und Angelegenheiten betreffend die Anlage und den Betrieb funkentelegraphischer Verbindungen, soweit sie einer vorherigen Verständigung zwischen den beteiligten Ressorts bedürfen, prüfen. Das der Haupt-Post- und Telegraphenverwaltung unterstellte Komitee besteht aus dem Vorsitzenden und ständigen Mitgliedern von den Ministerien des Innern, des Krieges, der Marine, des Handels, der Verkehrswege und des Auswärtigen.

12. Schweden.

In Schweden wurde am 26. April 1905 ein Gesetz[65]) erlassen, das den Titel führt „Loi concernant l'établissement des installations électriques de radiotélégraphie ou de radiotéléphonie", wonach die Errichtung und der Betrieb einer Funkentelegraphenstation auf dem Lande, für öffentliche oder private Zwecke, der Genehmigung des Königs bedarf. Die Bestimmungen dieses Gesetzes sind durch Kgl. Verordnung vom 31. August 1907[66]) aufgehoben worden, wonach zur Errichtung und zum Betrieb von Funkentelegraphenstationen auf dem Lande und auf Schiffen eine Königliche Genehmigung erforderlich ist. Fremde Schiffe dürfen, abgesehen im Notfalle, in schwedischen Gewässern in der Nähe schwedischer Funkenstationen ihre Bordstationen nur nach besonderen Bestimmungen mit besonderer Genehmigung der Marineverwaltung benutzen. Zuwiderhandlungen ziehen Geldstrafe oder Gefängnisstrafe nach sich.

13. Schweiz.

In der Schweiz sind gesetzliche Bestimmungen über den funkentelegraphischen Verkehr bis jetzt nicht erlassen worden; innerhalb des Landes hat sich die Funkentelegraphie noch nicht zum öffentlichen Verkehrsmittel entwickelt. Am 4. Mai 1907 hat die schweizerische Telegraphendirektion unter dem Titel „Radiotelegramm" an die Inspektionen und Bureaus I. und II. Klasse ein Rundschreiben erlassen, in dem die Bedingungen niedergelegt sind, unter denen Telegramme, die mittels draht-

---

[65]) Journal télégraphique Nr. 5/1909.
[66]) Journal télégraphique Nr. 5/1909, S. 114.

loser Telegraphie nach Schiffen in See befördert werden sollen, von den schweizerischen Postanstalten angenommen werden können.

14. Spanien.

In Spanien sind die Grundlagen[67]) und das **Reglement**[68]) über den funkentelegraphischen Verkehr durch Königlichen Erlaß vom 24. Januar 1908 genehmigt worden.

Nach Art. 1 der allgemeinen Grundsätze untersteht die Funkentelegraphie in Spanien dem Monopol des Staates. Der Minister des Innern hat die allgemein gültigen Bestimmungen zur Benutzung der Funkentelegraphenstationen zu erlassen; der Kriegs- und Marineminister werden die besonderen Anordnungen zur nationalen Verteidigung des Landes und für die dienstlichen Zwecke des Landheeres und der Flotte treffen. Die Regierung behält sich das Recht vor, den Betrieb der öffentlichen Stationen in außergewöhnlichen Fällen zur Sicherheit des Staates und der öffentlichen Ordnung zu sperren. Die Schiffe der nationalen Handelsmarine können nach einem beliebigen System Bordstationen mit Genehmigung des Marineministers errichten, sofern die Vorschriften des Internationalen Funkentelegraphenvertrags beachtet werden. Bei Zuwiderhandlungen gegen die Vorschriften des Dekrets wird die Regierung strafend vorgehen und insbesondere auch die widerrechtlich benutzten Apparate einziehen. Die öffentlichen Küstenstationen unterstehen der gemeinsamen Leitung des Kriegs- und Marineministers sowie des Ministers des Innern. Besondere Bestimmungen gelten für die befestigten Punkte (Festungen, Forts usw.) Im Kriegsfall wird das Telegraphenkorps die öffentlichen, in Festungen befindlichen Radiotelegraphenstationen übernehmen. Die Funkentelegraphenstationen in befestigten Plätzen können auch sonst seitens der Militärverwaltung gesperrt werden, falls auch den anderen telegraphischen und postalischen Einrichtungen Beschränkungen auferlegt werden. Wenn im Fall der Unterbrechung unterseeischer Kabel die an den Küsten befindlichen Funkentelegraphenstationen des Heeres oder der Flotte sich in den öffentlichen Dienst stellen, so werden sie für diese Zeit vorübergehend dem Minister des Innern unterstellt und mit Zivilbeamten besetzt.

In dem Reglement ist zum Ausdruck gebracht, daß jeder zur Benutzung der öffentlichen Funkenstationen berechtigt ist; jedoch kann die Regierung zeitweise entweder jeden Verkehr oder nur bestimmte Telegramme oder Stationen sperren. Alle Küstenstationen müssen mit dem allgemeinen Telegraphennetz durch besondere oberirdische Leitungen zur Beschleunigung des Telegrammverkehrs verbunden sein. Der Betrieb der Stationen ist tunlichst so einzurichten, daß sie sich gegenseitig nicht stören. Die übrigen Bestimmungen des Reglements stimmen in der Hauptsache mit dem Inhalt des Internationalen Funkentelegraphenvertrags überein.

b) Außereuropäische Staaten.

15. Aegypten.

In Aegypten ist durch Gesetz vom 12. Mai 1906[69]) die Funkentelegraphie zum Monopol des Staates erklärt worden. Keine funkentelegraphische Anlage darf errichtet oder betrieben werden, außer vom Staate oder mit staatlicher Genehmigung. Die Funkentelegraphie untersteht dem Minister der öffentlichen Arbeiten.

16. Argentinien.

In Argentinien ist durch Gesetz Nr. 4408 vom 17. September 1904[70]) die Funkentelegraphie und -Telephonie in das Gesetz über den

---

[67], [68]) „Bases pour l'établissement en Espagne du service radiotélégraphique" und „Règlement pour le service des stations radiotélégraphiques en Espagne". „Journal télégraphique", Nr. 12, 1907 und Nr. 1, 1909.

[69]) Journal télégraphique Nr. 10/1912, S. 264.

[70]) Journal télégraphique Nr. 12/1907, S. 309.

nationalen Telegraphen vom 7. Oktober 1875 einbegriffen worden. Die bestehenden Funkentelegraphenanlagen unterliegen der Genehmigung durch die Exekutivgewalt, die auch die genehmigten Anlagen dauernd oder gelegentlich kontrollieren kann.

Durch die „Ermächtigung der Compagnie Marconi de Télégraphie sans fil du Rio de la Plata zur Errichtung von Funkentelegraphenstationen in der Republik und auf Schiffen argentinischer Flagge"[71]) vom 31. August 1906 wird dem konzessionierten Unternehmen weder das Monopol des Telegraphenverkehrs noch ein anderes Vorrecht erteilt. Als Beamte dürfen nur argentinische Staatsbürger verwendet werden.

17. Japan.

In Japan besteht seit 1908 ein „Règlement sur le service des radiotélégrammes internationaux" und eine Betriebsbestimmungen enthaltende „Instruction concernant le service des radiotélégrammes internationaux".[72]) Beide Vorschriften halten sich eng an die Bestimmungen des Internationalen Funkentelegraphenvertrags. Das Telegraphengesetz vom 1. Oktober 1900 ist auf den Funkentelegraphenverkehr übertragen worden. Das Reglement[73]) ist kürzlich in unwesentlichen Punkten abgeändert worden.

18. Vereinigte Staaten von Amerika.

Die glatte Abwickelung eines funkentelegraphischen Verkehrs wurde anfangs an den amerikanischen Küsten dadurch sehr erschwert, daß die Vereinigten Staaten von Amerika bis Anfang 1912 dem Internationalen Funkentelegraphenvertrage nicht beigetreten waren und eine interne gesetzliche Regelung der Funkentelegraphie erst in neuester Zeit durchgeführt haben. Die zahlreich vorhandenen Liebhaberstationen, Hotel- und Warenhäuserstationen konnten tun und lassen was sie wollten und waren einer ungehinderten Fortentwickelung der Funkentelegraphie als öffentliches Verkehrsmittel sehr hinderlich. Die ungeregelte Tätigkeit von tausenden solcher Versuchsstationen führte natürlich zu allerhand Unzuträglichkeiten und Ungehörigkeiten, so sind z. B. Rettungsboote und Regierungsdampfer wiederholt zur Rettung Schiffbrüchiger nutzlos ausgesandt und andererseits sind ernste Hilferufe von Schiffen in Seenot überhört worden. Es ist erklärlich, daß sich diese Radioamateure lebhaft gegen eine gesetzliche Regelung des funkentelegraphischen Verkehrs sträubten und hierin energisch von den interessierten Gesellschaften unterstützt wurden. Man war entrüstet darüber, daß dem freien Amerikaner die unbeschränkte Ausnutzung des Raumes vorenthalten und durch bureaukratische Engherzigkeit der Erfindungsgeist gewaltsam geknebelt und damit die unbeschränkte Benutzung der drahtlosen Telegraphie gehindert werden sollte; außerdem spielte aber wohl die in Amerika stets hervortretende Befürchtung, in der freien geschäftlichen Ausnutzung eines neuen Industriezweiges durch gesetzliche Vorschriften in irgendeiner Weise eingeschränkt zu werden, hier eine Rolle.

Unter diesen Umständen sah sich besonders die Kriegsmarine (vgl. Navy and Army vom 30. Dezember 1911) in dem Ausbau eines eigenen Marinesystems sehr behindert. Bei der bisherigen gesetzlichen Regellosig-

[71]) Journal télégraphique Nr. 12/1907, S. 309.
[72]) Journal télégraphique Nr. 10/1908, S. 314/318.
[73]) Journal télégraphique 1911, S. 40.

keit konnte jede Gesellschaft an einem beliebigen Platze eine beliebig starke Station errichten und ohne Einschränkung in der Benutzung von Wellenlängen usw. betreiben. Hierdurch war die richtige Uebermittelung der von den Marinestationen ausgesandten Zeitsignale, der für Seefahrer wichtigen Nachrichten über Wracks, Navigation usw. gefährdet. Auch durch die oft mit unnötig hoher Energie arbeitenden Amateurstationen wurde der Zweck dieser segensreichen Einrichtung vielfach vereitelt.

Die Bemühungen der amerikanischen Regierung zur internen gesetzlichen Regelung der Funkentelegraphie setzten bereits frühzeitig ein. Schon im Juli 1904 empfahl eine besondere Kommission der amerikanischen Regierung zur Fernhaltung von Monopolen und Trusts, dahinzielende gesetzliche Vorschriften zu erlassen. Die Bekanntmachung des Department of the Navy (Bureau of Equipment) vom 22. November 1904 enthielt Betriebsvorschriften für die Marinestation an der Küste und auf dem Nantucket-Feuerschiff und sah einen unbeschränkten Verkehr mit allen Systemen vor. Im Januar 1905 wurde ein Gesetzentwurf eingebracht, wonach niemand zu Lande oder an Bord amerikanischer Schiffe Apparate für drahtlose Telegraphie ohne staatliche Genehmigung benutzen durfte. Die interessierten großen Gesellschaften für drahtlose Telegraphie hatten es aber bisher stets verstanden, durch geschickte Beeinflußung der Kongreßmitglieder die Beratung einer solchen Gesetzesvorlage im Repräsentantenhaus zu verhindern.

Eine Botschaft des damaligen Präsidenten Roosevelt an den Kongreß vom 13. Februar 1909 empfahl die gesetzliche Regelung in den Vereinigten Staaten unter Hinweis auf die Vorteile, die die Funkentelegraphie beim Untergang der „Republic" geleistet habe. Beim Untergang dieses Dampfers (Januar 1909) war die Rettung von 450 Passagieren und der 300 Mann starken Besatzung nur der drahtlosen Telegraphie zu verdanken, die die rechtzeitige Herbeirufung anderer Dampfer ermöglichte. Es wurde ein bereits im März 1908 aufgestellter neuer Gesetzentwurf vorgelegt, zu dem von verschiedenen Seiten Vorschläge gemacht worden waren. Die von Mr. Depew am 17. März 1910 eingebrachte „Bill to regulate radio communication" (S. 7243) wurde am 16. Juni 1910 vom amerikanischen Senat angenommen, konnte aber ebenfalls trotz der Unterstützung der Gesetzesvorlage durch das Kriegs- und Marinedepartement im Repräsentantenhaus nicht zur Beratung gelangen. Im Jahre 1911 brachten die Marine- und Heeresverwaltungen die Angelegenheit wieder in Fluß und verlangten aus militärischen Gründen eine tunlichst baldige gesetzliche Regelung, um über die vielen Privatstationen eine Kontrolle auszuüben und sie, falls erforderlich, schließen zu können. Im Senat der Vereinigten Staaten wurde am 15. Februar 1912 ein neuer Gesetzentwurf (S. 5334) eingebracht, der den drahtlosen Verkehr regeln sollte. Man durfte annehmen, daß der Gesetzentwurf unter dem Eindrucke der Titanic-Katastrophe angenommen werden würde, um so mehr, als die Ausrüstung der Seeschiffe mit Funkentelegraphen-Apparaten in den Vereinigten Staaten — worauf später noch näher eingegangen werden wird — schon seit Juni 1910 obligatorisch war und der Senat im April 1912 auch den Internationalen Funkentelegraphenvertrag nebst Zusatzabkommen (Berlin 1906) ratifiziert hatte. Nachdem der Entwurf einige Abänderungen erfahren hatte, wurde im Mai 1912 die abgeänderte Bill S. 6412 dem Abgeordnetenhause und von diesem am 8. Mai der Kommission für Marine und

Fischerei überwiesen. Am 13. August wurde das nachstehend im Auszuge wiedergegebene Gesetz (An act to regulate radio communication) veröffentlicht, das am 13. Dezember 1912 in Kraft getreten ist.

Das Gesetz bestimmt allgemein:

Abs. I: Es ist genehmigungspflichtig:

1. der öffentliche funkentelegraphische Verkehr
   a) zwischen verschiedenen Staaten,
   b) mit fremden Ländern,
   c) auf amerikanischen Schiffen, die von Staat zu Staat oder nach fremden Ländern fahren;
2. das Senden mit funkentelegraphischen Apparaten, deren Reichweite über die Grenzen des Staates hinausgeht.

Es ist genehmigungsfrei:

1. der Betrieb von Regierungsstationen,
2. der Betrieb aller Stationen zum Verkehr innerhalb desselben Staates, sofern sie den Empfang der von außerhalb kommenden Zeichen nicht stören.

Verletzungen dieser Bestimmung werden mit einer Geldstrafe bis zu 500 Dollar bestraft; die Apparate werden eingezogen.

Nach Abs. II wird die Lizenz nur an Bürger der Vereinigten Staaten oder von Porto Rico oder an Gesellschaften erteilt, die unter den Gesetzen eines der Vereinigten Staaten oder Porto Rico inkorporiert sind. Die Lizenz soll Angaben über den Eigentümer und die Lage der Station, über System und Reichweite, Zweck, und bei bereits vorhandenen Stationen eine Feststellung enthalten, daß die Station bei Annahme des Gesetzes bereits im Betriebe war. Außerdem soll die für eine bestimmte Station ausgestellte Genehmigungsurkunde Angaben über die von ihr zu benutzenden Wellenlängen und Betriebsstunden enthalten. Die genehmigten Stationen sind den Bestimmungen des nachstehend auszugsweise wiedergegebenen Reglements und etwaigen späteren Regierungs-Verordnungen über den funkentelegraphischen Verkehr unterworfen. In Kriegszeiten oder bei öffentlicher Gefahr hat der Präsident das Recht, die Stationen zu schließen und die Apparate zu entfernen oder den Betrieb der Station durch ein Regierungs-Departement kontrollieren bzw. die Station gegen Entschädigung selbst betreiben zu lassen.

Nach Abs. III dürfen die Stationen nur von solchen Personen betrieben oder beaufsichtigt werden, die im Besitz einer Lizenz sind. Ein Verstoß gegen die Bestimmungen kann bei den genehmigten Stationen mit Lizenzentziehung bis zu einem Jahr bestraft werden. Personen ohne Prüfungszeugnis dürfen zur Bedienung der Station nicht herangezogen werden. Verletzungen dieser Bestimmung werden mit Geldstrafe bis zu 100 Dollar oder Gefängnis bis zu 2 Monaten oder beides bestraft.

In dringenden Fällen kann die Regierung einen Zollbeamten beauftragen, eine einstweilige Erlaubnis anstatt der Lizenz zu geben.

Zur Vermeidung oder Verringerung von Störungen sowie zur Erleichterung des funkentelegraphischen Verkehrs und zur Gewährleistung des richtigen Empfangs von Notsignalen haben nach Abs. IV die privaten und gewerblichen F.T.-Stationen die im Reglement enthaltenen Bestimmungen zu beachten. Besondere Lizenzen können für solche Stationen erteilt werden, die ernsten wissenschaftlichen Versuchszwecken dienen und die bei besonderen Versuchen große Stromstärken und außergewöhnliche Wellenlängen benutzen. Hierbei ist Voraussetzung, daß diese Stationen während solcher Stunden und unter solchen Bedingungen arbeiten, daß sie die öffentlichen oder Regierungsstationen möglichst wenig stören, und eine sichere Aufnahme des Notsignals ermöglichen. Die Regierung kann nach ihrem Ermessen von der Beachtung aller oder einiger der im Reglement enthaltenen Vorschriften absehen, sofern keine Störung zu befürchten ist.

Aus den „Ausführungsbestimmungen"[74]) sei hervorgehoben, daß nach Punkt 18 Küstenstationen für den allgemeinen Verkehr, die am Tage der Annahme dieses Gesetzes noch nicht in Betrieb waren, nicht zugelassen werden, sofern sie innerhalb 15 Seemeilen von bestimmten Militärsta-

[74]) In einem Aufsatze „Gesetzliche Regelung der Funkentelegraphie in Amerika" in Nr. 7/1913 der „Deutschen Verkehrs-Zeitung" habe ich diese Bestimmungen ausführlich wiedergegeben.

tionen liegen. — Nach § 19 darf der Inhalt von Funkentelegraphennachrichten nur von dem Empfänger der Telegramme oder seinem Bevollmächtigten bekannt gemacht werden. Verletzungen dieser Bestimmung werden mit einer Geldstrafe bis zu 250 Dollar oder mit drei Monaten Gefängnis oder mit beiden bestraft. —

Zum Schluß enthalten die Ausführungsbestimmungen noch eine Reihe von Strafandrohungen. So wird z. B. nach § 5 bei absichtlicher und böswilliger Störung irgendeiner anderen Station der Eigentümer oder Telegraphist der störenden Station oder beide mit einer Geldstrafe bis zu 500 Dollar oder 1 Jahr Gefängnis oder beiden Strafen belegt. — Ferner ist nach § 7 die wissentliche Aussendung falscher Notsignale mit Strafe bis zu 2500 Dollar oder Gefängnis bis zu 5 Jahren oder beides für jeden einzelnen Fall bedroht. Die Strafe für die Abgabe sonstiger falscher Nachrichten beträgt 1000 Dollar oder Gefängnis bis zu 2 Jahren oder beides. — Die Benutzung funkentelegraphischer Apparate ist nach § 8 fremden Schiffen in den Territorialgewässern der Vereinigten Staaten nur unter Beachtung der gesetzlichen Bestimmungen gestattet. — Nach § 9 sollen die Gerichtsverhandlungen in dem Distrikt stattfinden, in dem die Uebertretung des Gesetzes stattfand. — Nach § 10 soll dieses Gesetz für die Philippinen nicht gelten.

C. Obligatorische Ausrüstung der Ozeandampfer mit Einrichtung für Funkentelegraphie.

In richtiger Erkenntnis der wichtigen Dienste, die der Schiffahrt durch die Funkentelegraphie geleistet werden, haben die Reedereien aus freien Stücken zahlreiche Dampfer mit Bordstationen ausgerüstet. Im Vergleich zur Gesamtzahl der vorhandenen Schiffe ist aber die Zahl der heute vorhandenen Bordstationen noch gering. Es mußte daher die Frage entstehen, ob es nach dem heutigen Stande der Technik und bei dem erheblichen Interesse, welches die Allgemeinheit daran hat, daß die Sicherheit der Schiffahrt erhöht wird, angezeigt sei, es auch fernerhin dem freien Ermessen der Reedereien zu überlassen, ob sie von dem neuen Verkehrsmittel Gebrauch machen wollen oder nicht, oder ob es geboten sei, für gewisse Schiffsgattungen den Gebrauch der Funkentelegraphie gesetzlich zu verlangen.

In Deutschland ist diese Frage Gegenstand eingehender Erwägungen bei den beteiligten Behörden und auch in den Kreisen der Reeder gewesen; sie wird nach Inkrafttreten des Londoner Funkentelegraphenvertrags (1. Juli 1913) insofern ein höheres Interesse haben, als nunmehr alle Bordstationen,[75]) ohne Rücksicht auf das System miteinander verkehren müssen und für die volle Ausnutzung der Bordstationen freie Bahn geschaffen worden ist.

Ueber die grundsätzliche Frage, daß es im Interesse der Allgemeinheit liegt, einem als unentbehrlich erkannten Verkehrsmittel durch gewisse

---

[75]) Es sei hier bemerkt, daß schon nach Gründung der „Deutschen Betriebsgesellschaft für drahtlose Telegraphie" (Debeg-Berlin) am 15. Januar 1911 durch besondere Abmachungen dieser Gesellschaft mit der Marconi-Gesellschaft ein unmittelbarer Verkehr zwischen den deutschen Bordstationen und den Marconi-Stationen gewährleistet war. (Vgl. meinen Aufsatz „Die deutsche Betriebsgesellschaft für drahtlose Telegraphie" in „Marine-Rundschau", Juni 1911.)

Zwangsvorschriften die weiteste Verbreitung zu verschaffen, scheint man auch in Deutschland allseitig einer Meinung zu sein. Andererseits darf nach Ansicht der Reeder nicht außer acht gelassen werden, daß ihnen durch solche gesetzlichen Maßnahmen neue finanzielle Opfer auferlegt werden würden, die zu den durch die soziale und sonstige Gesetzgebung bedingten Lasten hinzukämen; jede derartige Neubelastung sei auch unter dem Gesichtspunkt des Wettbewerbs mit dem Auslande zu betrachten; den Reedern sei es daher am wünschenswertesten, wenn solche Vorschriften auf Grund internationaler Vereinbarungen oder wenigstens nach entsprechender Verständigung mit unserem Hauptkonkurrenten im Seeverkehr, England, erlassen würden. Daneben steht auch zur Erwägung, zunächst praktisch in der Weise vorzugehen, daß Bestimmungen über die Zwangsausrüstung von Seeschiffen mit Funkentelegraphie durch die See-Berufsgenossenschaft in die Unfallverhütungsvorschriften aufgenommen werden, da es sich um eine Einrichtung handelt, die in erster Linie zur Erhöhung der Sicherheit des Seeschiffahrtsbetriebs dient. Für diesen Fall dürfte ebenso wie bei einer internen gesetzlichen und bei einer internationalen Regelung die Frage von besonderer Wichtigkeit sein, welche Schiffe von der Verpflichtung freibleiben sollen.

Nach den bisherigen Verhandlungen sollen in die neuen Unfallverhütungsvorschriften Bestimmungen aufgenommen werden, die vorschreiben, daß Passagierdampfer, die einschließlich ihrer Besatzung 75 Personen und mehr an Bord haben, mit einer funkentelegraphischen Einrichtung von mindestens 100 Seemeilen Reichweite ausgerüstet sein müssen. Als Passagierdampfer sollen alle Dampfer gelten, die überwiegend zur Beförderung von mindestens 25 Personen eingerichtet sind. Der gleichen Verpflichtung sollen auch alle Frachtdampfer unterworfen werden, die mehr als 60 Personen an Bord haben, ausgenommen für die Nord- und Ostseefahrten, sowie das Mittelländische und Schwarze Meer. Diese Besatzungszahl ist nach den Ausführungen der „Hansa" (Nr. 18/1912) absichtlich in dieser Höhe festgelegt worden, um einen unangenehmen Zwang auf die Frachtdampfer-Reedereien nach Möglichkeit zu vermeiden. Es steht jedoch zu hoffen, daß die größeren Frachtdampfer-Reedereien freiwillig mehr und mehr von diesem Hilfsmittel zur Erhöhung der navigatorischen und persönlichen Sicherheit von Schiff und Besatzung Gebrauch machen werden.

Diese Vorschriften dürften jedoch erst dann Geltung erhalten, wenn die auf Anregung des Deutschen Kaisers aus Anlaß der Titanic-Katastrophe geplante „Internationale Konferenz für die Sicherheit der Seeschiffahrt", die voraussichtlich in London stattfinden wird, ihre Beschlüsse gefaßt hat.

Einzelne Staaten haben bereits gesetzliche Vorschriften über die obligatorische Ausrüstung der Schiffe mit Bordstationen erlassen.

Zunächst gingen die Vereinigten Staaten von Amerika in dieser Beziehung vor. Ein Gesetzentwurf, betreffend die obligatorische Einrichtung drahtloser Telegraphenstationen auf Ozean-Passagierdampfern, die amerikanische Häfen anlaufen, wurde bereits im Februar 1909 im Repräsentantenhaus eingebracht; es überwies ihn einer Kommission, die ihn mit einem besonderen Rapport (Radio-Telegraphic Installations and Radio-Telegraphers on certain Ocean-Steamers) in abgeänderter Form wieder zurückreichte. Nachdem der Ausschuß für Rechtswesen einen günstigen Bericht über die Fassung des Entwurfs erstattet hatte, nahm ihn das Repräsentantenhaus in dieser Form am 20./21. Juni 1910 an. Das Gesetz wurde darauf am 24. Juni 1910 vom Präsidenten unterzeichnet und als „An Act to require apparatus and operators for radio-communication on certain ocean steamers" (7022, Public Nr. 262) veröffentlicht. Eine wichtige Aenderung ist zum Schluß der Beratungen noch getroffen worden. Während nämlich der Entwurf des Senats die Verpflichtung zur Uebermittelung von Nachrichten an Schiffe oder Stationen, die mit einem anderen System ausgestattet sind, auf Nachrichten beschränkte, die sich auf die Sicherheit des Schiffes oder seiner Passagiere, Wetter u. dgl. bezogen, dehnt das Gesetz selbst den Zwang für den Austausch von Nachrichten zwischen Stationen verschiedenen Systems auf alle Telegramme aus.

Das Gesetz besagt: Amerikanische und fremde Ozeandampfer, die Passagiere befördern und einschließlich Besatzung 50 oder mehr Personen an Bord haben, müssen vom 1. Juli 1911 ab beim Verlassen amerikanischer Häfen mit Funkentelegraphen-Apparaten ausgerüstet sein und einen gut ausgebildeten Telegraphisten an Bord haben. Ausgenommen sind Dampfer für den Verkehr zwischen Häfen, die weniger als 200 Seemeilen voneinander entfernt liegen. Verkehrspflicht besteht mit allen Küsten- und Bordstationen ohne Unterschied des Systems. Zuwiderhandlungen ziehen Geldstrafe bis zu 5000 Dollar nach sich.

Zu dem vorgenannten Gesetz sind besondere Ausführungsbestimmungen erlassen worden, aus denen u. a. hervorgeht, daß drei Inspektoren in den verschiedenen amerikanischen Gewässern für die ordnungsmäßige Ausführung des Gesetzes Sorge tragen; es sei ferner erwähnt, daß nach dem 1. Januar 1912 jede Bordstation eine besondere Hilfsbatterie besitzen muß, die den Betrieb der Station bei Störung der Starkstromanlagen des Schiffes vier Stunden lang aufrechterhalten kann.

Nach diesem Gesetz wird, wie bereits erwähnt, die Ausrüstung der Schiffe mit funkentelegraphischen Bordstationen auch für Schiffe fremder Flagge, die amerikanische Häfen berühren, vorgeschrieben. —

Durch Gesetz vom 23. Juli 1912 (An Act to amend an Act entitled „An Act to require apparatus and operators for radio communication on certain ocean steamers" — Public Nr. 238, S. 3815 —) sind diese Bestimmungen dahin erweitert worden, daß zur Bedienung der Apparate zwei oder mehr gewandte Telegraphisten vorhanden sein müssen, von denen stets einer Dienst zu tun hat. Frachtschiffe dürfen statt des zweiten Telegraphisten ein Mitglied der Mannschaft verwenden, das Notsignale aufnehmen und bei der Unterhaltung eines beständigen funkentelegraphischen Wachdienstes mitwirken kann. Das Gesetz tritt für Schiffe auf den großen Seen am 1. April 1913, für Ozeandampfer am 1. Juli 1913 und für andere Schiffe am 1. Oktober 1912 in Kraft. Auf Schiffe, die zwischen weniger als 200 Seemeilen voneinander entfernten Häfen verkehren, findet es keine Anwendung.

Von Interesse ist noch, daß dieses Gesetz auch eine hinreichende Verbindung zwischen der Funkerbude und der Kommandobrücke vorschreibt; anscheinend will man durch diese Bestimmung erzielen, daß zu allen Zeiten zwischen dem Schiffsleiter und dem diensttuenden Bordtelegraphisten ein unmittelbarer Verkehr möglich ist, was besonders in Seenotfällen von größter Wichtigkeit ist.

Die Beachtung dieses Gesetzes bot für die fremden Handelsmarinen insofern Schwierigkeiten, als insbesondere die Frachtreedereien nicht in der

Lage waren, rechtzeitig ihre sämtlichen Schiffe mit Bordstationen auszurüsten; auch erscheint die Forderung nach einem Berufstelegraphisten für Frachtdampfer, die meistens nur geringen öffentlichen Verkehr zu erledigen haben, als sehr weitgehend. Da die amerikanischen Bestimmungen im übrigen über die Vorschriften des Internationalen Funkentelegraphenvertrags (London 1912) hinausgehen, dürfte die amerikanische Regierung von einer strengen Durchführung dieses Gesetzes fremden Schiffen gegenüber zunächst wohl absehen.

In Italien besteht eine von dem Ministerium der auswärtigen Angelegenheiten in der Gazetta Ufficiale vom 4. November 1910 veröffentlichte Bekanntmachung des Auswanderungs-Kommissariats vom 28. Oktober 1910, die folgendermaßen lautet: Im Einvernehmen mit dem Marine-Ministerium ordnet der Auswanderungs-Kommissar hiermit an, daß vom 1. Januar 1911 ab an alle zum Transport von Auswanderern zugelassenen Schiffe mit funkentelegraphischen Apparaten ausgerüstet sein sollen. Die Reichweite der Apparate und die auf ihre Handhabung sich beziehenden technischen und ökonomischen Modalitäten wird die durch Gesetz vom 30. Juni 1910 eingesetzte ständige Beratungskommission bestimmen. In dem letztgenannten Gesetz (Gazetta Ufficiale vom 8. Juli 1910) ist die drahtlose Telegraphie und Telephonie zum Staatsmonopol erklärt worden. Im Art. 3 sind die Strafen für Uebertretungen festgesetzt; es wird jeder mit Strafe bedroht, der sich, abgesehen von Ausnahmefällen in Gefahr usw., funkentelegraphischer Apparate auf Vergnügungs- und Handelsdampfern bedient, solange diese sich auf staatlichen Gewässern auf Ankergrund befinden.

In Oesterreich besteht eine Verordnung des Handelsministeriums vom 8. November 1910, betr. die „Ausrüstung von Passagierschiffen in weiter Fahrt mit Funkentelegraphenstationen" (Reichsgesetzblatt für die im Reichsrate vertretenen Königreiche und Länder vom 26. November 1910, S. 583). Hiernach müssen österreichische Handelsschiffe, die einen Passagierdienst von österreichischen Häfen über Gibraltar oder Aden aus unterhalten, auf fahrplanmäßigen Reisen mit Funkentelegraphenstationen ausgerüstet sein. Diese Stationen müssen hinsichtlich ihrer Einrichtung, ihres Betriebs und Personals der Verordnung des Handelsministeriums vom 7. Januar 1910 (RGBl. Nr. 11/1910, S. 18), entsprechen und unter normalen Verhältnissen einen Telegrammaustausch auf mindestens 100 Seemeilen Entfernung gewährleisten; sie sollen vor allem dazu dienen, bei Anordnung des Kapitäns zu Rettungs- und Sicherheitszwecken mit Küsten- oder anderen Bordstationen ohne Unterschied des Systems in Verkehr zu treten. Die Hafenämter und Konsulatsämter sind befugt, den Schiffen, welche eine Reise mit Uebertretung der vorstehenden Bestimmungen unternehmen wollen, die Beförderung von Passagieren zu untersagen.

In Norwegen müssen nach einer Königlichen Resolution vom 27. August 1909 norwegische Schiffe, die zwischen Europa und anderen Weltteilen verkehren und einschließlich Besatzung mehr als 50 Personen befördern, mit Funkentelegraphenapparaten ausgerüstet sein. Ueber die Frage, inwieweit auch andere Schiffe, die norwegische Hafen anlaufen, mit funkentelegraphischen Bordstationen ausgerüstet sein sollen, findet zurzeit in der norwegischen Verwaltung eine Erwägung statt, die sich jedoch erst in einem vorbereitenden Stadium befindet.

In Spanien müssen nach den Königlichen Verordnungen vom 31. August 1911 und vom 30. November 1911 alle spanischen Handelsschiffe, soweit sie staatlich subventionierte Passagier- und Postschiffe sind und mehr als 50 Personen einschließlich der Schiffsmannschaft an Bord haben, vom 1. August 1912 ab funkentelegraphische Apparate an Bord haben, die den Ausführungsbestimmungen der General-Post- und Telegraphendirektion entsprechen müssen. Eine Absicht, auch ausländische Schiffe zur Mitführung von Bordstationen zu verpflichten, besteht vorläufig nicht.

In Dänemark müssen nach einer Verordnung des Ministeriums für Handel und Schiffahrt vom 1. August 1912 ab 1. Oktober 1912 dänische Auswandererschiffe auf der Fahrt zwischen Europa und den amerikanischen Freistaaten mit Bordstationen von nicht unter 100 Seemeilen Reichweite ausgerüstet sein. — Fremde Passagierschiffe, die einen dänischen Hafen anlaufen und dänische Passagiere befördern wollen, können nach der Verordnung desselben Ministeriums vom 3. Januar 1911 durch die Polizeibehörde einer Besichtigung daraufhin unterzogen werden, ob das Schiff genügende Sicherheit bietet. Die von der dänischen Regierung getroffenen Verwaltungsmaßregeln können u. U. auch auf fremde Postdampfer angewendet werden.

In Uruguay müssen nach einer Verordnung vom 8. Januar 1912 (vgl. Diario Official-Montevideo vom 8. Januar 1912 und Telefunken-Zeitung Berlin, Nr. 4/1912) alle uruguayische Häfen anlaufenden Passagierdampfer vom 1. Mai 1912 ab mit Funkentelegraphenapparaten ausgerüstet sein. Das Gesetz bestimmt, daß die Apparate so bemessen sein müssen, daß Seeschiffe auf 400 km Telegramme senden können. Die Stationen müssen von einem besonders ausgebildeten Bordtelegraphisten bedient werden, der die Bestimmungen des internationalen Funkentelegraphenvertrags zu beachten hat. Die Generalinspektion für den nationalen radiotelegraphischen Dienst ist beauftragt, die Durchführung des Dekrets zu überwachen; insbesondere sollen Schiffe, die die Anordnungen des Dekrets nicht befolgen, keine Erlaubnis erhalten, Passagiere in den Häfen der Republik zu landen. Der Termin des Inkrafttretens dieses Gesetzes ist wiederholt hinausgeschoben worden, zuletzt laut Verordnung vom 17. Juli 1912 (vgl. Diario Official vom 30. Juli 1912) endgültig bis zum 15. August 1912.

In Australien sind laut Navigation Act 1912 australische und fremde Schiffe, die Passagiere ins Ausland befördern, zur Mitführung funkentelegraphischer Bordstationen gezwungen.

Eine Reihe von anderen Staaten plant ebenfalls den Erlaß gesetzlicher Bestimmungen, wonach die Mitführung funkentelegraphischer Bordstationen für Passagierdampfer obligatorisch gemacht wird.

In Argentinien ist ein dem nordamerikanischen Gesetze nachgebildeter Gesetzentwurf im Senat angenommen worden, der zurzeit der Deputiertenkammer vorliegt. Nach diesem Entwurf müssen argentinische und fremde Schiffe, die 50 oder mehr Personen an Bord haben, beim Anlaufen oder Verlassen argentinischer Häfen mit Funkentelegraphenapparaten von mindestens 100 Seemeilen Reichweite ausgerüstet sein und einen erfahrenen Telegraphisten an Bord haben. Verkehrspflicht besteht in Angelegenheiten des Schiffsbetriebs oder der Sicherheit der an Bord befindlichen Personen mit allen Küsten- und Bordstationen ohne Unterschied des Systems. Die höheren Hafenbehörden können bei Zuwiderhandlungen

Geldstrafen von 1000 bis 5000 Papierpesetos über den Kapitän oder die Schiffsagentur verhängen. Hiergegen kann an die zuständigen Bundesgerichte appelliert werden.

In **Kanada** ist dem Bundesparlament ebenfalls ein ähnlicher Gesetzentwurf vorgelegt worden, der sich auch in der Hauptsache mit dem in den Vereinigten Staaten von Amerika unter dem 25. Juni erlassenen Gesetze deckt und der als Novelle zu dem bestehenden Telegraphengesetz (Telegraph Act, Chapter 126 of the Revised Statutes of Kanada 1906) erscheinen soll. Nach diesem Entwurf sollen kanadische und fremde Schiffe, die Passagiere oder mit der Mannschaft mehr als 50 Personen befördern, beim Verlassen kanadischer Häfen mit Funkentelegraphenapparaten für eine Mindestreichweite von 150 Seemeilen ausgerüstet sein. Ausgenommen sind Dampfer für den Verkehr zwischen Häfen, die nicht mehr als 200 Seemeilen voneinander entfernt sind. Zwischen Bord- und Küstenstationen sowie zwischen Bordstationen untereinander besteht Verkehrspflicht; letzteres bezüglich nichtkanadischer Schiffe nur innerhalb der kanadischen Küstengewässer. Der Minister of Naval Service wird ermächtigt, Strafbestimmungen und Ausführungsbestimmungen zu erlassen.

In **Großbritannien** ist am 13. Juli 1910 im House of Commons von privaten Abgeordneten eine „Bill to render installation of wireless telegraphy on passenger ships compulsory“ eingebracht worden. Der Gesetzentwurf, der sich im wesentlichen mit den Bestimmungen des Gesetzes der Vereinigten Staaten von Amerika deckt, sieht die Anbringung von Apparaten für drahtlose Telegraphie ohne Rücksicht auf die Flagge auf solchen Schiffen vor, die in britischen Häfen verkehren und einschließlich der Reisenden und der Besatzung 50 oder mehr Personen an Bord haben. Nach dem Entwurf sollen die Apparate eine Reichweite von mindestens 100 englischen Meilen haben. Ausgenommen von der Verpflichtung sind Schiffe für den Verkehr zwischen britischen oder irischen Häfen, die nicht mehr als 200 Meilen voneinander entfernt liegen. Zuwiderhandlungen ziehen Geldstrafe bis zu 1000 £ nach sich. Dieser Gesetzentwurf traf schon bei der ersten Lesung auf Widerstand; besonders von der Handelskammer in Glasgow und von der dortigen Vereinigung der Dampfschiffsreeder wurde der Entwurf bekämpft. Da auch die Regierung den Gesetzentwurf nicht unterstützte — das Handelsamt erklärte den Erlaß eines solchen Gesetzes merkwürdigerweise für übereilt — haben die Antragsteller die Vorlage fallen lassen. Die Londoner Chamber of Shipping of the United Kingdom hat in ihrem Jahresbericht für 1910 über diesen Ausgang ihre Befriedigung ausgesprochen.

In **Brasilien** ist ein Gesetz, wonach alle aus brasilianischen Häfen auslaufenden Schiffe zur Mitführung von Apparaten für drahtlose Telegraphie verpflichtet sind, in Vorbereitung.

In **Frankreich** ist ein Gesetzentwurf über die zwangsweise Ausrüstung französischer und fremder Handelsschiffe, die mehr als 50 Personen mitführen und in französischen Häfen verkehren, vom Conseil Supérieur de la navigation maritime ausgearbeitet worden, aber im Parlament bis heute noch nicht zur Beratung gelangt. Augenblicklich sind nur die den Seepostdienst versehenden Schiffe zur Mitführung von funkentelegraphischen Bordstationen verpflichtet. So hat sich z. B. die französische Regierung durch Vertrag mit der Compagnie Générale Transatlantique das Recht vorbehalten, auf den subventionierten Dampfern die

Errichtung von Bordstationen von mindestens 300 km Reichweite innerhalb einer Frist von 6 Monaten zu verlangen. Alle Verträge des Unternehmens über Errichtung, Betrieb und Verkehr der Bordstationen würden der Genehmigung der Post- und Telegraphen-Verwaltung unterliegen. Die Verwaltung kann in Anspruch nehmen, daß der Betrieb der Bordstationen zeitweise oder für immer von staatlichen Beamten wahrgenommen wird.

Nach dem Bericht über die zweite Senatssitzung vom 21. Februar 1912 (Journal officiel vom 22. Februar 1912) scheint Aussicht vorhanden zu sein, daß in Frankreich die obligatorische Ausrüstung von Seeschiffen von Apparaten für Funkentelegraphie bald gesetzlich geregelt werden wird.

Der französische Deputierte M. Houbé hat in der Deputiertenkammersitzung vom 10. Februar 1913 einen Gesetzesvorschlag eingebracht, wonach Art. 1, Ziffer 4 und Art. 53 des Gesetzes[76]) vom 17. April 1907 betr. die Sicherheit der Seeschiffahrt und die Bordstationen auf Handelsschiffen dahin ergänzt werden sollen, daß Seeschiffe, die zur Aufnahme von mindestens 50 Menschen bestimmt sind, mit funkentelegraphischen Bordstationen versehen sein müssen. Die Kammer hat den Gesetzentwurf nach Dringlichkeitserklärung ihrer Marine-Kommission zur Berichterstattung überwiesen.

In Portugal ist am 13. Mai 1912 der Kammer ein Gesetzentwurf über die Ausrüstung von portugiesischen Dampfschiffen, die mehr als 50 Passagiere an Bord haben, mit funkentelegraphischen Bordstationen mit mindestens 200 km Reichweite vorgelegt worden.

Auch Rußland plant eine Vorschrift über die Einführung von Apparaten für drahtlose Telegraphie auf solchen Schiffen, die den Passagierverkehr mit dem Auslande vermitteln.

In Kuba ist am 30. Juni 1911 eine Gesetzesvorlage über die obligatorische Einführung von Bordstationen auf den kubanische Häfen anlaufenden Passagierdampfern angenommen und an die Repräsentantenkammer weitergegeben worden, bisher jedoch nicht zur Beratung gelangt.

Nach dieser Gesetzesvorlage, die bereits am 1. Januar 1912 in Kraft treten sollte, müssen überseeische, zur Beförderung von Passagieren bestimmte Kauffahrteischiffe beim Anlaufen von Häfen der Republik mit funkentelegraphischen Apparaten ausgerüstet sein und einen Telegraphisten an Bord haben. Zuwiderhandlungen ziehen Strafen von 3000 Dollar nach sich, für deren Entrichtung der Ladungsempfänger, der Reeder und der Eigentümer des Schiffes solidarisch haften.

In Mexiko sind Bestimmungen in Vorbereitung, wonach einheimische und fremdländische Schiffe, die einschließlich der Bemannung mehr als 50 Personen an Bord haben, mit Funkentelegraphenstationen ausgerüstet sein müssen.

---

[76]) Loi concernant la sécurité de la navigation maritime et la réglementation du travail à bord des navires de commerce.

II. Die Anwendung der völkerrechtlichen Grundsätze auf die drahtlose Telegraphie.

A. Die Funkentelegraphie in Friedenszeiten.

Die Errichtung einer Funkentelegraphenstation im Hoheitsgebiete eines anderen Staates ohne dessen vorherige Genehmigung würde eine Verletzung des diesem Staate zukommenden Souveränitätsrechts darstellen. Ebenso wie bei Unterseekabeln die Kabel- oder Telegraphengesellschaft die Genehmigung der Regierung des Uferstaates zum Anlanden des Kabels einzuholen hat, muß bei Errichtung einer privaten funkentelegraphischen Landstation vor Ausführung der Arbeiten die Genehmigung des Staates nachgesucht werden. Bei staatlichen Stationen werden sich die einzelnen Anlagen wohl stets in „geteiltem" Besitz befinden, d. h. jeder Staat wird Eigentümer der auf seinem Gebiet befindlichen Funkentelegraphenstationen sein. — Ferner ist zu beachten, daß bei der drahtlosen Telegraphie in weit ausgedehnterem Maße als bei der Kabeltelegraphie freie, staatenlose und gebundene (über dem Staatsgebiet und Küstenmeer) Lufträume durchlaufen werden, so daß hier an die Stelle vertraglicher Regelung weit mehr völkerrechtliche Grundsätze treten müssen.

Bei der Einwirkung der elektrischen Wellen auf das fremde Staatsgebiet handelt es sich um den „Luftraum" oberhalb der Staaten, Meere und Küstenzonen. Das Institut für internationales Recht hat auf seiner Genter Sitzung 1906, ehe der Berliner Funkentelegraphenvertrag zustande kam, nach langem und heftigem Meinungsaustausch folgenden Satz aufgestellt:[1])

„Artikel 1. Die Luft[2]) ist frei. Die einzigen Rechte, die die Staaten im Frieden wie im Kriege darauf haben, sind die durch ihre Selbsterhaltung bedingten."

Wie verschieden die Ansichten der einzelnen Völkerrechtsjuristen über die Auslegung dieses Satzes sind, sei kurz dargetan. Bluntschli vertrat auf obiger Sitzung die Ansicht, daß der Staat auf den Luftraum, der seiner Ausdehnung entspricht, Eigentums- und Souveränitätsrechte habe; ein anderer wollte den Luftraum soweit der Herrschaft unterwerfen, als er dem menschlichen Auge durchdringbar sei; Nys erklärte den Luftraum für absolut frei, ein Standpunkt, der allgemein als unhaltbar zurückgewiesen wurde; Fauchille verneinte die Möglichkeit, daß an dem Luftraum Eigentums- oder Souveränitätsrechte bestehen könnten, weil die Luft sich ihrer Natur nach jeder Herrschaft entziehe und teilte den Luftraum in verschiedene Zonen ein, deren äußerste Grenze von Rolland

---

[1]) „Régime des Aérostats et de la Télégraphie sans Fil" im Annuaire de l'Institut de droit international (1906), Paris 1907, S. 293—329.

[2]) Hiebei ist natürlich nicht die Luft als Element, sondern der „Luftraum" gemeint.

auf 330 m[3]) festgesetzt wurde; Rolland unterscheidet sich jedoch hier von Fauchille insofern, als er für diese Zone Eigentum und Territorialhoheit annimmt, auch v. Bar hat ebenfalls eine Teilung des Luftraumes in drei Zonen angedeutet, deren unterste Zone (50 bis 60 m) völlig der Territorialhoheit unterworfen sein sollte.

Diesen „Zonentheoretikern" weist Schneeli[4]) ausführlich nach, daß eine Einteilung in Zonen nur von dem augenblicklichen Stand der Techniken abhängig ist und deshalb keinen prinzipiellen Wert habe. Die Ansicht Rollands, die Luft als „Akzessorium" des Landes anzuerkennen, ist völlig richtig. Denn, so sagt Schneeli a. a. O. S. 37, „nur in dieser Luftschicht existiert der Mensch, nur durch sie. Ohne sie wäre seine Territorialhoheit nicht vorhanden. Denn das Recht braucht ein Subjekt, um bestehen zu können! Und der Mensch, im letzten Grunde das einzige Subjekt aller Rechte, lebt nur dadurch, daß die Luft von der Erde unzertrennlich ist".

Auch Meili[5]) vertritt den Standpunkt, daß jeder Staat staatsrechtlich und völkerrechtlich über die Luft bis zu einer gewissen Höhe verfügen darf und zwar „soweit sein vernünftiges Interesse geht". Bereits 1885 hatte Meili[6]) auf die späteren regelmäßigen Verkehrsfahrten der Luftschiffe hingewiesen und das Recht der Privaten am Luftraum eingehend untersucht und ausgeführt, daß der Luftraum von derjenigen Höhe an frei sein müsse, welche dem „verständigen Interesse" des Privatrechtes entrückt ist. Hinsichtlich des Rechtes des Staates am Luftraum mit Bezug auf die Funkentelegraphie schreibt Meili:[7]) „Es ist klar, daß der Luftraum einer souveränen Beherrschung des Staates grundsätzlich nur so weit zugänglich sein kann, als er sich über solche Flächen erhebt, über welche einem Staat wirklich die Souveränität zusteht. Hieraus ergibt sich, daß der Staat zunächst denjenigen Luftraum beherrscht, welcher von Flächen, die auf den Grenzen seines festländischen Territoriums vertikal stehen, begrenzt wird: er ist ein Teil der Erde und die Luft eine Pertinenz desselben. Abgesehen hiervon, kann der Staat nur noch die Herrschaft über denjenigen Luftraum beanspruchen und ausüben, der über dem Küstenmeere lagert, das heißt über jenen Wassersaum, der sich zwischen dem festen Territorium und dem offenen Meere hinzieht und dessen äußere Grenze gegen das offene Meer hin früher allgemein als durch Kanonenschußweite sich ergebend angenommen wurde." Bedenkt man jedoch, daß mit den neuen Kruppschen Ballonabwehrkanonen bis zu 11 500 m Höhe erreicht werden und sich ein bemanntes Luftschiff wegen des geringen Luftdruckes in solchen Höhen nicht aufhalten kann, so sieht man, daß uns diese Zonentheorie ein praktisches Ergebnis nicht liefert.[8])

---

[3]) Die höchste Höhe menschlicher Bauten (Eiffelturm) beträgt z. Zt. 300 m. Der höchste Turm der Horizontalantenne der Großstation Nauen soll eine Höhe von 275 m erhalten. Diese engbegrenzte Zoneneinteilung, die also nur auf den zufälligen augenblicklichen Standpunkt der Technik aufgebaut ist, dürfte kaum haltbar sein.

[4]) Schneeli, Radiotelegraphie und Völkerrecht, Berlin 1908, S. 24—39.

[5]) Meili, Die drahtlose Telegraphie im internen Recht und Völkerrecht, Zürich 1908, S. 46 ff.

[6]) Meili, Das Telephonrecht, Leipzig 1885, S. 100 u. 88 ff.

[7]) Meili, Die drahtlose Telegraphie im internen Recht und Völkerrecht, Zürich 1908, S. 48—49.

[8]) Aehnlich: Kausen, Die Radiotelegraphie im Völkerrecht, München 1910, S. 24.

Die Frage, wie es sich mit der Luft oberhalb des offenen Meeres verhält, wird von Meili, der sich hierbei auf den berühmten Vertreter des Völkerrechts Hugo Grotius[9]) stützt, dahin beantwortet, daß das gleiche Prinzip des „freien Meeres" auch die „freie Luft" oberhalb entsprechen müsse. „Was zunächst die rechtliche Stellung des Meeres an sich anbetrifft, so ist die Geltendmachung eines internen staatlichen Telegraphenmonopols ganz ausgeschlossen, weil sich dies mit der Freiheit des Meeres nicht vertragen würde." Meili geht dann näher auf die Ausführungen von Grotius ein und verweist auf die Ausführungen von v. Martitz,[10]) der ebenfalls den Standpunkt vertritt, daß der Nachrichtenaustausch durch Funkentelegraphie auf dem Meere, „der allgemeinen Hochstraße der Nationen", frei sei. Ebensowenig wie man das Meer okkupieren könne, ebensowenig kann nach Meili das interne Funkentelegraphenregal auf dem Meere weder gegenüber eigenen noch fremden Personen angewendet werden. Er schreibt hierüber: „Und in der Tat schließt das Meer die Möglichkeit einer exklusiven Errichtung und eines ausschließlichen Betriebes der drahtlosen Telegraphie radikal aus. Zwar besteht der juristische Inhalt des Regals nicht darin, daß der Staat Telegraphenanlagen errichten und betreiben darf; dieses Recht hat er innerhalb der allgemeinen gesetzlichen Schranken auch ohne besondere gesetzliche Anerkennung, und das Wesen des Telegraphenmonopols liegt vielmehr in der Ausschließlichkeit dieses Rechtes, das heißt in dem Verbot, daß niemand ohne die Erlaubnis des Staates eine solche Anlage errichte oder betreibe. Danach müßte, wenn nicht aktuell, so doch wenigstens potentiell einem Staate dieses exklusive Recht auf dem Meere zustehen; denn sonst würde ein wesentliches Element des Regalbegriffes, nämlich die Ausschließlichkeit der betreffenden Tätigkeit, fehlen. Und hieran gebricht es. Kein Staat kann auf dem offenen Meere ausschließlich herrschen; denn das Meer ist frei und steht allen Nationen in gleicher Weise offen. Die rechtliche und faktische Möglichkeit zur Aufrechterhaltung der regelmäßigen Ausschließlichkeit fehlt, und deswegen ist ein Regal dort begrifflich undenkbar. Es setzt voraus die Ausübung der betreffenden regalisierten Tätigkeit auf einem der eigenen Hoheit unterworfenen Gebiete und eine ausschließlich kraft der eigenen, von dritter Seite völlig unabhängigen Souveränität. Und hieran gebricht es beim Meere und speziell auch bei der Luft oberhalb des Meeres." Hieraus folgert Meili, daß kein Staat seinen Schiffen verbieten könne, auf hoher See funkentelegraphisch zu verkehren und daß z. B. auf deutschen Schiffen in See „zweifellos konzessionsfrei eine drahtlose Telegraphenanlage errichtet werden" könne. Das deutsche Gesetz stellt umgekehrt mit Recht die Konzessionspflicht fest, da der Flaggenstaat vom völkerrechtlichen Standpunkt aus den seine Flagge führenden Schiffen über die Errichtung von Funkentelegraphenstationen wohl Vorschriften machen kann.

Meili dürfte mit seiner Ansicht bei sämtlichen Regierungen auf Widerstand stoßen, ebenso wie die Thesen der Zonentheoretiker unzureichend sind. Man muß beachten, daß der Grundsatz: „Die Luft ist frei", nur für die Luft als Element haltbar sein kann, denn nur die „Luft"

[9]) Grotius, Mare liberum, 1609. Er schreibt hierin: Es gehört also das Meer zu denjenigen Dingen, die es im Handel nicht gibt, das heißt, welche eigenen Rechtes nicht werden können.

[10]) v. Martitz, Systematische Rechtswissenschaft in „Kultur der Gegenwart", 1906.

entzieht sich ihrer Natur nach jeder Herrschaft, während sich auf den geographisch umgrenzbaren „Luftraum" ein Recht ausüben lassen muß, das auf die Herrschaft im Raume hinzielt.[11]) Es bedarf keiner weiteren Ausführung, daß der Territorialherr zweifellos Herr der über seinem Gebiete befindlichen Luftsphäre ist und z. B. Eingriffe in seine Regionen abwehren kann, soweit seine Macht reicht, die natürlich ihrerseits von dem jeweiligen Stande der Technik abhängig ist. Die Freiheit des Luftraumes mit der Analogie der Freiheit des Meeres begründen zu wollen, ist schon deshalb verfehlt, weil diese „Freiheit" selbst nur auf einer völkerrechtlichen Konvention beruht, die natürlich für sämtliche Staaten viel vorteilhafter war, als eine teilweise Territorialisierung verschiedener Meeresteile. Bei dem Luftraum gibt es also nur ein Recht: entweder volle Freiheit oder absolute Souveränität. Das Institut, das den obgenannten Grundsatz von der „Freiheit der Luft" ausdrücklich — allerdings gegen den lebhaften Widerspruch bedeutender Juristen wie Westlake, Corsi und anderen — aufstellte, dürfte bei den einzelnen Staaten hiermit keine Gegenliebe finden, da diese unmöglich auf das in der Zukunft jedenfalls wirtschaftlich hervorragende Recht an der Atmosphäre verzichten können. Der Grundsatz des Rechtes an der Atmosphäre muß unter allen Umständen ohne jede Einschränkung aufrechterhalten werden; internationalen Konventionen muß es vorbehalten bleiben, über den freien Durchgang von Funkenwellen in normalen Zeiten Abmachungen zu treffen. (Vgl. Erklärung in der italienischen Regierung auf der Lissaboner Konferenz.) Solch große rechtliche Fragen, wie die „Rechte am Luftraum", werden stets den Bedürfnissen und Interessen der Menschheit entsprechend entschieden und durch internationale Verträge festgelegt werden müssen.

Landsberg[12]) steht auf dem Standpunkt, daß es heute noch nicht möglich sei, eine bindende Theorie über das Recht des Staates am Luftraum aufzustellen, sondern daß wir gegenwärtig nur feststellen können, wie das Herrschaftsrecht des Staates an dem Luftraum zweckmäßig bezüglich der Funkentelegraphie zu gestalten sein wird. Der von Landsberg weiter ausgeführte Gedanke, daß „jeder Staat, der an der internationalen Kulturgemeinschaft der Staaten teilnimmt, ein Recht auf internationalen Verkehr" hat, widerspricht übrigens diesem Gedanken, da die Abgrenzung eines solchen sich bei fortschreitender Technik andauernd ändernden Rechts ohne Formulierung der staatlichen Rechte am Luftraum undenkbar ist.

Meurer[13]) nimmt, ebenso wie Westlake, für die Luft Souveränität an und führt aus, daß die sogenannte „Luftfreiheit von dem Staate als wirkliches Recht erst zugestanden werden müsse und sicherlich auch zugestanden werde" und daß es eine Luftfreiheit nur in der Form staatsrechtlicher Zugeständnisse gibt. Von demselben Grundsatz ausgehend, kommt auch Kausen[14]) bei seinen Untersuchungen über das „Luftrecht" zu dem Ergebnis, daß die Luft überhaupt nicht okkupationsfähig und daß ferner

[11]) Sehr gut ist der Vergleich, den hier Schneeli (S. 32) gibt. Er sagt: „Auch im Küstenmeer ist das Wasser so frei wie im hohen Meere, trotzdem das Küstenmeer selber nicht frei ist!"

[12]) Landsberg, Die drahtlose Telegraphie im deutschen und internationalen Verkehrsrecht, Marburg 1909, S. 41 ff.

[13]) Meurer, Luftschiffahrtsrecht, Berlin 1909, S. 7.

[14]) Kausen a. a. O. S. 30 ff.

die Herrschaft über den Luftraum ein naturnotwendiger Bestandteil der Gebietshoheit ist. Er sagt: „Der souveräne Staat hat den generellen Willen, über das Staatsgebiet ausschließlich Gebietshoheit auszuüben. Die Mittel dieser Ausübung werden mit dem Fortschreiten der Kultur andere. Durch die Erfindung der Radiotelegraphie und der Lenkluftschiffahrt hat sich der Luftkreis, der schon vor diesen Erfindungen zwecks Ausübung der Gebietshoheit der Hoheit der Staaten unterstand, nach oben hin erweitert." Der Luftraum unterliegt somit nach oben unbegrenzt den Hoheitsrechten des Grundstaates; welche Höhen hier in Frage kommen, ist keine Rechtsfrage, sondern eine Frage des tatsächlichen (technischen) Könnens.

Da eine dauernde Neutralisierung des Luftraumes nur in gewissen Zonen möglich sein, hier aber Schwierigkeiten in der Aufrechterhaltung und Kontrolle der Luftzonen begegnen würde, so daß eine Reglementierung dieser Art heute kaum denkbar sein dürfte, faßt Schneeli[15]) seine grundlegenden Ausführungen über das „Recht der Staaten am Luftraum" in folgenden Schlußsatz zusammen, dessen Inhalt bedingungslos zuzustimmen sein dürfte: „Die Staaten behalten sich alle Rechte über den Luftraum vor, der ihren Landesgrenzen entspricht und gestehen sich gegenseitig für diese Zone die Rechte der Territorialhoheit zu. Die Rechte in einzelnen Fällen zugunsten des internationalen Verkehres und der Interessen der Allgemeinheit abzuwägen und festzustellen, bleibt die Aufgabe internationaler Konventionen."

Artikel 2 des Genter Beschlusses lautet: „Sofern nicht besondere Fälle vorliegen, gelten die auf den gewöhnlichen telegraphischen Verkehr Bezug habenden Vorschriften auch für die drahtlose Telegraphie."

Das Institut hat hiermit, wie bereits früher hervorgehoben, die Funkentelegraphie rechtlich der Drahttelegraphie gleichgestellt. Kausen[16]) ist der Meinung, daß die internationalen Schwierigkeiten bei Anlegung neuer funkentelegraphischer Verbindungen leicht durch eine gemeinsame Verwaltung (wie wir sie für den Seeverkehr bereits in dem Berner Internationalen Telegraphenbureau besitzen) beseitigt werden könnten. Er glaubt, daß die ganze Entwicklung darauf hindeute, daß die Funkentelegraphie im Laufe der Zeit ein „Regal in den Händen der Radiotelegraphenunion werden müsse, ein Gemeinschaftsregal der Union, ein Völkerrechtsregal, ein Weltregal". Zu diesem Zweck müßten diejenigen Staaten, die in ihrem Gebiete ein Telegraphenregal besitzen, alle Rechte bezüglich der Funkentelegraphie auf die Union übertragen, während die anderen Staaten eine entsprechende Erklärung bezüglich der Funkentelegraphie der Union gegenüber abgeben müßten.

Mit besonderer Rücksicht auf die Funkentelegraphie hat das Institut ferner in seinem oben erwähnten Reglement[17]) im Artikel 3 den Satz aufgestellt:

Jeder Staat hat das Recht, falls seine Sicherheit es verlangt, sich dem Durchgang der Hertzschen Wellen durch sein Gebiet (au-dessus de son territoire et de ses eaux territoriales, et aussi haut qu'il sera utile) zu widersetzen, sei es, daß die Wellen von staatlichen oder privaten, von Land-, Schiffs- oder Ballonstationen ausgehen.

---

[15]) Schneeli a. a. O. S. 41.
[16]) Kausen a. a. O. S. 56ff.
[17]) Vergleiche Fußnote auf Seite 61.

Dieser Artikel, in dem ausdrücklich eine Herrschaft über den Luftraum nur bezüglich des Territorial- und Küstenmeerluftraumes ausgesprochen wird, und die Bestimmung der Höhe der Herrschaftssphäre (aussi haut qu'il sera utile) dem Sicherheits- und Erhaltungsbedürfnis des Staates überlassen bleibt, richtet sich lediglich gegen die Störungen des territorialen Verkehres, die durch funkentelegraphische Wellen anderer Provenienz herbeigeführt werden. Sehr richtig bemerkt hierzu Schneeli:[18]) „Sobald die Technik den Weg gefunden haben wird, die Wellen zu isolieren, fällt der Artikel hin. Er ist lediglich ein Schutzparagraph ohne jede weitere Bedeutung. Nach unserer Ansicht, daß die Territorialhoheit für den Luftraum besteht und bestehen wird, muß jede Einschränkung der Wirkung des Artikels wegfallen. Dann erhält er erst die weittragende politische und wirtschaftliche Bedeutung, die er erlangen muß. Die radiotelegraphische Konferenz hat durch Uebernahme des Art. 8 der Petersburger Konvention schon in unserem Sinne entschieden."

Jeder Staat hat hiernach das unbedingte Recht,[19]) den vom Auslande kommenden Funkenwellen, die unter Umständen störend auf die eigenen Funkenstationen wirken können, den Durchgang durch sein Luftgebiet zu untersagen; auch steht dem geschädigten Staate noch ein völkerrechtlicher Anspruch auf Schadenersatz zu.

Nach Meili stützt sich diese Abwehr juristisch auf den Eingriff des einen Staates in die Rechtsatmosphäre des anderen. Er sagt:[20]) „Die Berechtigung des internen Staates geht so weit in die Höhe der Luft, als eine Schädigung ihm gegenüber überhaupt erfolgen kann. Hinsichtlich des Umfanges der Berechtigung verdient hier neuerdings erwähnt zu werden, daß sie sich bezieht auf das Absenden der Wellen im Luftmeere oberhalb des Territoriums und des Küstenmeeres. Die Abwehr des geschädigten Staates erfolgt in der Weise, daß die drahtlose Telegraphie an den Grenzen aufgehalten, also ganz oder temporär sistiert wird. Dies ist auch die Lösung, welche im internationalen Telegraphenvertrage von Petersburg adoptiert worden ist (Art. 7 und 8)." Sehr einfach dürfte sich allerdings eine solche „Sistierung" der funkentelegraphischen Wellen nicht gestalten. Denn ein Staat, der z. B. durch fortgesetzte Wellenabsendung einer eigenen großen Funkenstation den Durchgang fremder Wellen verhindern will, wird dadurch selbst in der Ausübung des funkentelegraphischen Verkehres zum mindesten störend beeinflußt. Die Möglichkeit der Ausübung der oben festgestellten völkerrechtlichen Befugnisse dürfte hierdurch sehr in Frage gestellt sein. Meili erklärt jedoch: „Die Technik macht stets Fortschritte, und so wird die Jurisprudenz am besten tun, an die Realisierbarkeit der den Staaten zustehenden Rechte wenigstens zu glauben, wenn sie auch darauf verzichten muß, darüber zurzeit Sicherheit zu besitzen. Diese an sich beklagenswerte Tatsache kann und darf sie nicht abhalten, die theoretische Existenz bestimmter völkerrechtlicher Befugnisse zu untersuchen; wir Juristen räsonnieren ja gar häufig auch im Privatrechte über subjektive Rechte, die im Einzelfalle deswegen unpraktisch sind, weil

[18]) Schneeli a. a. O. S. 44ff.

[19]) Bereits vor Abfassung des Genter Beschlusses hatte Frankreich, gestützt auf Art. 8 des Petersburger Vertrages, Widerspruch gegen eine funkentelegraphische Verbindung England-Italien erhoben, da eine solche Verbindung die französischen Funkenstationen gestört haben würde.

[20]) Meili a. a. O. S. 56.

ihnen die Beweisbarkeit abgeht. Bei der drahtlosen Telegraphie steht man allerdings nicht bloß figürlich, sondern in Wirklichkeit mit den Deduktionen in der Luft, und es ist nicht zu verkennen, daß darin eine Gefahr liegt, der nicht alle Juristen auszuweichen verstehen, zumal dann nicht, wenn es sich um das Völkerrecht handelt."

Artikel 4 des Reglements lautet:

„Im Falle der Untersagung des funkentelegraphischen Verkehres soll die betreffende Regierung den anderen Regierungen von dem Verbot sofort Kenntnis geben."

Diese Bestimmung entspricht den diesbezüglichen Vorschriften des Art. 8 des Petersburger Vertrages, nach welchem bei Sperrungen des internationalen Telegraphendienstes jeder Regierung die Verpflichtung obliegt, hiervon sofort jeder der übrigen vertragschließenden Regierungen Kenntnis zu geben.

Fassen wir diejenigen Grundsätze, die wir bei unseren Ausführungen als richtig erkannt haben, kurz zusammen, so ergibt sich folgendes:

Die Errichtung von privaten Funkentelegraphenstationen unterliegt der staatlichen Genehmigung. Der Territorialherr ist Herr der über seinem Gebiet befindlichen Luftsphäre und als solcher berechtigt, funkentelegraphische Eingriffe abzuwehren. Der „freie" Durchgang von Funkenwellen in normalen Zeiten und ähnliche Rechte zugunsten des internationalen Verkehrs müssen durch internationale Abmachungen gewährleistet werden.

Die Funkentelegraphie ist rechtlich der gewöhnlichen Telegraphie gleichgestellt; die Friedensbestimmungen sind grundsätzlich auch zu Kriegszeiten anwendbar. Falls die Sicherheit des Staates es verlangt, kann er den Luftraum seines Territoriums für Funkenwellen sperren; hierbei wird die Bestimmung der Höhe seiner Herrschaftssphäre dem Sicherheitsbedürfnis des Staates überlassen. Bei Störungen der eigenen Funkenwellen durch fremde Funkenwellen steht ihm ein völkerrechtlicher Anspruch auf Schadenersatz zu. Die Sperrung des funkentelegraphischen Verkehrs ist sowohl in Friedens- als auch in Kriegszeiten sämtlichen übrigen Vertragsstaaten mitzuteilen.

B. Funkentelegraphie und Luftschiffe.

Bei Benutzung eines funkentelegraphischen Apparates in einem fahrenden Luftschiffe werden leicht staatliche oder genehmigte private Funkentelegraphenstationen gestört werden können. Die Frage einer Störung des funkentelegraphischen Verkehrs durch Stationen in lenkbaren Luftschiffen ist rechtlich sehr schwierig und erst in jüngster Zeit von praktischer Bedeutung geworden, als die Luftschiffe und Flugzeuge[21]) mit funkentelegraphischen Apparaten ausgerüstet wurden.

Bei den Fesselballons ist die Frage rechtlich insofern einfach, als diese in jeder Beziehung als intra territorium befindlich anzusehen sind und

[21]) Der deutsche Militärballon „M II" hat in den Kaisermanövern 1909 als erster Ballon, der über eine Bordstation verfügte, teilgenommen. Nach den erfolgreichen funkentelegraphischen Ballonversuchen im Herbst 1909 werden auch die Zeppelin-Luftschiffe und neuerdings auch die anderen Motorballone sowie vielfach auch Flugzeuge mit F.-T.-Stationen ausgerüstet. Vgl. meinen Aufsatz: „Funkentelegraphische Apparate für Luftschiffahrtszwecke" in „Kriegstechnische Zeitschrift", Heft 4 und 5/1913.

demgemäß die für das betreffende Landgebiet geltenden Gesetze auch für die funkentelegraphische Ballonstation Geltung haben müßten.

Wenn ein Luftschiff zu wissenschaftlichen Versuchszwecken mit einer Funkentelegraphenanlage ausgerüstet auf der Fahrt funkentelegraphische Versuche anstellen wollte, so müßte, da dem Staat zweifellos das Recht der Kontrolle zusteht, zunächst die staatliche Genehmigung eingeholt werden. Schneeli führt aus, daß es beim Luftraum keine Rechte aller gibt, und daß, da die Schutzzone unbegrenzt sein müsse, auch konventionell keine Schutzzone abgegrenzt werden könne. Er schreibt (a. a. O. S. 36): „Die Gefahr, welche dem Territorium durch Angriffe aus dem Luftraum droht, ist unbeschränkt, ja sie nimmt sogar mit größerer Entfernung bei verschiedenen technischen Verfahren nur zu, während sie auf der See mit steigender Entfernung abnimmt. Zwischen dem „mare liberum" und dem „l'aire est libre", welche beide auf Konvention beruhen müßten, um leben zu können, besteht also ein fundamentaler Gegensatz; von Analogie kann gar keine Rede sein, denn während es im allgemeinen Interesse der Staaten liegt, das Meer frei zu geben, liegt es noch mehr in ihrem Interesse, sich am Luftraum alle Rechte vorzubehalten!"

Während die Schiffe auf dem Meere stets Teilchen ihres Heimatlandes sind, solange sie sich auf dem territorium nullius befinden, stellen sich die Luftschiffe grundsätzlich, sobald sie sich über dem Erdboden und nicht mehr über der offenen See befinden, unter die aus der Territorialhoheit folgenden Kontrolle territorialer Jurisdiktion. Das Luftschiff, welches auf dem offenen Meere funkentelegraphisch verkehren will, wird nach den Bestimmungen des geltenden Seerechts behandelt werden müssen. Vorläufig aber kommt die freie See für die lenkbaren Luftschiffe weniger in Frage; ihr hauptsächliches Operationsfeld ist das Land, wo sich die Funkentelegraphenstationen des Territorialherrn befinden, deren Wirkungsfeld im allgemeinen bereits durch internationale Verträge begrenzt ist. Schneeli[22]) sagt über die praktische Ausnutzung der Funkentelegraphie in Luftschiffen: „Konventionen werden auch hier, sobald der Verkehr ein stetiger geworden sein wird, so daß es sich nicht mehr nur um Ausnahmefälle handelt, die näheren Bestimmungen festzulegen haben. Denn auch hier wird der Standpunkt von größter Wichtigkeit sein, daß die Atmosphäre nicht frei ist, sondern der jeweiligen Territorialhoheit unterworfen sein muß. Deshalb werden Staatsluftschiffe den territorialen Luftraum ebensowenig unbeschränkt durchziehen können, wie die Staatsschiffe das territoriale Gewässer. Dieselben Bestimmungen werden für beide zur Geltung kommen müssen."

Ebenso wie nach den Bestimmungen des Internationalen Funkentelegraphenvertrages alle Staaten den unter ihrer Flagge fahrenden genehmigten funkentelegraphischen Bordstationen die Beobachtung sämtlicher Regeln des Vertrages zur Pflicht machen, muß dies auch bei den funkentelegraphischen Stationen auf Luftschiffen und Flugzeugen geschehen. Im freien Luftraum des offenen Meeres würden sie unter dem Gesetz des Heimatstaates stehen.

In den Beschlüssen des „Institut de droit international" werden die Luftschiffe den Schiffen gleichen Regeln unterworfen, was aber nur über dem offenen Meere zulässig sein dürfte; über dem Festlande und dem

---

[22]) Schneeli a. a. O. S. 47.

Küstenmeer stehen die Luftschiffe unter der Territorialhoheit. Im Luftraum des Seekriegsschauplatzes unterliegen sie der Autorität der Kriegsparteien. Schneeli,[23]) der die Funkentelegraphie an Bord von Schiffen und von Luftschiffen neutralitätsrechtlich verschieden behandelt, schreibt über das Aufhören des Kriegsrechts im neutralen Luftraum: „Wo auf funkenetlegraphischem Wege durch Luftschiffe unneutrale Handlungen vorgenommen werden, verstoßen sie auch gegen das Neutralitätsrecht der betreffenden Territorien; es bedeutet dies einen Mißbrauch neutraler Luftsphären für Kriegshandlungen. Eine Verfolgung solcher schuldigen neutralen Luftschiffe durch diejenigen der Kriegspartei wäre zu untersagen, auch wenn die Sicherheit des Territoriums dadurch nicht gefährdet würde. Die territoriale Hoheit hat aber dafür einzutreten, daß den unneutralen Handlungen in dieser Sphäre ein Ende gemacht wird. Der Neutralitätsbruch verletzt in diesem Falle nicht nur die Interessen einer Kriegspartei, sondern auch diejenigen des betreffenden neutralen Territorialstaates." Ein neutraler Staat kann somit nicht dulden, daß in seinem Luftraum das Kriegsrecht insofern Anwendung findet, daß in dem oberhalb seines Gebietes befindlichen Luftraum feindliche Luftschiffe sich bekämpfen, wenn auch nur funkentelegraphisch durch Zwischentelegraphieren und Stören.

Ein unneutrales Luftschiff einer kriegführenden Partei, das sich über neutralem Lande nicht nur in der Schutzzone, sondern auch auf unbedingt neutralem Gebiet befindet, darf seine Funkentelegraphenstation nicht zu Kriegszwecken benutzen. Schneeli[24]) schreibt über diesen Punkt: „Die Rechte und Pflichten der Neutralen erreichen es; die Verhältnisse der Behandlung müssen denen, welche im Lande beobachtet werden, entsprechen. Würde die Station, wenn sie auf dem Lande wäre, geschlossen oder unter Kontrolle gestellt werden müssen, so gälte dasselbe für die Luftschiffstationen. Die Jurisdiktion des Territorialherrn ist eine absolute. Der Territorialherr kann nicht zugeben, daß sein Luftraum zu unneutralen Akten mißbraucht werde, oder daß solche von den Kriegführenden selber daselbst mit Regressivmitteln belegt werden. Souveränität und droit de conversation schließen die Kontrolle des Ballons durch den Feind im neutralen Luftraum aus, das Kriegsrecht muß hier Halt machen, im Gegensatz zu seiner freien Entfaltung auf hoher See. Deshalb verschärft sich aber die Kontrollpflicht der Neutralen."

Die Frage, wie die Kontrolle des funkentelegraphischen Verkehrs einer Ballonstation im neutralen Raume auszuüben sein wird, steht noch offen. Bedenkt man jedoch, daß die Reichweite und die Antennenenergie der Ballonstationen stets eine beschränkte sein wird — zurzeit etwa höchstens 300 km bei 1 KW Antennenenergie —, die abgesandten Nachrichten also in erster Linie von den in der Nähe des Luftschiffes befindlichen Landstationen empfangen werden, so sieht man, daß eine Kontrolle der Funkentelegramme durch die neutralen Anstalten des Territorialherrn nicht auf unüberwindliche Schwierigkeiten stoßen wird. Es dürfte sich vielleicht empfehlen, die Luftschiffe vertraglich zu verpflichten, nur unter Benutzung territorialer Stationen ihre Funkentelegramme zu vermitteln.

Fassen wir das Gesagte kurz zusammen, so ergeben sich folgende Grundsätze: Die Funkentelegraphenstationen der Luftschiffe unterstehen

[23]) a. a. O. S. 82.
[24]) a. a. O. S. 94 ff.

der Kontrolle des jeweiligen Territorialherrn. Zur Errichtung der Ballonstationen bedarf es der staatlichen Genehmigung. Für die Stationen der über dem offenen Meere befindlichen Luftschiffe gelten die Bestimmungen des herrschenden Seerechts. Die funkentelegraphischen Ballonstationen haben die Bestimmungen des Internationalen Funkentelegraphenvertrages sowie die internen staatlichen Gesetze zu beachten, solange sie sich über Territorialgebiet befinden.

Im Luftraum des Seekriegsschauplatzes unterliegen die Ballonstationen der Autorität der Kriegsparteien. Unneutrale Handlungen solcher Stationen in neutralen Luftsphären verstoßen gegen das Neutralitätsrecht. Seitens des Territorialherrn müssen die erforderlichen Gegenmaßregeln ergriffen werden. Ein unneutrales Luftschiff, das sich über neutralem Gebiete befindet, hat in allen Punkten den Anordnungen des Territorialherrn hinsichtlich des funkentelegraphischen Verkehrs Folge zu leisten.

C. Die Funkentelegraphie im Kriegsrecht.

In einem Aufsatz über „Das Recht der Seekabel in Kriegszeiten" im Militär-Wochenblatt Nr. 135—137, 1903 habe ich den Versuch gemacht, auf Grund des Völkerrechts das „Recht" der Seekabel in Kriegszeiten darzustellen und durch Wiedergabe historischer Tatsachen einen kleinen Beitrag zur wissenschaftlichen Erkenntnis des bestehenden Rechtszustandes zu liefern. Es war gezeigt worden, wie die im sogenannten „Kabelschutzvertrag" vom 14. März 1884 enthaltenen völkerrechtlichen Bestimmungen sich nicht auf den Kriegsfall erstrecken, was dadurch begründet wurde, daß eine allgemeine Durchführung der Unverletzlichkeit der Kabel sehr schwierige Ueberwachungsmaßregeln in Kriegszeiten nötig machen würde, daß die Kabel weiterhin ein Kriegsmittel ersten Ranges für diejenige Partei darstellen, die sich ihre Dienste zu sichern vermag und ein hervorragendes Hilfsmittel zur Benachteiligung des Gegners, das sich keine Macht im Kriegsfalle durch internationale Abmachungen wird nehmen lassen. Auf ausdrücklichen Antrag Englands, das seine außerordentliche Ueberlegenheit in der Weltkabelbeherrschung schon damals erkannte und im Kriegsfalle ausnützen zu wollen mittelbar erklärte, wurde dem obengenannten Vertrage als Artikel 15 folgende Bestimmung angehängt: „Es ist selbstverständlich, daß die Bestimmungen des gegenwärtigen Vertrages die Freiheit des Handelns der kriegführenden Mächte in keiner Weise beschränken." Hierdurch war also die Rechtlosigkeit und Vogelfreiheit der Seekabel durch eine internationale Bestimmung festgelegt; im Haag erklärte 1899 die britische Regierung noch ausdrücklich, daß sie sich im Kriegsfalle an etwaige kabelschützende Bestimmungen der übrigen Mächte keinesfalls gebunden fühlen werde. Nachdem sich jedoch inzwischen die Kabelbesitzverhältnisse wesentlich verschoben haben und neben Frankreich besonders auch Deutschland in eine erfolgreiche Kabelpolitik eingetreten ist, dürfte einer gleichen Anregung zur Festlegung der rechtlichen Stellung der Seekabel im Kriege auf einer neuen internationalen Konferenz mehr Erfolg in Aussicht zu stellen sein. Sehr richtig bemerkt hierzu R. Hennig in seinem Aufsatz in den „Preußischen Jahrbüchern" (S. 29): „Selbst wenn England, (was durchaus noch nicht sicher ist), seine schroff ablehnende Haltung von 1884 und 1899 auch heute noch unverändert beibehalten sollte, würde seiner Stellungnahme heute nicht mehr die ausschlaggebende Bedeutung zukommen, wie ehedem, und ein auch für den Kriegsfall gültiger

Kabelschutzvertrag würde zurzeit selbst dann von Wert sein, wenn England sich von ihm ausschließen sollte. Daß dies aber geschehen wird, ist, wie gesagt, keineswegs ausgemacht, und selbst dann, wenn heute England seine Stellung noch nicht geändert haben sollte, dürfte es in ein paar Jahren durch die rasch fortschreitende Erweiterung der nichtbritischen Kabelnetze, schon im eigenen Interesse, dazu gezwungen werden."

Die größte Schwierigkeit einer internationalen Regelung des Seekabelkriegsrechts liegt heute darin, daß der Ausbau des Telegraphenkriegsrechts zum Sonderrecht nur möglich ist, wenn auch gleichzeitig die noch wesentlich kompliziertere Stellung der drahtlosen Telegraphie im Kriege geklärt wird.

Die vertragschließenden Staaten haben sich im Artikel 21 des Internationalen Funkentelegraphen-Vertrages vom 5. Juli 1912 volle Freiheit hinsichtlich der militärischen und Marineanlagen vorbehalten. Die Bestimmungen im Artikel 8 des Internationalen Telegraphenvertrages von St. Petersburg (1875) finden sowohl auf den vorgenannten internationalen Vertrag als auch auf die auf Grund dieses Vertrages vom Reichs-Postamt erlassene „Anweisung für den Funkentelegraphendienst" (Berlin 1913) sinngemäß Anwendung, dergestalt, daß jeder Staat berechtigt ist, auf den Telegrammverkehr eine gewisse Zensur auszuüben und den Telegraphendienst auf unbestimmte Zeit entweder ganz zu sperren, oder nur für gewisse Linien und Telegramme zuzulassen.

Im russisch-japanischen Kriege, in dem die Funkentelegraphie sich wiederholt als hervorragendes Kriegsmittel gezeigt hat, waren einige schwierige Rechtsfragen betreffend das „Recht der Funkentelegraphie" kurzerhand von seiten der Kriegführenden gelöst worden. Da diese etwas willkürlichen Lösungen vielfach den Widerstand der unparteiischen Völkerrechtsgelehrten gefunden hatten, drang das Institut de droit international in seiner mehrfach erwähnten Genter Sitzung darauf, diese Streitfragen grundsätzlich zu lösen, bevor sich die Präzedenzfälle zum Gewohnheitsrecht ausgewachsen hätten. Dies war um so mehr notwendig, als die Entscheidungen der kriegführenden Parteien seitens der neutralen Regierungen nicht die berechtigte Ablehnung erfahren hatten, wohl in der Hauptsache deshalb, weil die einzelnen Regierungen meistens die Aktionsfreiheit der Kriegführenden höher einschätzen, als das Recht des neutralen Verkehres. Das Recht verschiebt sich sogar in den freien Zonen; es ist das Recht der Selbsterhaltung, das um so mehr wächst, je mehr die Gefahr zunimmt. Das Recht der neutralen Staaten, das darin besteht, daß diese den friedlichen Verkehr mit den Kriegsparteien ungehindert fortsetzen können, wird durch die Kriegführung nicht geschmälert. Beide Rechte greifen eng ineinander.

Wir haben bereits früher (vgl. Ausführungen auf Seite 65 ff.) gesehen, daß jeder Staat das unbedingte Recht hat, den von außerhalb kommenden Funkenwellen den Durchgang zu versagen. Inwieweit allerdings eine V e r p f l i c h t u n g der neutralen Staaten zur Telegrammzensur, und demnach also auch zur Beschränkung der drahtlosen Telegraphie, hergeleitet werden kann, ist heute noch eine offene Frage, die vom neutralitätsrechtlichen Standpunkt aus von F. S c h o l z (a. a. O. Seite 8 ff.) ausführlich behandelt worden ist. Nach den interessanten Ausführungen des Verfassers, der in der genannten Arbeit die aktuelle Frage des „Rechts" dieser jüngsten Errungenschaft des Verkehrs vom praktischen und theoretischen Standpunkt aus betrachtet und durch seine Arbeit die

Kluft zwischen Land- und Seekriegsrecht zu überbrücken sowie die Ausgestaltung eines einheitlichen Kriegsrechts der Telegraphie anzubahnen sucht, hat ein neutraler Staat die Pflicht, darüber zu wachen, daß durch seine Telegraphenanstalten nicht eine Kriegspartei geschädigt wird, sei es durch Einführung von Apparaten (Konterbande) oder durch Benutzung seiner Einrichtungen zur Beförderung offizieller telegraphischer Kriegsnachrichten. Eine gewisse Zensurpflicht folgt insofern notwendig aus der Neutralitätspflicht, als ein neutraler Staat für die Zulässigkeit der Beförderung Süzieller Kriegstelegramme weder Betriebsrücksicht noch Telegraphengeheimnis vorschützen darf, andernfalls würde, so sagt Scholz „eine Kriegspartei neutrale Telegrapheneinrichtungen für ihre Kriegsdepeschen uneingeschränkt benutzen können, und es wäre hier auf telegraphischem Wege das erlaubt, was auf brieflichem Wege zur See strengstens verboten ist".

Bereits in diesen Sätzen ist eine Verschärfung der Neutralitätspflicht mit Rücksicht auf die kriegstechnische Bedeutung der Funkentelegraphie zu erkennen. Nicht nur vorsätzliche Begünstigung einer Kriegspartei ist als Neutralitätsverletzung zu betrachten, sondern es muß auch jede objektive Förderung der Kriegsführung einer Partei vermieden werden, da wissentliches oder fahrlässiges Dulden kriegserheblicher Dinge als Neutralitätsverletzung betrachtet werden kann.

Bei neutralen Staatstelegrammen ist ein neutraler Staat zu einer Zensur kraft seiner Neutralität weder berechtigt noch verpflichtet. Wohl muß er darüber wachen, daß durch Vermittlung seiner Funkentelegraphenstationen Kriegstelegramme nicht befördert werden. Wenngleich ferner im allgemeinen ein neutraler Staat kaum verpflichtet sein dürfte, bei einer privaten Funkentelegraphenstation eine Telegraphenzensur zu verlangen, so könnte diese Pflicht doch unter besonderen Verhältnissen eintreten, wenn nämlich z. B. der Inhalt der Telegramme selbst unzweifelhaft beweisen würde, daß die Mitteilungen Kriegszwecken einer Partei dienen, oder aber wenn eine Funkenstation eines im Dienste einer neutralen Telegraphengesellschaft stehenden Schiffes kriegserhebliche oder im Wege der Spionage erhaltene Nachrichten verbreiten wollte. Wegen der hervorragenden Bedeutung der Telegraphie für das militärische Nachrichtenwesen macht sich heute das allgemeine Bestreben, die Pflichten der neutralen Staaten zu verschärfen, besonders auch bei der Funkentelegraphie bemerkbar. Als Beispiel hebt hier Scholz hervor, daß es zweifellos unneutral wäre, „wenn der Staat selber als Absender solche Nachrichten über Heeres- und Flottenbewegungen der Kriegsparteien, an deren Geheimhaltung die letzteren wegen der Neuigkeit und Kriegserheblichkeit der Nachricht ein Interesse haben, auf den seiner Verwaltung unterstehenden Funkentelegraphenstationen in die Welt senden wollte. Ebenso darf ein neutraler Staat der Heeres- oder Marineverwaltung eines kriegführenden Staates nicht funkentelegraphische Apparate zur Verfügung stellen, noch bei einer derartigen, von privater Seite bewirkten Lieferung wissentlich mitwirken." Wenn also z. B. die Militärverwaltung eines kriegführenden Staates von einer Firma des neutralen Landes funkentelegraphische Apparate beziehen und die neutrale Telegraphenverwaltung um Prüfung (Abnahme) der zu versendenden Apparate ersuchen würde, so müßte dieses Ersuchen abgelehnt werden.

Wenn der Kommandant des englischen Kreuzers „Iphigenia" am 31. März 1905 seine Begegnung mit der zweiten Baltischen Flotte 150 Meilen östlich von Saigon sofort durch Funkspruch nach Hongkong meldete, so war dies entschieden kein Akt strikter Neutralität, da diese Meldung den Japanern, die sie auffingen, natürlich von großem Nutzen war. Scholz, der dieses Verhalten sogar als „unneutral" bezeichnet, schließt aus dieser Meldung von hoher See aus mit Recht auf animus hostilis.

Nauticus hält im „Jahrbuch für Deutschlands Seeinteressen für 1905" eine neutrale Macht nicht für verpflichtet, bei der Unterdrückung eines für die Kriegführenden schädlichen Nachrichtendienstes Hilfe zu leisten; er dürfte allerdings mit dieser Ansicht vereinzelt dastehen, sagt übrigens damit noch nicht, daß neutrale Kriegsschiffe einen solchen bedenklichen Nachrichtendienst vermitteln dürfen.

Ferner war es mit der Neutralität der chinesischen Regierung nicht in Einklang zu bringen, wenn China, nachdem die Japaner die Kabelverbindung zwischen Tschifu und Port Arthur abgeschnitten hatten, die Herstellung einer funkentelegraphischen Verbindung zwischen der belagerten und blockierten Festung Port Arthur und dem russischen Konsulat in Tschifu duldete, da diese nach Eröffnung des Krieges über die Köpfe der Belagerer hinweg hergestellte Verbindung dem Vertreter der russischen Regierung einen Verkehr mit der eingeschlossenen Festung ermöglichte und es sich somit um eine unneutrale Unterstützung der Russen handelte. Die Annahme, daß dieses Konsulat nicht zum chinesischen Gebiet gehöre, sondern exterritorialen Charakter trage, wie alle Gesandtschaften und Konsulate, kann für derartige Vorkommnisse keinen Anspruch auf Geltung haben. Hätte die funkentelegraphische Verbindung zwischen den beiden Staatsgebieten bereits vor Eröffnung der Feindseligkeiten bestanden, so wäre der funkentelegraphische diplomatische Telegrammverkehr frei und keiner Zensur unterworfen gewesen, wenn nicht nachgewiesen würde, daß der präsumierte neutrale Charakter des Telegrammverkehrs nicht zutrifft, wodurch sich der neutrale Staat unter Umständen politischen Verwicklungen aussetzen würde. Die Neueinrichtung einer solchen Verbindung, die staatlicher Genehmigung bedurfte, verstieß jedoch unbedingt gegen die neutralitätsrechtlichen Pflichten Chinas, um so mehr als China wissen mußte, daß diese Verbindung lediglich den Zweck haben sollte, mit russischem Staatsgebiet und insbesondere mit der russischen Kriegsmacht in Port Arthur in Verbindung zu treten. Die Beschwerde Japans bei der chinesischen Regierung wegen Mißbrauchs ihres neutralen Bodens war deshalb berechtigt. Nach Scholz mußte China den Konsul um Einstellung des Betriebes ersuchen, und, falls dies ohne Erfolg war, bei der russischen Regierung auf Abhilfe oder Abberufung dringen oder unter Umständen dem Konsul das Exequatur entziehen. Zu weitergehenden Maßregeln, etwa zu einer gewaltsamen Entfernung oder Unbrauchbarmachung der Station stand ihr jedoch ein Recht nicht zu.

Auch Schneeli hebt (a. a. O. S. 91) bei Besprechung dieses Falles hervor, daß der präsumtive neutrale Charakter der diplomatischen Korrespondenz bei Errichtung dieses Telegraphen zu offenkundigen Kriegszwecken absolut gefehlt habe. „Das neutrale Land durfte deshalb den Verkehr nicht dulden, die Konzession nicht geben. Durch die Duldung verletzte China die Neutralität und veranlaßte Japan, seinerseits die chinesische Neutralität nicht zu respektieren. Kompliziert war der Fall dadurch, daß die radiotelegraphische Station sich auf sogenannten exterritorialem Gebiet befand. Die Exterritorialität des Grundstückes genügte jedoch nur, um die unneutrale Funkentelegraphie vor gewaltsamen Eingriffen der neutralen Staatsgewalt zu schützen, verhinderte aber nicht die Verletzung der Neutralität des neutralen Bodens durch ihn. Ueberdies hatte China das Recht, den Durchzug der Wellen durch sein Luftgebiet zu verhindern." Japan verletzte seinerseits die Neutralität dadurch, daß es ein bereits entwaffnetes russisches Schiff im chinesischen Hafen von Tschifu wegnahm. Ob die Japaner, wie vielfach behauptet wird, den russischen Funkentelegraphen in Tschifu tatsächlich mit Gewalt zerstört haben, konnte ich nicht feststellen. Jedenfalls wären sie bei dem merkwürdigen Standpunkte Chinas, das das Konsulatsgrundstück als russischen Boden und daher der Neutralität entzogen ansah, mit derselben Begründung hierzu berechtigt gewesen.

Nesper vertritt bei Beurteilung dieses Falles einen anderen Standpunkt und hebt (a. a. O. S. 82ff.) hervor, daß die Japaner, falls sie im Besitze moderner funkentelegraphischer Apparate waren, sehr wohl den Verkehr nach dem russischen Konsulatsgrundstück hätten „stören" können. Dies stimmt jedoch nur bedingungsweise: durch fortgesetzte Stromsendung seitens einer japanischen Schiffsstation wäre allerdings ein funkentelegraphischer Verkehr Tschifu—Port Arthur unmöglich gemacht worden; andererseits wäre es aber auch den Japanern selbst nicht möglich gewesen, alsdann ihre Funkenapparate für ihre eigenen Zwecke zur Nachrichtenübermittlung zu benutzen, da diese auch störend beeinflußt worden wären. Diese Störung einer funkentelegraphischen Verbindung ist eben ein zweischneidiges Schwert und nicht so einfach wie das Zerschneiden eines Seekabels an der unneutralen Küste.

Das Institut sagt im Artikel 9: „Ein neutraler Staat hat das Recht und die Pflicht, die funkentelegraphischen Anlagen eines kriegführenden Staates, dem er den Betrieb auf seinem Gebiet gestattet hatte, zu schließen oder in eigene Verwaltung zu nehmen".

In dieser Fassung ist der Artikel deshalb sehr dehnbar, weil die Frage der Kontrolle der Privatunternehmen völlig offen bleibt. Es erscheint daher geboten, daß diese Fragen in den staatlichen Genehmigungsbedingungen bei Erteilung der Konzession an private Gesellschaften geregelt werden. Insbesondere müssen die Bedingungen für den Kriegsfall Aufnahme finden. In den Genehmigungsbedingungen der deutschen Reichs-Telegraphenverwaltung zur Errichtung und zum Betriebe privater Funkentelegraphenanlagen wird hierauf bereits Rücksicht genommen.

Der Artikel 10 lautet: „Jedes von den Kriegführenden ausgehende Verbot des funkentelegraphischen Verkehrs muß sofort den neutralen Staaten mitgeteilt werden".

Auch der Petersburger Vertrag bestimmt, daß der Staat dem anderen beteiligten Staat von der Suspension Mitteilung zu machen habe.

Weiterhin war das Verhalten des Times-Korrespondenten, der bekanntlich auf dem Depeschenboot „Haimun", das eine Funkentelegraphenstation besaß, der japanischen Flotte folgte und alle Kriegsneuigkeiten der Landstation Weihaiwei mitteilte, unbedingt unzulässig. Vom Schauplatz des Seegefechts vor Port Arthur (9. April 1904) berichtete er unmittelbar über alle Phasen des Kampfes nach Weihaiwei, wo die „Times" eine funkentelegraphische Landstation besaß. Von hier wurden die vom Kriegsschauplatz eintreffenden Telegramme sofort nach London weitergegeben. Die wissentliche Beförderung solcher „offiziellen" Kriegstelegramme, selbst wenn sie rein geschäftsmäßig und ohne Absicht der Kriegshilfe geschieht, ist nach dem Neutralitätsrecht unneutral, da der Absender dieser kriegserheblichen Nachrichten damit rechnen muß, daß er eine an sich der Geheimhaltung bedürfende Tatsache enthüllt und damit die verratene Partei unter Umständen schwer schädigt. Die Japaner waren also berechtigt, das Depeschenboot möglichst fernzuhalten. Scholz sagt hierüber: „Die Kriegsparteien brauchen weder auf dem Lande noch zur See zu dulden, daß Neugierige sich bei einer Schlacht einfinden, um diese und ihren Verlauf von Ort und Stelle aus der Welt kundzutun, so daß dem kämpfenden Geschwader ein anderes vielleicht noch rechtzeitig zur Hilfe eilen oder dem Gegner den Rückzug verlegen kann. Hier stehen nur die Interessen der Kriegsparteien auf dem Spiele; andere Interessen verdienen hier keinen Schutz, und am wenigsten die der sensationslüsternen Presse."

Die Zulassung und Duldung von Berichterstattern wird stets von dem Gutdünken der militärischen Oberleitung abhängen; die den Korrespondenten auferlegten Bedingungen der Zulassung zum Kriegsschauplatz werden jedenfalls eine strenge Kontrolle über den funkentelegraphischen Verkehr vorsehen, der u. U. direkt verboten werden wird, da ein solcher Verkehr der eigenen Kriegspartei nicht nur nichts nützen, sondern sogar schädlich werden könnte. Die Kriegspartei ist daher unbedingt berechtigt, solche unliebsamen Gäste wegzuweisen oder ihnen die Benutzung funkentelegraphischer Apparate zu untersagen. So verbaten sich z. B. im serbisch-bulgarischen Kriege (1885/86) die Kriegsparteien die Anwesenheit von Kriegskorrespondenten; im russisch-japanischen Kriege (1904) wurde der bei der russischen Mandschureiarmee befindliche Berichterstatter der römischen „Tribuna" fortgewiesen; auch im serbisch-österreichischen Konflikt (1909) wurde es den Berichterstattern auf seiten der Serben fast unmöglich gemacht, in die Stellung ihrer aufmarschierenden Truppen Einblick zu gewinnen.

Im Interesse der Zeitungsberichterstatter sind verschiedene Vorschläge gemacht worden, wie man von den Korrespondenten abgegebene Funksprüche kontrollieren könnte. So soll z. B. die Kriegspartei, bei der das Berichterstatterschiff sich befindet, einen Offizier als Zensor auf das Schiff senden. Abgesehen davon, daß dieses Verfahren sehr umständlich ist und besonders auf hoher See, wo die Autorität der Kriegspartei keine so absolute ist, auf große Schwierigkeiten stoßen würde, dürften die Kriegsparteien, die an der funkentelegraphischen Nachrichtensendung kein Interesse haben, viel eher einfach jede Berichterstattung untersagen und lästige Korrespondenten fortweisen. Da die Interessen der Presse hier keine legitimen sind und daher keine Ausnahmestellung begründen können, verletzt das Kriegsrecht durch obengenannte Maßnahmen auch keine neutralen Interessen.

Vorbedingung der Bestrafung ist jedoch stets die Uebertretung eines erlassenen Verbots eines funkentelegraphischen Verkehrs. Alsdann kann die Uebertretung nicht nur Konfiskation der Apparate und vorläufige Gefangennahme des Schuldigen, sondern auch die Einleitung eines kriegsgerichtlichen Verfahrens nach sich ziehen. „Sofortige Kriegsgefangenschaft", so sagt Scholz (a. a. O. S. 28), „ohne vorherige Fortweisung oder Zuwiderhandlung gegen ergangene Verbote mit Strafandrohung wird nur unter besonderen Umständen gerechtfertigt sein, insbesondere dann, wenn Grund zu der Annahme vorhanden ist, daß der Fortgewiesene das

Rückkehrverbot zu umgehen suchen werde, oder wenn der Zeitungsberichterstatter zu erkennen gegeben hat, daß er die Interessen der Gegenpartei vertritt." Scholz hält eine über die Dauer des Krieges hinausgehende Freiheitsstrafe durch das Kriegsinteresse für unzulässig. Schneeli vertritt jedoch die Ansicht (a. a. O. S. 59), daß der Kriegführende wohl berechtigt sei, auf die Uebertretung seiner Verbote absolute Strafen zu setzen, die von der Dauer des Krieges unabhängig sind, ein Standpunkt, dem auch ich zuneige.

Bei Beurteilung der Frage, ob eine Störung des funkentelegraphischen Verkehrs durch die Kriegsparteien zulässig sei, läßt Scholz einerseits das Souveränitätsrecht, anderseits das Recht der Kriegsparteien gelten. So waren z. B. die Russen bei der Belagerung von Port Arthur nach dem Kriegsrecht berechtigt, durch ununterbrochene Stromsendungen (Abgabe des Alphabets) die funkentelegraphischen Apparate der blockierenden japanischen Flotte zu stören, selbst wenn hierdurch eine „internationale" Verbindung gestört worden wäre. Eine mittelbare Störung der interneutralen Verbindung, die kein Angriffsobjekt sein darf, wird bei etwaigen Eingriffen in die „hostile" oder „hostil-neutrale" Verbindung meistens nicht zu vermeiden sein und mit Rücksicht auf die Kriegsnotwendigkeit auch gerechtfertigt sein. „Wollte jedoch", so sagt Scholz (a. a. O. S. 17), „eine Kriegspartei, um jeden funkentelegraphischen Verkehr mit der feindlichen Küste oder mit feindlichen Schiffen zu hindern, auf hoher See durch fortgesetzte Betätigung von Schiffsstationen mit besonderer Reichweite jeden funkentelegraphischen Verkehr, also auch den internationalen, auf weite Umkreise unmöglich machen, so wäre dies ein Mißbrauch, der den Neutralen Anlaß zur Beschwerde gäbe. Der Eingreifende kann sich jedoch durch die Darlegung entschuldigen, daß er in einem Seegebiet, von wo aus die internationale Telegraphie mehr geschont worden wäre, seinen Kriegszweck nicht mit gleichem Erfolg hätte erreichen können."

Hier wird von Scholz zum ersten Male eine örtliche Beschränkung derartiger kriegserheblicher Eingriffe auf eine „Zone der Feindseligkeiten" gefordert dergestalt, daß „kriegserhebliche Eingriffe in den internationalen Verkehr nicht mehr auf dem endlosen Kriegstheater der Weltmeere, sondern in einer gewissen Nähe der feindlichen Küste und des tatsächlichen Kriegsschauplatzes vorgenommen werden dürfen". Bei einer unbeschränkten Ausübung des Rechts der Kriegsparteien, die feindlichen Schiffe zu beobachten oder gar zu sperren, würde natürlich der ganze Seeverkehr unterbunden oder doch sehr verzögert werden, was jedoch mit Rücksicht auf die heutige Wertschätzung der Zeit als unzulässig erscheint.

Andere Autoren, z. B. Jouhannaud sehen in dieser allgemeinen Störung der Funkentelegraphie keinen Mißbrauch; Kebedgy will der Kriegspartei sogar das Recht zugestehen, die Anwendung der Funkentelegraphie auf hoher See den Neutralen ganz zu verbieten.

Um zu vermeiden, daß die funkentelegraphischen Stationen an der Küste eines neutralen Staates von den Kriegführenden durch beständiges Dazwischentelegraphieren lahmgelegt werden, hält Nauticus ein Uebereinkommen für erforderlich, worin sich die betreffenden Seestaaten zur Ausübung einer Zensur über die Stationen verpflichten.

Da sämtliche Telegraphen, auch die drahtlose Telegraphie oder Telephonie, grundsätzlich als Kriegsmittel zu betrachten sind, unterliegen die funkentelegraphischen Apparate der Beschlagnahme des Feindes und sind, da die Apparate fertige Telegraphenanlagen darstellen, der absoluten Kriegskonterbande zuzurechnen. Auch nach Meili (a. a. O. S. 61) müssen die Funkentelegramme als Kriegskonterbande, im Landkriege als Kriegsmittel, angesehen werden. „Dies ist freilich eine Ausdehnung des Begriffs der Telegramme, allein sie rechtfertigt sich auch völkerrechtlich nach den früheren Ausführungen über das Verhältnis der drahtlosen Telegraphie zu dem Gattungsbegriff der Telegraphie." Roland, der in der Uebermittlung von Kriegstelegrammen stets Kriegshilfe sieht, will ebenso wie das Institut de Droit international (Art. 7) die Möglichkeit der Konterbande ausgeschaltet wissen, da ein Schiff, das kriegserhebliche Nachrichten einer Kriegspartei übermittelt, sich an der Neutralitätspflicht schwerer vergeht, als eines, das aus Handelsinteressen Konterbande führt, weshalb die schwere Unrechtsfolge gerechtfertigt erscheint. Kleen geht sogar noch weiter und bezeichnet die Theorie, die offizielle Kriegstelegramme als Konterbande betrachtet, als absurd.

Während im feindlichen Gebiet sämtliche funkentelegraphischen Anlagen, gleichgültig, ob es sich um staatliche oder private Stationen handelt, von der anderen Partei beschlagnahmt werden können, würde sich die Konfiskation einer Funkentelegraphenstation auf einem neutralen Schiff nur dann rechtfertigen lassen, wenn das Schiff z. B. wegen Verbreitung unneutraler Nachrichten dem Prisenrecht verfallen würde. Es kann jedoch nicht eingeschritten werden, wenn die funkentelegraphische Anlage lediglich einen Teil der Schiffsausrüstung darstellt und ein Neutralitätsbruch sich nicht nachweisen läßt. Auch Nauticus führt aus, daß bei etwa nachgewiesener Spionage durch ein Berichtererstatterschiff mit funkentelegraphischen Apparaten die Aufbringung des Schiffes und die Behandlung seiner Leiter als Spione zweifellos gerechtfertigt wäre.

Für den Funkentelegraphisten ist dieselbe Rechtsstellung wie für den Telegraphisten oder Eisenbahnbeamten des okkupierten Landes maßgebend. Er wird deshalb im feindlichen Lande als Kriegsgefangener behandelt, gleichgültig, ob er Landesangehöriger des Feindes oder des neutralen Landes ist. Als Spion wird der Funker nicht zu betrachten sein, obgleich seine Tätigkeit eine Verbindung durch das vom Feinde blockierte Gebiet ermöglicht, ohne daß der Okkupant diese Verbindung dauernd unterbrechen könnte.[25]) Scholz schreibt über diese Frage: „Nur die Art, in welcher Nachrichten erkundet werden, nicht die Beförderung der Nachrichten, kommt für die Spionage in Betracht. Sonst würde auch das blockadebrechende Schiff und jede Person, die ein in den Blockaderahmen einlaufendes Kabel bedient, Spionage begehen." Ebenso wie der Spion nach Scholz nicht zur Verantwortung gezogen werden kann, wenn er nicht in flagranti ertappt wird, ebenso wenig kann nach Eroberung eines blockierten Ortes der Funkentelegraphist wegen seiner Tätigkeit bestraft werden. Natürlich ist deshalb seine vorübergehende Festnahme nicht ausgeschlossen. Diesen Vergleich der Tätigkeit des Spions mit der eines Funkentelegraphisten hält Schneeli (a. a. O. S. 60ff.) nicht nur aus dem Grunde für verfehlt, „weil Spionage und Funkentelegraphenverkehr grundsätzlich verschieden sind, son-

[25]) Einen ähnlichen Standpunkt nimmt Kausen (a. a. O. S. 91) ein, der ausführt, daß nach Art. 29 des Haager Kriegsreglements nur die Einziehung von Nachrichten in dem Operationsgebiet eines Kriegführenden zwecks Mitteilung an den Gegner als Spionage anzusehen sei, daß aber die Funkentelegraphie selbst nur ein Mittel der Verwertung von Nachrichten, die vielleicht durch Spionage eingezogen wurden, sei.

dern auch aus dem Grunde, weil die Funkentelegraphenstation, welche zu dem Zwecke eingerichtet wird, eine Verkehrssperre zu brechen und ein kriegsgerichtliches Verbot zu umgehen, eine ständige Installation ist, die sich in den Dienst einer Kriegspartei stellt, oder dem anderen schaden will.

Sie wird ein Kriegsmittel von großer Bedeutung und muß deshalb der Beschlagnahme und Aufhebung durch den Feind unterliegen. Der Spion ist deshalb nicht mehr strafbar, wenn die Straftat verjährt ist, weil die äußerst strenge Bestrafung mit dem Tode nur als ein Schutzmittel aufzufassen ist; nach vollbrachter Spionage aber wäre die Präventivmaßregel sinnlos geworden. Es erscheint deshalb möglich, daß kriegsrechtlich absolute Strafen auf den Bruch der Verkehrssperre gesetzt werden können, welche im Dienste der Kriegsparteien ausgeführt worden ist. Die Neutralität ist auch hier verwirkt, die Teilnahme an den Kriegsoperationen evident. Zerstörung oder Konfiskation der Apparate, ja sogar Freiheitsstrafe erschiene gerechtfertigt. Der Grad der Strafe wird von der Strafandrohung des Belagerers abhängen, grundsätzlich aber scheint hier auch ein nachträgliches Repressivmittel gerechtfertigt. Die Kriegsparteien werden sich durch Erlaß um so strengerer Verbote dagegen schützen müssen, je leichter ihre Operationen durch funkentelegraphische Verbindungen gehemmt und ihre Maßregeln durchkreuzt werden können." Auch Meili verneint im übrigen die Frage, ob die Verbreitung von drahtlosen Mitteilungen als Spionage behandelt werden dürfe, da ihr, ebenso wie bei den Luftschiffen, die Heimlichkeit des Handelns fehle.

Der Fall, daß durch unneutrale Verwendung der Funkentelegraphie auf dem Kriegsschauplatz Kriegsverrat vollendet sein würde, ist gegeben, wenn der Telegraphist Nachrichten über Stärke, Stellung usw. der Truppen im Okkupationsgebiet sammeln und dem Gegner mitteilen würde. Sofern die Benutzung funkentelegraphischer Apparate durch Zeitungskorrespondenten und Neugierige im feindlichen Lager erfolgt ist, kann an Stelle der Gefangennahme Fortweisung, verbunden mit Rückkehrverbot treten. Auch Zeitungskorrespondenten, die dem feindlichen Heere tatsächlich folgen, unterliegen im allgemeinen der Kriegsgefangenschaft, als Spione dürfen sie, wie wir später sehen werden, nicht behandelt werden.

Nach dem bereits angezogenen Artikel 8 des Internationalen Telegraphenvertrages ist eine Kriegspartei unzweifelhaft berechtigt, ihre Küstenstationen außer Betrieb zu setzen und denjenigen Schiffsstationen, die sich in ihrer Jurisdiktionssphäre befinden, Beschränkungen aufzuerlegen. Auch ein neutraler Staat kann verbieten, daß in seinem Hoheitsgebiete funkentelegraphische Nachrichten über Zeit und Abfahrt der Schiffe usw. verbreitet werden.

Die einschlägigen Beschlüsse des Instituts, in denen kein Unterschied zwischen staatlichen und privaten Funkenstationen gemacht wird, sind folgende:

Artikel 8: Ein neutraler Staat ist nicht verpflichtet, den Durchgang funkentelegraphischer Nachrichten, die für ein kriegführendes Land bestimmt sind, durch sein Gebiet zu verhindern.

Dieser Beschluß ist selbstverständlich, sobald man die Freiheit des Luftraumes annimmt. Nach Schneeli[26]) kann ein neutraler Staat zur Kontrolle von Funksprüchen, die von einem Teile eines kriegführenden Lan-

[26]) Schneeli a. a. O. S. 96.

des nach einem anderen Teile desselben Landes gesandt werden und hiebei den Luftraum eines neutralen Gebietes durchdringen müssen, selbst wenn er annehmen muß, daß sie der Kriegführung dienen, aus folgenden Gründen nicht angehalten werden: „Einmal liegt es in der technischen Natur der Funkentelegraphie, daß sie unsichtbar durch den Luftraum eilt und deshalb ihre Kontrolle keine selbstverständliche ist. Radiotelegramme, welche die neutralen Anstalten nicht beeinflussen, noch stören und deshalb das droit de conversation des Neutralen nicht herausfordern, können deshalb unbemerkt durchgehen. Ihre Kontrolle würde ein dermaßen aktives Vorgehen der Neutralen erfordern, wie es die Neutralitätspflicht nicht verlangen kann. Die Funkenwellen, wenn sie auch nach unserer Ansicht der neutralen Souveränität unterstehendes Gebiet durchkreuzen, sind doch nur im Transit. Der Neutrale kann deshalb ihre Existenz und ihren Inhalt ignorieren, hat aber jeden Moment das absolute Recht, den Verkehr anzuhalten und den Durchlaß zu sperren. Verpflichtung aber besteht für ihn keine. Anders natürlich liegt der Fall, wenn der Funkentelegraphenverkehr zwischen den betreffenden Staaten auf einer derartigen Linie konventionell so geregelt ist, daß der kriegführende Staat verpflichtet ist, für seine Funkentelegramme zur Weiterbeförderung die neutralen Stationen zu benutzen. Bei der wirtschaftlichen Bedeutung dieser Frage wird der Fall jeweils konventionell geregelt werden müssen. Ein Staat ist berechtigt, auf alle Fälle sich die Ausbeutung des Luftraumes durch die Funkentelegraphie zu reservieren und demnach die Wellen nicht mit Umgehung seiner Stationen direkt durchziehen zu lassen. Werden aber diese Funksprüche auf neutrale Stationen gesandt behufs Weitergabe, so tritt der oben geschilderte Fall von Zensur oder Sperrung ein. Nur in diesem Falle ist der neutrale Staat verpflichtet, den verbotenen Depeschentransport aufzuhalten, um seine Neutralität nicht zu verletzen."

Für die europäischen Staaten lag im russisch-japanischen Kriege keine Veranlassung zur Einführung einer Zensur vor. Wohl hat die niederländisch-indische Regierung wiederholt auf Grund des obengenannten Artikels 8 bekannt gegeben,[27]) daß im Verkehr mit ihren Anstalten Sabang auf Weh sowie Kota Radja und Olehleh auf Sumatra Telegramme, deren Inhalt den niederländischen Beamten unverständlich sei, oder solche Telegramme, die die Bewegung von Schiffen oder Truppen betreffen und den kriegführenden Mächten Rußland und Japan Interesse bieten, bis auf weiteres nicht angenommen werden dürfen. Telegramme in verabredeter Sprache, deren Wörter Handels- und Kodebüchern entnommen waren, wurden nur unter der Bedingung zugelassen, daß der benutzte Kode den niederländischen Beamten vorgelegt wurde, so daß diese sich davon überzeugen konnten, daß der in offener Sprache übersetzte Text keine Ungelegenheiten bereiten konnte. Verpflichtet waren die Niederlande zur Einführung einer derartig strengen Zensur jedenfalls nicht, wohl aber berechtigt kraft ihrer Souveränität und des genannten Artikels 8. „Erwägt man jedoch", so sagt Scholz (a. a. O. S. 10), „daß weder von China noch von den Kabelgesellschaften, für welche die — echte — Neutralitätspflicht nicht gilt, und die gerade an Kriegsnachrichten ein Interesse haben, eine Zensur zu erwarten war, so mußte die niederländisch-indische Verwaltung damit rechnen, unzensierte Kriegsdepeschen und die Flottenbewegungen

[27]) Amtsblatt des Reichs-Postamts, Berlin, Nr. 1, 1905.

der Kriegspartei betreffende und damit deren Kriegsführung gefährdende Nachrichten auf ihren Anstalten zur Beförderung zu empfangen. Da die Telegraphie Entfernungen nicht kennt, und Kriegsdepeschen — je wichtiger, um so schneller — innerhalb weniger Stunden auf dem Erdball verbreitet sein können, so konnten die Niederlande nach Lage der Sache sich zur Einführung jener Zensur verpflichtet fühlen."

Auf hoher See ist der funkentelegraphische Verkehr völkerrechtlich nur durch das Blockaderecht beschränkt. Hinsichtlich des Verkehrs eines neutralen Schiffes mit der blockierten Küste ist Scholz der Ansicht, daß das Fahrzeug hierdurch nicht ohne weiteres zum Blockadebrecher wird; jedenfalls aber sei es für den Führer ratsam, beim Chef des Blockadegeschwaders um Erlaubnis zum Verkehr mit dem blockierten Ort nachzusuchen. Anderseits wird man ein solches Verlangen wieder nicht ohne Einschränkung aufrecht erhalten können, da ein neutrales Schiff, das in Seenot ist oder das sich schnellstens über seinen Kurs orientieren will, das Recht für sich beanspruchen kann, jederzeit, auch ohne Erlaubnis, seine telegraphischen Einrichtungen zu benutzen, um Signale nach der nächstgelegenen Küste zu senden, gleichviel, ob diese blockiert ist oder nicht.

Falls der Verkehr mit dem Hafen als nächster Reisezweck des Schiffes sich ergeben würde, dürfte sich eine Aufbringung des Fahrzeuges und Behandlung als Blockadebrecher wohl rechtfertigen lassen, da nach Scholz „dem Fehlen eines bis zum körperlichen Eindringen des Schiffes gesteigerten Dolus einmal die große kriegstechnische Bedeutung und Gefährlichkeit des telegraphischen Nachrichtenaustausches gegenübersteht, dessen Duldung einen wesentlichen Zweck der Blockade vereiteln würde, sodann aber die dringende Gefahr des Auskundschaftens, die durch den Aufenthalt telegraphierender Schiffe in der Nähe des Blockadegeschwaders droht". Auch Schneeli[28]) hält den funkentelegraphischen Verkehr einer Bordstation von hoher See mit einem blockierten Hafen für Blockadebruch. Er schreibt über die Frage „Radiotelegraphie und Blockade": „Fraglich ist, falls die Absicht der Schiffsstation erwiesen ist, mit dem blockierten Platze in Verbindung zu treten, ob dieser Blockadebruch auf funkentelegraphischem Wege eine ebenso strenge Strafe nach sich zieht, wie der materielle Durchbruch eines Schiffes durch die Sperre. Falls die Absicht, die Blockade zu brechen, evident ist, dürfte sie jedoch wie ein materieller Blockadebruch zu behandeln sein und zum mindesten die Aufbringung und Konfiskation der funkentelegraphischen Station nach sich ziehen. Allerdings liegen auch hier Verwicklungen nahe. Der Dolus muß erwiesen sein. Andernfalls könnten Schiffe, welche mit funkentelegraphischen Apparaten versehen sind und an die Küste nicht kriegserhebliche Telegramme richten, welche gar nicht für den blockierten Punkt berechnet sind, dasselbe Schicksal erfahren, was eine durch keine Kriegsnotwendigkeit bedingte Verletzung neutraler Interessen bedeuten würde."

Hennig vertritt (Deutsche Revue S. 86) meines Erachtens mit Recht einen anderen Standpunkt und schreibt über die Frage, ob ein funkentelegraphischer Austausch von Telegrammen seitens eines neutralen Schiffes, das sich im extraterritorialen Gewässer der hohen See oder in einem neutralen Hafen befindet, nach einer blockierten Hafenstadt kriegsrechtlich zulässig sei, folgendes: „Offenbar liegt es dringend im Interesse

[28]) Schneeli a. a. O. S. 65.

der blockierenden Kriegsmacht, diesen Depeschenwechsel zu untersagen; trotzdem gewährt aber das heutige Kriegsrecht keinerlei rechtliche Handhabe zum Einschreiten dagegen. Man könnte an einen Bruch der Blockade denken; dieser liegt aber nicht vor, denn zum Begriff des Blockadebruchs gehört das körperliche Durchbrechen der Blockade, sei es mit Schiffen, mit Menschen, mit Luftfahrzeugen, Brieftauben oder Kabelsträngen usw. Die Interessen der Kriegsführung werden es daher notwendig machen, den Begriff der Blockade infolge des Aufkommens der drahtlosen Telegraphie zu erweitern bzw. umzustoßen." Dies eine Beispiel wird genügen, um die enormen Schwierigkeiten anzudeuten, die einer praktisch brauchbaren Durchbildung des modernen Kriegsrechts, insbesondere des Seekriegsrechts, durch die junge Funkentelegraphie entgegengetürmt werden. Auch Kausen (a. a. O. S. 92) verneint die Frage, ob es einen Blockadebruch darstellt, wenn jemand, der nicht zur blockierten Partei gehört, funkentelegraphisch mit dem blockierten Orte verkehrt, da nach Artikel 1—21 der Londoner „Déclaration relative au droit de la guerre maritime" vom 26. Februar 1909 als Blockadebruch nur der Fall angesehen wird, wenn ein neutrales Schiff körperlich die limites géographiques du littoral bloqué zu durchbrechen sucht.

Die blockierende Partei muß sich gegen die Funkentelegraphie als unsichtbaren Blockadebrecher wehren können; sie muß also den funkentelegraphischen Verkehr unterbrechen oder sich durch Abfangen der Funkentelegramme eine Kontrolle verschaffen dürfen. Das Institut stellte den folgenden Satz auf:

Artikel 6: „Auf hoher See dürfen Kriegführende in den Bereich ihrer militärischer Operationen die Entsendung funkentelegraphischer Wellen, selbst durch einen neutralen Staat, verhindern."

Dieser Satz enthält insofern einen recht schwierigen Punkt, als der Begriff des „Operationsbereichs" sehr schwer zu begrenzen ist, um so mehr, als ein unbedingtes Verbot eines funkentelegraphischen Verkehrs, z. B. in Seenot, nicht bindend sein würde.

Auch der internationale Verkehr darf nicht allgemein untersagt werden, solange er nicht kriegserheblich ist. Jedenfalls darf das Kriegsrecht zu einer vollständigen Lahmlegung der internationalen Welttelegraphie nicht führen. Es ergibt sich hieraus die zwingende Notwendigkeit, das militärische Operationsgebiet auf den eigentlichen „Kriegsschauplatz" zu beschränken, und das Operationsgebiet der Kriegführenden zur See, woselbst der freie Verkehr respektiert werden muß, rechtlich zu umgrenzen. Die Begrenzung der Operationssphäre müßte von den Kriegführenden selbst erfolgen und von diesen bekannt gegeben werden. Der genannte Artikel geht auch insofern entschieden zu weit, als der Kriegführende hiernach berechtigt sein würde, jeden funkentelegraphischen Verkehr zu verhindern und unter Umständen auch den unerheblichen und privaten Verkehr abzubrechen.

Als absolut unneutrales Verhalten zur See würde straffällig sein:

1. Der funkentelegraphische Verkehr mit Befehlshabern von Land- und Seestreitkräften und mit Militär- oder Marinebehörden einer Partei im Interesse ihrer Kriegsoperationen;
2. die wissentliche Beförderung offizieller Telegramme einer Kriegspartei, selbst unter anderem dann, wenn der Inhalt des Telegramms unverfänglich sein sollte. Durch die Uebermittlung offizieller ge-

schlossener Telegramme, worin Kriegshilfe zu erblicken wäre, macht sich ein Schiff nach gemeinem Seekriegsrecht der Konfiskation schuldig;
3. die Verbreitung nicht offizieller, jedoch kriegserheblicher und neuer Nachrichten.

Im Sinne einer Kriegspartei erscheint es als durchaus gerechtfertigt, wenn diese mit allen Mitteln bestrebt ist, ein verdächtiges Schiff außer Stand zu setzen, die in seinem Besitze befindlichen kriegserheblichen Kenntnisse nach Entfernung aus dem Machtbereich einer Kriegspartei radiotelegraphisch zu verwerten und auszubeuten. Schneeli sagt (a. a. O. S. 75) sehr richtig: „Unter Umständen ist sogar eine Kriegspartei berechtigt, ein solches Schiff festzuhalten, bis die kriegserhebliche Nachricht, in deren Kenntnis sich das Schiff befindet, unerheblich geworden ist." Scholz will sogar bei einem solchen unneutralen Verhalten eines Schiffes, das Tatsachen, deren Geheimhaltung im Interesse der Kriegsführung liegt, funkentelegraphisch verbreitet hat, die Aufbringung und Konfiskation des Schiffes angewendet haben. Er sagt (a. a. O. S. 41): „Die Bestrafung setzt voraus, daß die für das Schiff verantwortliche Person (Reeder, Eigentümer, Schiffsführer) weiß oder annehmen muß, daß die zu befördernde Nachricht der Gegenpartei noch nicht bekannt war und ihr als eine neue und für die Kriegsführung bedeutungsvolle zugehen werde. Was allgemein oder an entscheidender Stelle bekannt ist, kann nicht mehr verraten werden. Ferner können Tatsachen, wie Aufenthalt oder Kurs eines Geschwaders, wenn sie schon geraume Zeit zurückliegen, jede Kriegserheblichkeit verlieren. Es kommt also nicht nur auf Tatsachen an, die für den Gegner neu, sondern die auch so jungen Datums sind, daß ihre Bekanntmachung die Kriegsoperationen zu schädigen geeignet ist."

Insbesondere dieser letzte Punkt (Verbreitung nicht offizieller jedoch kriegserheblicher neuer Nachrichten), der unter Umständen zu einer großen Belästigung der Neutralen führen kann und anderseits die berechtigten Interessen der Kriegführenden nicht genügend schützt, macht eine Reform der heutigen Organisation der Prisengerichte und eine organische Weiterbildung des materiellen Rechts der durch die Funkentelegraphie geschaffenen neuen Verhältnisse erforderlich. Aus diesen Betrachtungen heraus ergibt sich ferner die Notwendigkeit einer baldigen Regelung des Schutzes gegen Ausstreuung kriegserheblicher Nachrichten.

Auch dürfte sich schon aus diesen Erwägungen ein Bild von der ungemein großen Kompliziertheit der einschlägigen Fragen ergeben. Wie willkürlich heute noch die Stellung einzelner Staaten in völkerrechtlichen Fragen ist, zeigt sich z. B. darin, daß Rußland am 27. Februar 1904 erklärte, jedes Telegraphenmaterial als Kriegskonterbande behandeln zu wollen, während Japan am 10. Februar 1904 und 10. Februar 1905 seine Stellung dahin bekannt gab, nur dann Telegraphenmaterial als Kriegskonterbande betrachten zu wollen, wenn es offenbar für den unmittelbaren feindlichen Gebrauch bestimmt sei, womit Japan zweifellos die modernere und zeitgemäßere Auffassung bekundete.

Zu welch unangenehmen Folgen weiterhin die Unklarheit des gegenwärtigen Rechtszustandes führen kann, hat der bereits erwähnte Korrespondent der „Times" erfahren, der nach Erlaß der Proklamation des Statthalters Alexejew, die den Widerspruch der amerikanischen Regierung hervorrief, schleunigst sein Handwerk auf offener See einstellte, besonders da auch die Japaner der freien Bewegung des Dampfers Beschränkungen auferlegten. In dieser Proklamation, die den neutralen Regierungen mitgeteilt wurde, war zum Ausdruck gebracht, daß Zeitungsberichterstatter, die im Angesichte der Halbinsel Kwantung oder in der Sphäre der Aktionen der russischen Seestreitkräfte sich zur Benachrichtigung verbesserter, in den Verträgen noch nicht vorgesehener Apparate bedienen würden, als Spione behandelt und Schiffe, die solchen Unternehmen dienen, als gute Prise aufgebracht würden. Auf die Beschwerde der de Forest Comp. erwiderte die amerikanische Regierung, daß sie für den Fall, daß die Russen ihre Drohungen ausführen würden, eingreifen wollte. Hierzu bot sich allerdings in der Folgezeit keine Veranlassung, da kein Berichterstatter es mehr wagte, ähnliche Versuche anzustellen.

Von allgemeinem Interesse ist die Beantwortung der Frage, ob Rußland berechtigt war, Berichterstatter, die auf dem Kriegstheater mit funkentelegraphischen Apparaten arbeiteten, als Spione zu behandeln und das beteiligte Schiff als Prise aufzubringen, die Scholz, wie die meisten Juristen, verneint, wenngleich das Verhalten des Times-Korrespondenten unbedingt unzulässig war. Scholz sagt: „Diese russische Proklamation schoß weit über das Ziel hinaus. Spionage wird durch Anwendung der Funkentelegraphie an sich nicht begründet. In dem Falle des „Haimun" würde eine solche Bestrafung auch daran gescheitert sein, daß der Zeitungsberichterstatter nicht beabsichtigte, für die Gegenpartei Nachrichten zu erkunden. In jedem Falle ist aber das der Spionage wesentliche Begriffsmerkmal der Heimlichkeit lediglich auf die Nachrichtenerkundung und auf die Beförderung von Nachrichten zu beziehen. Uebrigens wird das Absenden von Funksprüchen zur See kaum „heimlich" im Sinne des Spionagerechts erfolgen können; es bedürfte einer Täuschung, einer absichtlichen Verbergung eines Unternehmens, das an sich schon verborgen und einer weiteren Verheimlichung kaum fähig ist."

Auch Schneeli, der im allgemeinen die Handlungsweise des russischen Statthalters für berechtigt hält, verurteilt den Ausdruck „Spionage" unbedingt. Er sagt (a. a. O. S. 68): „Die Funkentelegraphie eignet sich ihrer Natur nach nicht zur geheimen Auskundschaftung; dagegen kann sie den Kriegsverrat zur Ausführung bringen. Als solcher könnte auch der Fall erscheinen, den Alexejew treffen wollte. Der Fall ist denkbar, daß ein Kriegskorrespondent seine Kenntnisse des Kriegsschauplatzes dazu mißbrauchte, dem Feinde wichtige Mitteilungen funkentelegraphisch zu vermitteln ..... Der bloße Ueberbringer einer Nachricht, unabhängig von ihrer Erkundung, gleichviel unter welchem Vorwande sie vermittelt werde, kann niemals als Spion behandelt werden. Denn das Maßgebende ist die Erkundung im feindlichen Interesse; der falsche Vorwand ist nur ein Akzessorium. Es ist unverständlich, wie das Akzessorium hier hat für das Maßgebende gehalten werden können. — Möglich ist nur, daß die funkentelegraphische Uebermittlung nachträglich die vorangegangene Spionage zur Kenntnis bringt und verrät, da ihr die Heimlichkeit abgeht. Aus diesem Umstand geht noch deutlicher hervor, daß sie selber nicht Spionage sein kann. Es ist sogar fraglich, ob die Ertappung bei der Uebergabe der Nachricht noch als Ertappung in flagranti angesehen werden darf, welche für die Bestrafung der Spionage als Bedingung gilt." — Demnach kann zwar ein Spion sich der Funkentelegraphie bedienen; durch die alleinige Tatsache der Benutzung funkentelegraphischer Einrichtungen ist jedoch an und für sich keine Spionage begründet! Dem stimmt auch das Institut unter Vorbehalt einer Ausnahme zu.

Artikel 7 besagt nämlich:

„Diejenigen Personen, die trotz des Verbotes der Kriegführenden sich an der Aufnahme oder Abgabe drahtloser Telegramme zwischen den verschiedenen Teilen eines Heeres oder eines kriegführenden Landes beteiligen, werden im Falle der Ergreifung nicht als Spione, sondern als Kriegsgefangene behandelt. Es kann mit anderen Mitteln eingeschritten werden, wenn der Verkehr unter falschem Vorwande stattgefunden hat.

Die Uebermittler drahtloser Telegramme werden Spionen gleichgeachtet, wenn sie Verstellung oder List anwenden.

Neutralen gehörige Schiffe und Ballons, die durch ihre Bewegungen den Verdacht erregt haben, daß sie im Dienste des Feindes stehen, können weggenommen werden, ebenso wie die auf ihnen gefundenen Nachrichten und funkentelegraphischen Apparate. Wenn es nicht hat festgestellt werden können, daß der Verkehr der Schiffe oder Ballons dazu bestimmt war, dem Gegner über den Stand der Feindseligkeiten Mitteilung zu machen, können sie aus der Operationszone entfernt und ihre Apparate eingezogen werden."

Obwohl eine funkentelegraphische Nachrichtenentsendung an Neutrale bei der Möglichkeit der schnellen Weitergabe auf telegraphischem Wege immer eine indirekte Aufklärung des Feindes sein wird, ist der Ausdruck „Spion" somit durchaus verfehlt und rechtlich unhaltbar.

Alexejew war ferner nicht berechtigt, die Anwendung der Funkentelegraphie auf dem Kriegsschauplatze ganz zu verbieten, was schon daraus folgt, daß dem Kriegführenden ein Eingriff in die „internationale" Telegraphie nicht zusteht, und schon z. B. die Seenot eine legitime Ausnahme macht. Aus all diesen Gründen will Scholz dem strengen Telegraphenkriegsrecht nur solche Nachrichtenübermittlungen unterwerfen, die in der „Zone der Feindseligkeiten" erfolgen, so daß, wie schon früher angedeutet, eine gewisse „örtliche Begrenzung" erforderlich wäre, wodurch sich eine nähere Eingrenzung und Bekanntgabe der feindlichen Zonen usw. durch die Kriegsparteien als notwendig ergeben würde. Wenngleich bei einer solchen Zonenfestsetzung manchmal Willkür obwalten dürfte, — was sich jedoch auch gegen andere Proklamationen der Kriegsparteien, z. B. Blockade, Kriegskonterbande usw. einwenden läßt, — so würde doch ein solcher Zustand einem vollständig unsicheren vorzuziehen sein und der modernen Zeit mehr entsprechen, die vom Kriegsrecht eine genaue Festlegung dessen, was geboten und verboten ist, verlangt. Eine solche Bekanntmachung würde die Voraussetzung sein für die Bestrafung zuwiderhandelnder Schiffe und jeden Zweifel, welche Nachrichten zulässig sind, beseitigen.

Es sei noch kurz auf die einschlägigen Vereinbarungen auf der zweiten Haager Friedenskonferenz (1907) eingegangen, auf der einige Fragen über das Verhältnis der neutralen zu den kriegführenden Mächten bezüglich der Funkentelegraphie besprochen wurden. Die betreffenden Artikel sind nach dem amtlichen Weißbuch[29]) über die Ergebnisse der im Jahre 1907 im Haag abgehaltenen zweiten internationelen Friedenskonferenz wiedergegeben.

---

[29]) Nr. 527 der Drucksachen der 12. Legislatur-Periode, 1. Session 1907 des Deutschen Reichstages.

Von den 12 am 18. Oktober 1907 unterzeichneten Abkommen enthalten die nachfolgenden Bestimmungen über Funkentelegraphie:

1. Abkommen, betreffend die Gesetze und Gebräuche des Landkriegs (RGBl. 1910, S. 107);
2. Abkommen, betreffend die Rechte und Pflichten der neutralen Mächte und Personen im Falle eines Landkriegs (RGBl. 1910, S. 151);
3. Abkommen über die Behandlung der feindlichen Kauffahrteischiffe beim Ausbruche der Feindseligkeiten (RGBl. 1910, S. 181);
4. Abkommen, betreffend die Beschießung durch Seestreitkräfte in Kriegszeiten (RGBl. 1910, S. 256);
5. Abkommen über gewisse Beschränkungen in der Ausübung des Beuterechts im Seekriege (RGBl. 1910, S. 316);
6. Abkommen, betreffend die Rechte und Pflichten der Neutralen im Falle eines Seekriegs (RGBl. 1910, S. 343).

Sämtliche 6 Abkommen gelten zurzeit in Europa für Deutschland, Österreich-Ungarn, Dänemark, Niederlande, Portugal, Schweiz, Schweden, Norwegen, Frankreich und Belgien; außerhalb Europas für Mexiko, Salvador, Japan, Guatemala, Panama, Vereinigte Staaten von Amerika, Nikaragua, Haiti und Siam. Verschiedene Staaten haben nur einzelne Abkommen unterzeichnet; so gelten z. B. die unter 2 und 6 genannten besonders wichtigen Abkommen nicht für Großbritannien.

An der Spitze des im Haag vorgeschlagenen „Abkommens betreffend die Rechte und Pflichten der neutralen Mächte und Personen im Falle eines Landkrieges" steht der Satz: „Das Gebiet der neutralen Mächte ist unverletzlich!"

Aus diesem Grundsatz, nach welchem also in neutralem Staatsgebiet von einer Kriegspartei kein feindlicher Akt vorgenommen werden darf, ergibt sich die Folgerung, daß nach Eröffnung der Feindseligkeiten auch keine Funkentelegraphenstation darauf errichtet und auch nicht von dem neutralen Gebiet aus ein funkentelegraphischer Verkehr eingerichtet werden darf. Ebenso verbietet der Artikel 2 ausdrücklich den Kriegführenden, Truppen usw. durch neutrales Gebiet marschieren zu lassen. Als weitere Folge dieses leitenden Grundsatzes besagt Artikel 3:

„Es ist den Kriegführenden untersagt:

a) auf dem Gebiet einer neutralen Macht eine funkentelegraphische Station oder sonst irgend eine Anlage einzurichten, die bestimmt ist, einen Verkehr mit den kriegführenden Land- oder Seestreitkräften zu vermitteln;
b) irgend eine Einrichtung dieser Art zu benützen, die von ihnen vor dem Kriege auf dem Gebiete der neutralen Macht zu einem ausschließlich militärischen Zwecke hergestellt und nicht für den öffentlichen Nachrichtendienst freigegeben worden ist." —

Die Unverletzlichkeit des Territoriums eines neutralen Staates ist eben unvereinbar mit der Nutzbarmachung der Funkentelegraphie.

Artikel 5: „Eine neutrale Macht darf auf ihrem Gebiet keine der in den vorstehenden Artikel bezeichnete Handlungen dulden.

Sie ist nur dann verpflichtet, Handlungen, die der Neutralität zuwiderlaufen, zu bestrafen, wenn diese Handlungen auf ihrem eigenen Gebiet begangen worden sind."

Artikel 7: „Eine neutrale Macht ist nicht verpflichtet, die für Rechnung des einen oder des anderen Kriegführenden erfolgende Ausfuhr oder Durchfuhr von Waffen, Munition und überhaupt von allem, was für ein Heer oder eine Flotte nützlich sein kann (also auch Funkentelegraphenstationen), zu verhindern."

Es darf also auch die Lieferung von Einrichtungen der Funkentelegraphie von neutralem Gebiet aus während eines Krieges an Kriegführende erfolgen, ohne daß darin ein Neutralitätsbruch zu erblicken wäre.

Artikel 8: „Eine neutrale Macht ist nicht verpflichtet, für Kriegführende die Benutzung der Telegraphen- oder Fernsprechleitungen sowie von Anlagen für drahtlose Telegraphie, gleichviel ob solche ihr selbst oder ob sie Gesellschaften oder Privatpersonen gehören, zu untersagen oder zu beschränken."

Hiernach sind also die Neutralen nicht verpflichtet, bei öffentlichen Funkenstationen eine Sperrung oder Beschränkung in der Benutzung dieser Verkehrseinrichtungen eintreten zu lassen; es soll jedoch hiermit nicht gesagt sein, daß die Neutralen von der Innehaltung der Gebote, die die Neutralität mit sich bringt, und die durch schrankenlose Gewährung eines funkentelegraphischen Verkehrs verletzt werden könnte, entbunden seien.

Man sagte sich im Haag, so schreibt Meili (a. a. O. S. 64ff.), „daß eine entgegengesetzte Auffassung allzugroßen Schwierigkeiten praktischer Art ausgesetzt wäre; einmal wäre eine hinlängliche und zuverlässige Kontrolle gar nicht möglich (den Wächtern müßte man Oberwächter beigesellen!), und sodann würde das Korrespondenzgeheimnis verletzt.

Die Gewährung einer Unterstützung könnte durch die drahtlose Telegraphie allerdings erfolgen, und der neutrale Staat muß deswegen eine aus der Neutralitätspflicht naturgemäß hervorgehende Zensur ausüben; diese Pflicht steigert sich, wenn eine Telegraphenanlage vorliegt, mit welcher feindliches Gebiet und neutrales Gebiet verbunden werden kann, und hier ist die Tatsache speziell herauszuheben, daß die drahtlose Telegraphie nicht bloß vom Lande aus, sondern auch von Schiffen aus vorgenommen werden kann."

Weck schreibt hierüber (a. a. O. S. 177): „Die Bestimmung hat ihren guten Grund. Eine Beschränkung würde hier kaum durchzuführen sein und dem Weltverkehr schwere Lasten auferlegen. Bei der großen Reichweite der Funksprüche wird auch nur selten festzustellen sein, mit welcher Station der Verkehr beabsichtigt war. Schwierigkeiten würden auch dadurch entstehen, daß die Anlagen der Funkenschrift zum größten Teile Privateigentum sind und einer dauernden ausreichenden Ueberwachung sich entziehen könnten. Steht es sonach der neutralen Macht frei, ihre Stationen den Kriegführenden zur Verfügung zu halten, so ist es den Kriegführenden verboten, auf neutralem Gebiete

1. Anlagen zu errichten, die den Verkehr mit ihren Land- oder Seestreitkräften vermitteln sollen,
2. solche Anlagen zu benutzen, wenn sie vor dem Kriege zu ausschließlich militärischen Zwecken hergestellt und für den öffentlichen Nachrichtenverkehr nicht freigegeben worden sind.

Die neutrale Macht darf Zuwiderhandlungen der kriegführenden Mächte nicht dulden."

Wenngleich somit das Zensurrecht der Neutralen nicht allgemein zu einer Zensurpflicht gesteigert werden kann, so würde doch zweifellos ein

Neutraler durch Gewährung funkentelegraphischer Unterstützung seine Pflichten verletzen. Es muß im Interesse des Weltverkehrs dem einzelnen Staate überlassen bleiben, die Mittel auszusuchen, die ihn vor einer solchen Neutralitätsverletzung schützen. Kausen[30]) schlägt hier vor, man solle durch internationalen Vertrag die für den Weltverkehr bedeutendsten Funkentelegraphenverbindungen dem Rechte der kriegführenden Staaten durch Vorbehaltung besonderer Wellenlängen auf Störung entziehen und sie unter anderem der Kontrolle durch ein neutrales Komitee unterwerfen. Bezüglich der nicht geschützten Linien würde alsdann eine Veranlassung zur Auferlegung einer allgemeinen Zensurpflicht nicht bestehen.

Artikel 9: „Alle Beschränkungen oder Verbote, die von einer neutralen Macht in Ansehung der in den Artikeln 7 und 8 erwähnten Gegenstände angeordnet werden, sind von ihr auf die Kriegführenden gleichmäßig anzuwenden.

Die neutrale Macht hat darüber zu wachen, daß die gleiche Verpflichtung von den Gesellschaften oder Privatpersonen eingehalten wird, in deren Eigentum sich Telegraphen- oder Fernsprechleitungen oder Anlagen für drahtlose Telegraphie befinden."

Die „Ordnung der Gesetze und Gebräuche des Landkrieges" (Abkommen 1) regelt die für die Funkentelegraphie wichtigen Fragen über „Spionage" und „Behandlung der Funkentelegraphenanlagen". Nach Artikel 29 (zweiter Absatz) gelten nicht als Spione:

„Militärpersonen und Nichtmilitärpersonen, die den ihnen erteilten Auftrag, Mitteilungen an ihr eigenes oder an das feindliche Heer zu überbringen, offen ausführen. Dahin gehören ebenfalls Personen, die in Luftschiffen befördert werden, um Mitteilungen zu überbringen oder um überhaupt Verbindungen zwischen den verschiedenen Teilen eines Heeres oder eines Gebietes aufrecht zu erhalten."

Hiernach bedeutet die Anwendung der Funkentelegraphie, die als offene Ausführung der Nachrichtenübermittelung anerkannt ist, keine Spionage, gleichviel ob sie von der Erde (Küsten- oder Bordstation) oder aus der Luft (Luftschiffstation) her erfolgt. Wenngleich die Funkentelegraphie der Spionage sehr förderlich sein kann, kommt für die Spionage nur die Einziehung der Nachricht in Betracht, nicht auch ihre Beförderung. Das Abfangen feindlicher Funkentelegramme seitens einer kriegführenden Partei ist natürlich keine Spionage, sondern ein erlaubtes und wichtiges Kriegsmittel.[31])

Nach Artikel 53 unterliegen der Beschlagnahme alle Mittel, die in der Luft zur Weitergabe von Nachrichten dienen, gleichviel, wem sie gehören. Bei Privateigentum muß Rückgabe und Entschädigung beim Friedensschlusse erfolgen.

Da der Betrieb der Militär-Funkentelegraphenabteilungen als Kriegsteilnahme gilt, sind sämtliche Angehörige bei Gefangennahme nach den Artikeln 4—20 als Kriegsgefangene zu behandeln. In Deutschland ist dies selbstverständlich, da die Funker Soldaten sind; in einigen anderen Staaten werden aushilfsweise auch Zivilingenieure usw. zu diesen Militärdiensten benutzt. 1870/71 hatte auch die deutsche Feldtelegraphie vielfach noch Zivilltelegraphisten.

---

[30]) Kausen a. a. O. S. 81 und 89 ff.

[31]) Vgl. Weck, Deutsches Luftrecht, 1913, S. 173.

Nach dem „Abkommen, betr. die Beschießung durch Seestreitkräfte in Kriegszeiten", das die Beschießung unverteidigter Häfen und Orte durch Seestreitkräfte untersagt, ist nach Art. 2 die Beschießung nur von „Einrichtungen, die für die Bedürfnisse der feindlichen Flotte oder des feindlichen Heeres nutzbar gemacht werden können", gestattet. Funkentelegraphenstationen können daher durch Geschützfeuer zerstört werden, wenn die Ortsbehörde nach ergangener Aufforderung zur Zerstörung der Anlage nach angemessener Frist diese Aufforderung nicht befolgt hat.[32])

Das „Abkommen über Neutralität im Seekriege" enthält keine Bestimmungen, die vorschreiben, daß neutrale Staaten sich um den Betrieb ihrer Bordstationen im Kriege kümmern müßten. Weck nimmt sogar für den Seekrieg an (a. a. O. S. 179), „daß es für den Staat keinen Neutralitätsbruch darstelle, wenn er duldet, daß Kriegführende neutrale Stationen, seien es Bord- oder Küstenstationen, benutzen".

Ausdrücklich verboten ist dagegen der neutralen Macht durch Art. 6: Ausrüstungsgegenstände für Funkentelegraphie an Kriegführende unmittelbar oder mittelbar selbst abzugeben, sowie nach Art. 8: die Ausrüstung eines Kriegsschiffes auf neutralem Gebiet zu gestatten sowie auch Schiffe, die innerhalb ihres Hoheitsbereichs ganz oder teilweise zum Kriegsgebrauche hergerichtet sind, auslaufen zu lassen. Wenngleich die Funkentelegraphenanlagen hierunter nicht besonders erwähnt sind, sind die Bestimmungen doch so allgemein gehalten, daß man sie auch ihnen unterstellen kann.

Hinsichtlich des Verhaltens des Feindes untersagt Art. 5 die Einrichtung und den Betrieb einer Bordstation in neutralen Häfen und Gewässern, während Art. 18 die Benutzung solcher Gewässer zur Erneuerung oder Verstärkung der Vorräte verbietet.

In dem Abkommen, betreffend die Anwendung der Grundsätze des Genfer Abkommens auf den Seekrieg (RGBl. 1910, S. 304), ist die nachfolgende Bestimmung von Interesse:

Artikel 8: „Der den Lazarettschiffen und den Schiffslazaretten gebührende Schutz hört auf, wenn sie dazu verwendet werden, dem Feinde zu schaden. Als geeignet, um den Verlust des Schutzes zu begründen, soll weder die Tatsache gelten, daß das Personal dieser Schiffe und Lazarette zur Aufrechterhaltung der Ordnung und zur Verteidigung der Verwundeten oder Kranken bewaffnet ist, noch die Tatsache, daß sich eine funkentelegraphische Einrichtung an Bord befindet."

Da die Lage auf dem Meere insofern besonders kritisch ist, als hier von Schiff zu Schiff und zum Land, sowie umgekehrt funkentelegraphisch verkehrt werden kann, hat die Friedenskonferenz in dem Abkommen, betreffend die Rechte und Pflichten der Neutralen im Falle eines Seekrieges den nachfolgenden Satz aufgestellt:

---

[32]) Nachdem im italienisch-türkischen Kriege am 15. Oktober 1911 die türkische Küstenstation Derna (Tripolis) nach vorhergegangener funkentelegraphischer Aufforderung zum Verlassen der Station von einigen italienischen Kriegsschiffen bombardiert und zerstört worden war, ereilte am 20. April 1912 das gleiche tragische Schicksal kurz nach der Uebergabe die der türkischen Postverwaltung gehörige Station Tschesmé nahe Smyrna in Klein-Asien. Bei der Zerstörung der Station Tschesmé erging keine besondere Aufforderung, die Kriegsschiffe warfen vielmehr zunächst einige Granaten auf den Weg von der Küste zur Station als Warnungszeichen, aus der Schußrichtung zu gehen. Von den Bewohnern und Stationsbeamten wurde niemand verletzt.

Artikel 5: „Den Kriegführenden ist es untersagt, neutrale Häfen oder Gewässer zu einem Stützpunkte für Seekriegsunternehmungen gegen ihre Gegner zu machen, insbesondere dort funkentelegraphische Stationen oder sonst irgend eine Anlage zu errichten, die bestimmt ist, einen Verkehr mit den kriegführenden Land- oder Seestreitkräften zu vermitteln."

Wenngleich die Konferenz zweifellos durch die genannten Vereinbarungen der Weiterbildung des Völkerrechts einen großen Dienst geleistet und wesentlich dazu beigetragen hat, die Stellung der Telegraphie im Völkerrecht in einschneidenden Punkten auszugestalten und zu klären, so lohnt es doch nicht, auf die Einzelheiten näher einzugehen.

Zum Schlusse sei noch darauf hingewiesen, daß die funkentelegraphischen Stationen auf L u f t s c h i f f e n im freien Luftraum des offenen Meeres unter dem Gesetz des Heimatstaates stehen würden. (Vgl. im übrigen Ausführungen unter II B.)

Die in vorstehenden Ausführungen niedergelegten Rechtssätze über das „Recht" der Funkentelegraphie in Kriegszeiten tragen sowohl den Interessen der Neutralen als auch den der Kriegführenden Rechnung, ohne dabei das Kriegsrecht zu verkennen. Mit Recht wird diesem neuen Nachrichtenmittel, das in der Hand einer Kriegspartei ein hervorragendes Kriegsmittel ist, von verschiedenen Autoren ein verschärftes Verteidigungsrecht gegenübergestellt. Vor dem Recht der Kriegsparteien, dem Gegner möglichst viele Kriegsmittel zu entziehen, muß das Recht des friedlichen Verkehrs und der Neutralen, selbst wenn hierdurch der ganze Verkehr des Feindes sowohl als auch anderer neutraler Staaten gelähmt werden sollte, zurückstehen.

Eine internationale Verständigung über die wichtigsten Punkte eines allgemeinen Kriegsrechts der Telegraphie wird angesichts der oft geradezu vitalen Bedeutung dieser Fragen auf die Dauer unvermeidlich sein; jedoch wird eine solche Einigung, angesichts der großen Schwierigkeit und Mannigfaltigkeit der einschlägigen Fragen und der wechselnden Stellung der juristischen Sachverständigen zu den denkbar schwierigsten Problemen gehören und in absehbarer Zeit noch schwerlich zu erwarten sein, da sich hier die Ansprüche und Wünsche, die Juristen, Kaufleute und Militärs an eine solche Einigung knüpfen, aufs schärfste widerstreiten. Da jedoch der gegenwärtige Zustand der Unsicherheit und Ungewißheit nicht von Dauer sein kann, darf man wohl annehmen, daß, wie in den vorstehenden Rechtssätzen gezeigt, auch für diese Rechtsfragen eine Lösung möglich sein wird, die die rechtlich-theoretischen Ansprüche des Juristen ebenso befriedigen wie den gesunden Menschenverstand. Eine Aenderung des jetzigen Rechtszustandes wird nur durch internationale Vereinbarungen auf einer allgemeinen Konferenz der Seemächte möglich sein, auf der sich Militärs und Verkehrsinteressenten auf einer mittleren Linie werden einigen müssen.

III. Die internationale Regelung der Funkentelegraphie.

1. Die Vorkonferenz zur internationalen Regelung der Funkentelegraphie. (Berlin 1903).

Bis zum Jahre 1906 fehlte es noch an internationalen Vereinbarungen mit Gesetzeskraft für die Abwickelung des funkentelegraphischen Verkehrs. Von verschiedenen Seiten war wiederholt mit Bedauern die Befürchtung ausgesprochen worden, daß das allgemeine Bestreben, auch diesen Teil der Nachrichtenübermittlung unter die Oberhoheit des Staates zu bringen, die Weiterentwicklung der Funkentelegraphie hemmen würde. Von einer bureaukratischen Bevormundung dieses neuesten Verkehrszweiges ist jedoch bei der ungemein schnellen Entwicklung der drahtlosen Telegraphie bisher nichts zu merken gewesen. Die grundlegenden Klarstellungen der im August 1903 in Berlin einberufenen „Vorkonferenz" sowie die Bestimmungen des „Internationalen Funkentelegraphenvertrages" (Convention radiotélégraphique internationale) vom 3. November 1906 haben keine das eine oder andere System einschränkende Vorschriften gebracht. Der Hauptzweck einer internationalen Regelung war: eine Zusammenfassung der verschiedenen Gesetze und Vorschriften in den einzelnen Staaten sowie Aufstellung allgemein gültiger Grundsätze hinsichtlich des Betriebes der Funkentelegraphenstationen. Weiterhin konnte nur durch eine internationale gesetzliche Regelung verhindert werden, daß das neue Verkehrsmittel durch private Gesellschaften willkürlich ausgebeutet und dadurch zum Schaden der Allgemeinheit in der freien Weiterentwicklung gehemmt würde.[1])

Die inneren Gründe, die eine baldige internationale Regelung der Funkentelegraphie geboten erscheinen ließen, sind folgende: Im Gegensatz zu der gewöhnlichen elektrischen Telegraphie bedarf die Funkentelegraphie keiner Leitung und ist daher an keine Grenzen gebunden. Während weiterhin die Drahttelegraphie sich anfänglich auf die Beförderung von Nachrichten innerhalb der Landesgrenzen beschränkte und diese erst später überschritt, war die Funkentelegraphie von vornherein in die Reihe der internationalen Verkehrsmittel eingetreten, da von Anfang an insbesondere das internationale

---

[1]) Insbesondere erstrebte die englische Wireless Telegraph Company die Erlangung eines Weltmonopols an. Es war der Gesellschaft bereits gelungen, mit dem britischen Lloyd ein Uebereinkommen zu treffen, wonach die Stationen dieser Gesellschaft nur mit dem Marconi-System ausgerüstet werden sollten, und ausschließlich mit solchen Schiffen in Verkehr treten dürften, die Marconi-Stationen an Bord führten, daß sie also für Schiffe, die Funkentelegraphen-Anlagen anderer Systeme benutzten, keine Nachrichtenvermittlung auf funkentelegraphischem Wege übernehmen konnten. Daher sahen sich die deutschen Ozeangesellschaften (Hamburg-Amerika-Linie und Bremer Norddeutscher Lloyd) im Anfang gleichfalls genötigt, mit der Marconi-Gesellschaft in vertragliche Verbindung zu treten und mehrere ihrer Schiffe mit Marconi-Apparaten auszurüsten, um nicht auf einen funkentelegraphischen Verkehr u. U. verzichten zu müssen. — Eine Aenderung war hier erst durch den Sondervertrag der „Deutschen Betriebsgesellschaft für drahtlose Telegraphie" (Debeg) mit der Brüsseler Marconigesellschaft seit 1911 eingetreten.

Meer als natürliches Anwendungsgebiet des neuen Verkehrsmittels gegeben war. In der unten angeführten „Begründung" [2]) ist dies treffend ausgeführt. Der wechselseitige Austausch von Telegrammen zwischen Stationen verschiedener Verwaltungen oder privater Betriebsgesellschaften sowie die Weiterbeförderung der Funkentelegramme auf den internationalen Telegraphenlinien erforderte zwingend eine internationale Regelung.

Die Deutsche Regierung regte daher bei den wichtigsten europäischen Staaten und den Vereinigten Staaten von Amerika an, die auf den Gegenstand bezüglichen, zum Teil sehr schwierigen Fragen zunächst auf einer Vorkonferenz zu klären, um auf diese Weise durch Fassung allgemeiner, nicht bindender Beschlüsse die Grundlagen für die Arbeit einer späteren Konferenz festzulegen, deren Aufgabe es sein sollte, eine internationale Vereinbarung über die drahtlose Telegraphie zustande zu bringen. Die Vorkonferenz [3]) fand in der Zeit vom 4. bis 13. August 1903 in Berlin statt und war, außer von Deutschland, von Großbritannien, den Vereinigten Staaten von Amerika, Frankreich, Italien, Oesterreich-Ungarn, Spanien und Rußland beschickt. Von einer Einberufung der Regierungen der reinen Binnenstaaten hatte man vorderhand abgesehen. Den Beratungen wurde auf Vorschlag der deutschen Regierung das nachstehend wiedergegebene Programm zugrunde gelegt.

Vorschläge.	Unterfragen zu den Vorschlägen.
Artikel I. Für Funkentelegraphenanlagen, die dem Verkehre von Schiffen in See dienen, sollen folgende Grundsätze gelten.	Soll auch der Verkehr a) zwischen Schiffen untereinander, b) zwischen Küstenstationen untereinander geregelt werden?
§ 1. Funkentelegramme von und nach den Schiffen sind ohne Unterschied des Systems der angewandten Funkentelegraphie anzunehmen und zu befördern.	a) Soll dem Inhaber der Anlage eine Verpflichtung auferlegt werden: α) mit jedem in Verkehr zu treten, der ihn anruft? β) die empfangenen Telegramme auf dem kürzesten Wege zu befördern? b) wird es gestattet sein, solche Systeme anzuwenden, die eine scharfe Abstimmung erfordern? c) Oder wird es vorzuschreiben sein, daß die Anlage so eingerichtet wird, daß sie nach Möglichkeit auf jedes System anspricht?
§ 2. Die für den allgemeinen Schiffsverkehr von den Küstenstationen benutzten Wellenlängen sind öffentlich bekannt zu machen.	a) Werden bestimmte Wellenlängen vorzuschreiben sein? b) Wird zu fordern sein, daß die technische Einrichtung jeder Station bekannt gegeben wird?

[2]) Begründung zum „Entwurf eines Gesetzes betreffend die Abänderung des Gesetzes über das Telegraphenwesen des Deutschen Reiches vom 6. April 1892" in Nr. 560 der Drucksachen der 12. Legislaturperiode des Reichstages, I. Session 1907/08.

[3]) Der Aufsatz „Die Internationale Vorkonferenz für Funkentelegraphie in Berlin" im „Archiv für Post und Telegraphie" Nr. 3, 1904, gibt eine eingehende Darstellung des Verlaufs dieser Konferenz. — Vgl. ferner: Conférence préliminaire concernant la télégraphie sans fil. Berlin 1903.

Daneben können besondere Verabredungen über abweichende Wellenlängen, die nicht zu veröffentlichen sind, getroffen werden.

c) Soll wenigstens das System genannt werden, nach dem die Station eingerichtet ist?

d) Soll die größte Reichweite bekannt gegeben werden?

§ 3. Die Gebühren für den Austausch von Funkentelegrammen zwischen den Küstenstationen und den Schiffen müssen angemessen sein.

Die eine Hälfte der Gebühr fällt den Küstenstationen, die andere den Stationen auf den Schiffen zu.

a) Oder erscheint ein anderer Maßstab der Gebühreneinteilung zweckmäßiger?

b) Soll für die Sicherstellung der Gebühren ein internationales Konto eröffnet werden?

Artikel II. Die Einrichtung und der Betrieb von Funkentelegraphenanlagen, die dem Verkehre mit Schiffen in See dienen sollen, darf nur solchen Unternehmern gestattet werden, die sich den unter I angegebenen Grundsätzen unterwerfen.

Die Festsetzung der Gebühren unterliegt der Genehmigung des Staates, in dessen Gebiete sich die Küstenstationen befinden.

Unternehmer, welche in Staaten, die diesem Uebereinkommen nicht beigetreten sind, den Verkehr mit auf Schiffen befindlichen Funkentelegraphenstationen ablehnen oder in irgendeiner Weise erschweren, sollen nicht zugelassen werden.

Soll die Erfüllung der den Stationen auferlegten Bedingungen von Staats wegen überwacht werden?

Artikel III. Durch ein zu vereinbarendes Ausführungsreglement sollen einheitliche Normen für den Verkehr zwischen den Funkentelegraphenstationen an der Küste und auf den Schiffen erlassen werden. Die Befolgung dieser Normen soll den Küstenstationen und den Stationen auf den Schiffen zur Pflicht gemacht werden.

Sollen für Schiffe in Not Vorrechte geschaffen werden?

Artikel IV. Auf Funkentelegraphenstationen, die lediglich dem Verkehre mit Kriegsschiffen dienen, finden die Bestimmungen dieses Uebereinkommens nicht Anwendung.

Sollen sie nicht wenigstens verpflichtet werden, Schiffen in See, die sich in Not befinden, nach Kräften Hilfe zu leisten?

Artikel V. Den Staaten, die an dem gegenwärtigen Uebereinkommen nicht teilgenommen haben, wird auf ihr Verlangen der Beitritt gestattet.

Wie der Vorsitzende hervorhob, verfolgte der Art. I des Programms den doppelten Zweck, erstens die Schaffung eines Monopols zugunsten eines einzigen Systems zu verhindern, zweitens Störungen der verschiedenen Systeme untereinander zu verhüten. Durch die monopolistischen Bestrebungen der Marconigesellschaft werde der Nutzen der drahtlosen Telegraphie beschränkt und die Entwicklung gehemmt; nur aus dem freien Wettbewerbe von Wissenschaft und Technik aller Nationen könnten die noch nötigen Verbesserungen des neuen Verkehrsmittels hervorgehen. Da es ferner noch nicht gelungen sei, eine solche Genauigkeit der Abstimmung zu erreichen, daß eine größere Anzahl von Stationen ohne gegenseitige Störung gleichzeitig arbeiten könnte, müsse der funkentelegraphische Verkehr, namentlich bei Zulassung aller Systeme, so geregelt werden, daß gegenseitige Störungen der Stationen möglichst vermieden würden. Die Bestimmungen sollten sich lediglich auf den Austausch von Nachrichten zwischen Schiffen in See- und Küstenstationen beziehen. Von einer Regelung des Verkehrs von Schiffen in See untereinander und von Küstenstationen untereinander wollte man vorderhand absehen. Der französische Ministerialdirektor Bordelongue hob hervor, daß der Versuch, den Verkehr zwischen den Küsten verschiedener Länder zu regeln, gewissermaßen die Anerkennung einschließen würde, daß die Funkentelegraphie den Betrieb der Unterseekabel ersetzen könne, was jedoch vorläufig noch nicht zutreffe. Auch würde ein solcher Versuch außerordentlich verwickelte Fragen aufwerfen. Aus ähnlichen Gründen sei es noch nicht möglich, Bestimmungen für den Verkehr zwischen Schiffen, die sich außerhalb der Hoheitszone befinden, zu treffen. Wenn erst eine Regelung in dem beabsichtigten Umfange erfolgt sei, so würden die festgesetzten Bestimmungen nach und nach von selbst auch auf den sonstigen Verkehr Anwendung finden. Zu dem von Deutschland vorgeschlagenen Art. IV schlug der Unterdirektor des englischen Marine-Nachrichtendienstes Capitain Heath den Zusatz vor, daß die Bestimmungen des Vertrages nicht auf funkentelegraphische Stationen der Marine oder des Heeres noch auf militärische Funkentelegramme Anwendung finden sollten. Wie sich aus der sich hierüber entspinnenden Debatte ergab, wollte die Konferenz den Kriegsfall, für den sich jeder Staat volle Freiheit vorbehalte, ausschließen und lediglich den Betrieb der dem Verkehre des Publikums und der Schiffe geöffneten Küstenstationen regeln. Daraus folgt, daß die ausschließlich für Zwecke des Heeres oder der Marine bestimmten Stationen im allgemeinen den Bestimmungen des Vertrages nicht unterworfen sein sollten.

Die Beratung des deutschen Programms führte zu dem nachstehend wiedergegebenen Schlußprotokoll.

Die nachgenannten Delegationen der Vorkonferenz für drahtlose Telegraphie, nämlich Deutschland, Oesterreich, Spanien, die Vereinigten Staaten von Amerika, Frankreich, Ungarn, Rußland,

sind übereingekommen, der Prüfung ihrer Regierungen die folgenden allgemeinen Grundlagen einer Regelung vorzuschlagen, die den Gegenstand eines internationalen Vertrags bilden können.

Artikel I.

Der Austausch der Korrespondenz zwischen den Schiffen in See und den Küstenstationen für drahtlose Telegraphie, die dem allgemeinen Telegraphenverkehr geöffnet sind, ist den nachstehenden Bestimmungen unterworfen.

§ 1. Unter Küstenstation wird jede feste Station verstanden, deren Wirkungsbereich sich bis auf das Meer erstreckt.

§ 2. Die Küstenstationen sind gehalten, die Telegramme von oder nach Schiffen in See ohne Unterschied der von diesen benutzten Systeme der drahtlosen Telegraphie anzunehmen und zu befördern.

§ 3. Die vertragschließenden Staaten veröffentlichen alle diejenigen technischen Angaben, die zur Erleichterung und Beschleunigung der Verbindungen zwischen den Küstenstationen und den Schiffen in See dienen.

Indes kann jede der vertragschließenden Regierungen die auf ihrem Gebiete befindlichen Stationen unter ihr nötig erscheinenden Bedingungen ermächtigen, mehrere Einrichtungen oder besondere Dispositionen zu benutzen.

§ 4. Die vertragschließenden Staaten erklären, daß sie für die Festsetzung der Tarife, welche auf die zwischen den Schiffen in See und dem internationalen Telegraphennetz ausgewechselte telegraphische Korrespondenz Anwendung finden, die nachstehenden Grundlagen annehmen:

Die für diesen Verkehr zu erhebende Gesamtgebühr wird pro Wort festgesetzt; sie umfaßt

a) die Gebühr für die Beförderung auf den Linien des Telegraphennetzes; ihr Betrag entspricht der durch das jeweils gültige internationale Telegraphenreglement zum Vertrage von St. Petersburg festgesetzten Gebühr;

b) die Gebühr für die Seebeförderung.

Die zuletzt genannte Gebühr wird, wie die vorherstehende, nach der Zahl der Wörter bestimmt, wobei diese Wortzahl gemäß dem unter a) dieses Paragraphen genannten internationalen Telegraphenreglement festgestellt wird. Sie besteht aus:

a) einer Gebühr, Küstengebühr genannt, die der Küstenstation zukommt;

b) einer Gebühr, Bordgebühr genannt, die der auf dem Schiffe eingerichteten Station zusteht.

Die Gebühr der Küstenstation unterliegt der Genehmigung des Staates, auf dessen Gebiete sich diese Station befindet, und die Bordgebühr der Genehmigung des Staates, dessen Flagge das Schiff führt.

Jede dieser beiden Gebühren soll auf der Grundlage einer angemessenen Entschädigung für die telegraphische Arbeit festgesetzt werden.

Artikel II.

Ein dem abzuschließenden Vertrage beizufügendes Reglement wird den Austausch von Mitteilungen zwischen den Küstenstationen und den Schiffsstationen regeln.

Die Vorschriften dieses Reglements können jederzeit im gemeinsamen Einverständnis der Verwaltungen der vertragschließenden Staaten geändert werden.

Artikel III.

Die Bestimmungen des Telegraphenvertrags von St. Petersburg finden auf die Korrespondenz mittels drahtloser Telegraphie insoweit Anwendung, als sie nicht im Widerspruche zu den Bestimmungen des abzuschließenden Vertrags stehen.

Artikel IV.

Die Stationen für drahtlose Telegraphie sollen, ausgenommen den Fall, daß sie dazu materiell außerstande sind, die Ersuchen um Hilfe, die ihnen von den Schiffen zugehen, mit Vorrang aufnehmen.

Artikel V.

Der Betrieb der Stationen für drahtlose Telegraphie soll nach Möglichkeit so eingerichtet sein, daß er den Betrieb anderer Stationen nicht stört.

Artikel VI.

Die vertragschließenden Regierungen behalten sich das Recht vor, untereinander Sonderabkommen zu dem Zwecke abzuschließen, die Unternehmer, die auf ihrem Gebiete Stationen für drahtlose Telegraphie betreiben, zur Beobachtung der Bestimmungen des abzuschließenden Vertrags auch in allen übrigen Stationen dieser Unternehmer zu zwingen.

Artikel VII.

Die Bestimmungen des abzuschließenden Vertrags, ausgenommen die Bestimmungen, die den Gegenstand der Artikel IV und V bilden, finden auf diejenigen staatlichen Stationen für drahtlose Telegraphie, die nicht für den allgemeinen Verkehr geöffnet sind, keine Anwendung.

Artikel VIII.

Den Ländern, die an dem abzuschließenden Vertrage nicht teilgenommen haben, wird der Beitritt auf ihren Antrag gestattet.

Berlin, den 13. August 1903.

(Folgen die Unterschriften.)

Zu diesem Uebereinkommen erklärten die Delegierten von Großbritannien, daß sie die vorstehenden Grundlagen der Prüfung ihrer Regierung unterbreiten würden; sie erklärten aber, daß sie in Anbetracht der Lage, in der sich die drahtlose Telegraphie im Vereinigten Königreiche befinde, einen allgemeinen Vorbehalt aufrecht erhalten müßten. Dieser Vorbehalt bezieht sich besonders auf Art. I, § 2 und auf die Anwendung der Bestimmungen des Art. V auf die im Art. VII genannten Stationen.

Auch die Delegierten von Italien gaben ähnliche einschränkende Erklärungen; sie wollten den § 2 des Art. I nur unter der Bedingung annehmen, daß nachstehender Zusatz gemacht wird: „vorausgesetzt, daß alle diese Systeme eine anerkannte Gewähr für gutes Arbeiten beim gegenseitigen Telegraphieren in bezug auf Reichweite, Vollkommenheit der Organisation und Sicherheit der Beförderung geben". Den § 3 des Art. I konnten die italienischen Delegierten nicht annehmen, „weil sich die Regierung in den mit Marconi abgeschlossenen Verträgen zur Geheimhaltung der Einzelheiten der Einrichtungen verpflichtet hat". Auch dem Text des Art. VI vermochten die Italiener nicht zuzustimmen, und beschränkten sich auf die Erklärung, „daß von seiten ihrer Regierung das Möglichste geschehen werde, um die mit Marconi abgeschlossenen Verträge in dem gewünschten Sinne abzuändern".

Wenngleich somit eine völlige Uebereinstimmung sämtlicher Delegierten nicht erzielt wurde, so wurde doch durch diese Vorkonferenz eine brauchbare Grundlage für den später abzuschließenden Funkentelegraphenvertrag geschaffen.

2. Der Berliner Funkentelegraphenvertrag 1906.

Die vom Staatssekretär des Reichs-Postamts in der Schlußsitzung der Vorkonferenz ausgesprochene Hoffnung, eine definitive Konferenz bereits 1904 in Berlin begrüßen zu können, verwirklichte sich nicht, da der Gang der Ereignisse wiederholt Verschiebungen dieser Konferenz notwendig machte, bis sie endlich am 3. Oktober 1906 im Reichstagsgebäude ihre Tagung eröffnen konnte. Außer Deutschland hatten noch 29 Staaten die Konferenz beschickt; die einzelnen Staaten hatten Delegierte der in Betracht kommenden Ressorts und zwar neben denen der Telegraphenverwaltungen solche der Militär-, Marine- und Kolonialverwaltungen entsandt.

Aus der am 3. Oktober im Plenarsitzungssaale des Reichstags gehaltenen Eröffnungsrede[4]) des Staatssekretärs des Reichs-Postamts sei hervorgehoben, daß Zweck der Konferenz sei, der Nachrichtenübermittelung durch Aetherwellen die ihm gebührende Stellung in der Reihe der internationalen Verkehrsmittel zu sichern und ihre Nutzbarmachung für die Allgemeinheit zu erleichtern. Aus der Eröffnungsrede seien folgende Stellen wiedergegeben, in denen besonders die Notwendigkeit einer internationalen Regelung nochmals begründet wird:

> „Trotz aller erzielten Verbesserungen bleibt aber, wie wir alle wissen, noch manches zu wünschen übrig. Das ungestörte Arbeiten zweier Stationen ist von dem guten Willen benachbarter Stationen abhängig, die Geheimhaltung der Nachrichten und die Beseitigung atmosphärischer Störungen sind noch ungelöste Aufgaben. Wissenschaft und Technik werden außer diesen noch andere Aufgaben zu lösen haben, bevor die drahtlose Telegraphie in bezug auf sichere Uebermittlung allen Anforderungen

---

[4]) „Die Berliner internationale Konferenz für Funkentelegraphie und ihre Beschlüsse" im „Archiv für Post und Telegraphie", Nr. 12, 1907.

genügt. Wenn wir daher ans Werk gehen, um das neue Verkehrsmittel schon jetzt international zu regeln, so ist es von besonderer Wichtigkeit, darauf zu halten, daß dadurch ihre weitere Entwicklung nicht gehemmt, sondern daß den in allen Ländern sich regenden Kräften auf dem Gebiete der Forschung und der technischen Erfindung freies Spiel gelassen wird. Auch auf dem Gebiete der Gesetzgebung hat sich in vielen Staaten für die drahtlose Telegraphie eine rege Tätigkeit entfaltet; überall hat sich die Erkenntnis Bahn gebrochen, daß ein für die Landesverteidigung, für Schiffahrt, Handel und Gewerbe so wichtiges Verkehrsmittel unter staatlicher Kontrolle stehen muß, und in einer größeren Anzahl von Staaten, deren Gesetzgebung dazu bisher keine genügende Handhabe bot, hat man sich beeilt, die Einrichtung und den Betrieb von Funkentelegraphenstationen von der Genehmigung des Staates abhängig zu machen. Die Ausbreitung der elektrischen Wellen als Träger der drahtlosen Nachrichten wird aber durch staatliche Grenzen nicht beschränkt; jede mit dem nötigen Energieaufwand entsandte elektrische Welle überschreitet diese Grenzen unbekümmert darum, ob ihr Bestimmungsort diesseits oder jenseits belegen ist. Mehr als jedes andere Verkehrsmittel hat deshalb die Funkentelegraphie schon von vornherein einen internationalen Charakter und ihre volle Ausnutzung ist deshalb ohne internationale Regelung undenkbar.

Die Grundlage einer solchen zu schaffen, ist die schwierige, aber für die Vermehrung der Verkehrsbeziehungen zwischen den Nationen und für den Fortschritt der Kultur überaus wichtige und dankbare Aufgabe der Konferenz. Wie es gelungen ist, den Gebrauch der Drahttelegraphie und erst neuerdings den ihrer jüngeren Schwester, der Telephonie, durch Schaffung internationaler Grundlagen zu erleichtern und dadurch zum Allgemeingut aller Nationen zu machen, so hoffe ich, daß beim entgegenkommenden Austausche der Meinungen ein gleiches Ziel auch hinsichtlich der drahtlosen Telegraphie sich wird erreichen lassen."

Die verwickelten Fragen, deren Lösung oft große Schwierigkeiten verursachte, wurden dank dem ernsten und versöhnlichen Willen aller Beteiligten, eine Regelung des neuen Verkehrsmittels unter allen Umständen zustande zu bringen, am 3. November gelöst, an dem der Oeffentlichkeit die Beschlüsse[5]) der Konferenz in vier Dokumenten: Hauptvertrag, Zusatzabkommen, Schlußprotokoll und Ausführungs-Uebereinkunft übergeben werden konnten. Auf die einzelnen Vertragsbestimmungen wird später im Zusammenhang mit den Beschlüssen der Londoner Konferenz näher eingegangen werden. Es sei hier nur der Inhalt der drei letztgenannten Verständigungen, deren Wortlaut ebenfalls später gebracht wird, kurz angegeben.

A. Der Hauptvertrag.

Der von 27 Staaten unterzeichnete Hauptvertrag enthält die allgemeinen Bestimmungen, die von allen Vertragstaaten als einheitliche Grundlage für die Benutzung der Funkentelegraphie als internationales Verkehrsmittel angesehen werden, während in das Schlußprotokoll die Ausnahmen von den grundsätzlichen Bestimmungen sowie Ergänzungen und Erläuterungen, die sich im Laufe der Konferenz als notwendig erwiesen, aufgenommen worden sind. Der Vertrag ist am 1. Juli 1908 in Kraft getreten.

B. Das Zusatzabkommen.

Die auf Veranlassung der amerikanischen Regierung zustande gekommene Bestimmung, daß jede der im Art. 1 bezeichneten Bordstationen mit jeder andern Bordstation ohne Unterschied des Systems verkehren solle, ist in dem Zusatzabkommen enthalten, das nur eine geringfügige Ergänzung

---

[5]) Vgl. Documents de la Conférence radiotélégraphique internationale, Berlin 1906, publiés par le Département des Postes de l'Empire d'Allemagne. Berlin 1906.

der Ausführungsbestimmungen notwendig machte, dahingehend, daß der Verkehr von Schiff zu Schiff keine Störung des Betriebes der Küstenstationen hervorrufen dürfe. Im übrigen gelten die Vorschriften der Ausführungsübereinkunft auch sinngemäß für den Schiffsverkehr mit der Maßgabe, daß

a) die Bordgebühr des gebenden Schiffes vom Absender, die des nehmenden Schiffes vom Empfänger eingezogen wird;
b) die Reihenfolge der Beförderung in jedem Falle von den miteinander verkehrenden Schiffen vereinbart wird;
c) die Gebühren nicht Gegenstand der Abrechnung zwischen den Verwaltungen sein sollen;
d) die Weiterbeförderung der zwischen Schiffen ausgetauschten Telegramme besonderer Vereinbarung zwischen den Beteiligten unterliegt.

C. Das Schlußprotokoll

enthält einige Ergänzungen und Erläuterungen zu den Bestimmungen des Hauptvertrages, z. B. die Zulassung von Kolonialstimmen, die Bedingungen, unter denen es jeder Regierung vorbehalten bleibt, gewisse Stationen von der allgemeinen Verkehrspflicht auszunehmen usw. Wichtig ist besonders Art. 5, der bestimmt, daß der Beitritt eines Landes, das Kolonien besitzt, noch nicht ohne weiteres den Beitritt dieser Besitzungen in sich schließt.

D. Die Ausführungsübereinkunft

enthält alle für die Handhabung des Betriebes, die Berechnung und Erhebung der Gebühren, sowie für die Abrechnung notwendigen Bestimmungen, behandelt jedoch nebenher auch manche juristische Frage. Sie hat nach Art. 11 dieselbe Geltung wie der Hauptvertrag.

3. Die Londoner Funkentelegraphenkonferenz 1912 und der Internationale Funkentelegraphenvertrag.

Die nächste Konferenz sollte 1911 in London stattfinden. Auf Wunsch der Großbritannischen Regierung wurde diese Konferenz hauptsächlich wegen der Krönungsfeierlichkeiten im Jahre 1911 bis 1912 verschoben. Die Vereinigten Staaten von Amerika, Italien und Griechenland haben kurz vor und während der Konferenz den Internationalen Funkentelegraphenvertrag von 1906 ratifiziert, so daß der Vertrag nunmehr — abgesehen von Chile — von sämtlichen Staaten, die ihn seinerzeit unterzeichneten, ratifiziert worden ist.

Die auf der Londoner Tagesordnung zur Sprache gekommenen Abänderungsvorschläge bezogen sich nicht nur auf die Ausführungsübereinkunft zum Vertrage vom 3. November 1906, sondern in mehreren Punkten auch auf den Vertrag selbst. Infolgedessen war nicht eine einfache Verwaltungskonferenz, sondern eine Konferenz von Bevollmächtigten der beteiligten Regierungen einberufen worden. Die Einladung war ergangen an sämtliche Staaten, die an der ersten Konferenz teilgenommen hatten und außerdem an die Staaten, die dem Vertrage nachträglich beigetreten waren. Auch war diesmal die Privatindustrie, soweit sie sich mit dem Bau oder dem Betrieb von Funkentelegraphenstationen befaßt, zur Teilnahme aufgefordert worden. Auf der Konferenz waren 43 Staaten bzw. Kolonien und 10 Privatgesellschaften für drahtlose Telegraphie vertreten, die insgesamt 149 und 13 Delegierte entsandt hatten.

Die auf der Londoner Funkentelegraphenkonferenz (4. Juni bis 5. Juli 1912) gefaßten Beschlüsse[6]) haben die bestehenden Bestimmungen den erweiterten Verkehrsbedürfnissen und den Fortschritten der Technik entsprechend weiter ausgebaut und sind geeignet, die Ausdehnung der Funkentelegraphie zu begünstigen, den Betrieb zu verbessern und die Sicherheit des Personenverkehrs auf See zu erhöhen.

Im nachstehenden soll zunächst eine kurze Würdigung der Vertragsbestimmungen gegeben werden, wobei der Wortlaut der Berliner Konferenz den Bestimmungen der Londoner Konferenz[7]) gegenüber gestellt wird, so daß die Aenderungen und Erweiterungen leicht überblickt werden können.

1906

Internationaler Funkentelegraphenvertrag

abgeschlossen zwischen

Deutschland, den Vereinigten Staaten von Amerika, Argentinien, Oesterreich, Ungarn, Belgien, Brasilien, Bulgarien, Chile, Dänemark, Spanien, Frankreich, Großbritannien, Griechenland, Italien, Japan, Mexiko, Monaco, Norwegen, den Niederlanden, Persien, Portugal, Rumänien, Rußland, Schweden, der Türkei und Uruguay.

Die unterzeichneten Bevollmächtigten der Regierungen der vorstehend aufgeführten Länder haben, nachdem sie zu einer Konferenz in Berlin zusammengetreten sind, im gemeinsamen Einverständnis und unter Vorbehalt der Ratifikation folgenden Vertrag abgeschlossen.

Artikel 1.

Die Hohen vertragschließenden Teile verpflichten sich, die Bestimmungen des gegenwärtigen Vertrages auf alle dem öffent-

1912

Internationaler Funkentelegraphenvertrag

abgeschlossen zwischen

Deutschland und den deutschen Schutzgebieten, den Vereinigten Staaten von Amerika und den Besitzungen der Vereinigten Staaten vou Amerika, der Republik Argentinien, Oesterreich, Ungarn, Bosnien-Herzegowina, Belgien, Belgisch-Kongo, Brasilien, Bulgarien, Chile, Dänemark, Aegypten, Spanien und den spanischen Kolonien, Frankreich und Algerien, Französisch-Westafrika, Französisch-Aequatorial-Afrika, Indochina, Madagaskar, Tunis, Großbritannien und verschiedenen britischen Kolonien und Schutzgebieten, dem Südafrikanischen Bunde, dem Australischen Staatenbund, Canada, Britisch-Indien, Neu-Seeland, Griechenland, Italien und den italienischen Kolonien, Japan und Chosen, Formosa, Japanisch-Sachalin und dem Pachtgebiet Kwantung, Marokko, Monaco, Norwegen, den Niederlanden, Niederländisch-Indien und der Kolonie Curaçao, Persien, Portugal und den portugiesischen Kolonien, Rumänien, Rußland und den russischen Besitzungen und Schutzgebieten, der Republik San Marino, Siam, Schweden, der Türkei und Uruguay.

Die unterzeichneten Bevollmächtigten der Regierungen der vorstehend aufgeführten Länder haben, nachdem sie zu einer Konferenz in London zusammengetreten sind, im gemeinsamen Einverständnis und unter Vorbehalt der Ratifikation folgenden Vertrag abgeschlossen.

Artikel 1.

Die Hohen vertragschließenden Teile verpflichten sich, die Bestimmungen des gegenwärtigen Vertrages auf alle Funkentele-

[6]) Die Beratung der zahlreichen Vorschläge hat 32 Sitzungen — 9 Vollsitzungen und 23 Kommissionssitzungen — erfordert.

[7]) Wortlaut nach der Veröffentlichung im RGBl. Nr. 38 vom 1. Juli 1913, S. 373/432.

lichen Verkehr zwischen dem Lande und den Schiffen in See dienenden Funkentelegraphenstationen — Küsten- und Bordstationen — anzuwenden, die von den vertragschließenden Teilen errichtet oder betrieben werden.

Sie verpflichten sich ferner, die Befolgung dieser Bestimmungen den Privatunternehmern aufzuerlegen, die sie zur Errichtung oder zum Betriebe von Funkentelegraphenstationen ermächtigen, seien dies Küstenstationen für den öffentlichen Verkehr zwischen dem Lande und den Schiffen in See oder Stationen an Bord von Schiffen, die ihre Flagge führen, gleichviel ob die Bordstationen dem öffentlichen Verkehr dienen oder nicht.

graphenstationen (Küsten- und Bordstationen) anzuwenden, die von den vertragschließenden Teilen errichtet oder betrieben werden und dem öffentlichen Verkehr zwischen dem Lande und den Schiffen in See dienen.

Sie verpflichten sich ferner, die Befolgung dieser Bestimmungen den Privatunternehmern aufzuerlegen, die sie zur Errichtung oder zum Betriebe von Funkentelegraphenstationen ermächtigen, seien dies Küstenstationen für den öffentlichen Verkehr zwischen dem Lande und den Schiffen in See oder Stationen an Bord von Schiffen, die ihre Flagge führen, gleichviel ob die Bordstationen dem öffentlichen Verkehr dienen oder nicht.

Die Vertragsbestimmungen gelten nach Art. I für die von den vertragschließenden Staaten selbst errichteten oder betriebenen Küsten- und Bordstationen, und zwar nur insoweit, als sie dem öffentlichen Verkehr zwischen dem Lande und Schiffen in See dienen. Privatunternehmern, die zur Errichtung und zum Betriebe von öffentlichen Küstenstationen oder von Bordstationen staatlich ermächtigt sind, wird noch die Verpflichtung auferlegt, daß auch etwa nicht dem öffentlichen Verkehr dienende Bordstationen die Vertragsbestimmungen beachten, wodurch die Gefahr beseitigt ist, daß Privatanlagen durch ordnungswidrige Handhabung des Betriebes den öffentlichen funkentelegraphischen Verkehr stören. Charakteristisch für den Internationalen Funkentelegraphenvertrag ist somit, daß nur der Verkehr zwischen öffentlichen Küsten- und Bordstationen und von Bordstationen untereinander geregelt wurde, während der Verkehr von Küstenstationen untereinander und von Binnenstationen untereinander nicht geregelt wurde. Für den Nachrichtenaustausch der festen Stationen miteinander besteht soweit noch immer kein Zwang;[8]) die Regelung dieser Frage ist der nächsten Konferenz in Washington (D. C., 1917) vorbehalten worden. Der Vertrag hat sich also darauf beschränkt, den funkentelegraphischen Verkehr auf hoher See zu ordnen und vom Lande nur die Küsten zu reglementieren, also größtenteils solche Gebiete, auf denen alle Staaten die gleichen Rechte haben. So ist es erklärlich, daß der Vertrag fast nur gegenseitige Verpflichtungen, keine Rechte aufstellt.

Artikel 2 hat fast dieselbe Fassung behalten; er besagt:

Artikel 2.

Unter Küstenstation wird jede Funkentelegraphenstation verstanden, die auf festem Lande oder auf einem dauernd verankerten Schiffe errichtet ist und zum Austausche von Nachrichten mit den Schiffen in See benutzt wird.

Jede Funkentelegraphenstation auf einem nicht verankerten Schiffe wird Bordstation genannt.

Artikel 2.

Küstenstation heißt jede Funkentelegraphenstation, die auf festem Lande oder auf einem dauernd verankerten Schiffe errichtet ist und zum Austausche von Nachrichten mit den Schiffen in See benutzt wird.

Jede Funkentelegraphenstation auf einem nicht dauernd verankerten Schiffe wird Bordstation genannt.

Unter „Benutzung" ist hier die regelmäßige Benutzung zu verstehen; die gelegentliche Benutzung ist im Art. 21 vorgesehen.

---

[8]) Vgl. Art. 21 des Vertrages. (Unterworfen Art. 8 und 9; Systemverschiedenheit kein Ablehnungsgrund.)

Ein großer Erfolg der Konferenz liegt in der Abfassung des Art. 3, durch den die deutscherseits von jeher mit Entschiedenheit vertretene Forderung der Gleichberechtigung der verschiedenen funkentelegraphischen Systeme festgesetzt und der Grundsatz anerkannt wurde, wonach allen Systemen freier Verkehr gestattet sei, so daß die monopolistischen Bestrebungen einzelner Systeme in den Hintergrund gedrängt sind.

Artikel 3.

Die Küstenstationen und die Bordstationen sind ohne Unterschied des von ihnen benutzten funkentelegraphischen Systems zum wechselseitigen Austausch der Funkentelegramme verpflichtet.

Artikel 3.

Die Küstenstationen und die Bordstationen sind ohne Unterschied des von ihnen benutzten funkentelegraphischen Systems zum wechselseitigen Austausch der Funkentelegramme verpflichtet.

Jede Bordstation ist verpflichtet, mit jeder anderen Bordstation ohne Unterschied des von ihnen benutzten funkentelegraphischen Systems Funkentelegramme auszutauschen.

Um jedoch die Fortschritte der Wissenschaft nicht zu hemmen, hindern die Bestimmungen des gegenwärtigen Artikels nicht die etwaige Anwendung eines funkentelegraphischen Systems, mittels dessen ein Verkehr mit anderen Systemen nicht möglich ist, vorausgesetzt, daß dies in der besonderen Natur des Systems begründet und nicht die Folge von Einrichtungen ist, die lediglich zur Verhinderung des Verkehrs mit anderen Systemen getroffen sind.

Durch die Tatsache, daß die Marconigesellschaft den Verkehr mit Stationen, die nicht mit ihren Apparaten ausgerüstet waren, bisher grundsätzlich ablehnte, hierdurch also den doppelten Zweck verfolgte, nicht nur den Vertrieb von Apparaten anderer Systeme zu verhindern, sondern auch den ganzen funkentelegraphischen Verkehr in ihrer Hand zu vereinigen, ist der eigentümliche Fall eingetreten, daß ein Interesse kommerzieller Natur zum Hemmschuh für den internationalen Verkehr und seine Regelung geworden war. Diese Möglichkeit ist durch den Vertrag in der erweiterten Fassung des Art. 3 von 1912 beseitigt.

Bereits auf der Berliner Konferenz (1906) sah sich England, das auf der Vorkonferenz dem Prinzip der freien Konkurrenz aller Systeme noch nicht zugestimmt hatte, infolge des inzwischen in Kraft getretenen englischen Gesetzes von 1904, wonach weder an der englischen Küste noch auf Schiffen, die die englische Flagge führen, Funkentelegraphenstationen ohne staatliche Genehmigung errichtet werden dürfen, in einer andern Lage. Es erklärte,[9]) „daß es bereit sei, dem Grundsatze der Verkehrspflicht aller Stationen untereinander ohne Unterschied des Systems von vornherein unter dem Vorbehalt zuzustimmen, daß ein die ordnungsmäßige Abwicklung des Verkehrs sicherndes Betriebsreglement zustande komme, und jede Regierung das Recht behalte, gewisse Stationen von der allgemeinen Verkehrspflicht auszuschließen; für diese ausgenommenen Küstenstationen würde dann der Sonderverkehr mit Bordstationen desselben Systems namentlich in vielbefahrenen Küstengewässern erleichtert werden, und dies würde gleichzeitig den Nachbarstationen mit unbedingter Verkehrspflicht zugute kommen". Ferner erklärte Italien, „daß auch seinerseits die Wichtigkeit des Verkehrs

[9]) Archiv für Post und Telegraphie Nr. 12 1907 S. 359.

der verschiedenen Systeme untereinander anerkannt werde, daß es aber die den freien Verkehr ausschließenden Verträge mit Marconi halten müsse, bis es gelänge, sie in beiderseitigem Einverständnis entsprechend zu ändern", was inzwischen gelungen ist.

Nachdem seitens der englischen Vertreter wiederholt betont worden war, daß die für gewisse Stationen gewünschte Ausnahme von der allgemeinen Verkehrspflicht keineswegs eine Abschließung der englischen Küste vom Verkehre mit Bordstationen beliebiger Systeme bezwecke, daß vielmehr als Ersatz für die etwa ausgenommenen Stationen andere Stationen eröffnet werden sollten, die den Bedürfnissen des öffentlichen Verkehrs genügen, wurden sachliche Bedenken gegen die Ausnahmebestimmungen nicht mehr erhoben.

Wir sehen also, daß einer der Hauptpunkte des Vertrages die den Konsequenzen der völkerrechtlichen Verkehrsfreiheit entsprechende Pflicht der Staaten ist, die Funkentelegraphie zu gestatten und nicht zu hindern.

Während Art. 3 des Vertrages von 1906 das Prinzip der Verkehrspflicht uneingeschränkt festlegte, waren die Ausnahmebestimmungen, die nur von einer Minderheit der vertretenen Staaten gewünscht worden waren, sowie die Erklärung von 18 Staaten, auf die Ausnahmebefugnis verzichten zu wollen, in das Schlußprotokoll von 1906 aufgenommen worden.

Die Vertreter der Vereinigten Staaten wünschten nicht nur eine Regelung des funkentelegraphischen Verkehrs zwischen Küsten- und Bordstationen, sondern auch Verkehrszwang zwischen Bordstationen untereinander; sie gingen also mit ihrem Antrage weit über das Konferenzprogramm hinaus, so daß die diesbezüglichen Einwendungen Englands und Italiens wohl begründet waren; da aber auch nicht zu verkennen war, daß der funkentelegraphische Schiffsverkehr inzwischen sehr zugenommen hatte und es ein unhaltbarer Zustand war, wenn in besonders wichtigen Fällen eine Bordstation lediglich des Systemsunterschieds wegen den Verkehr mit einer andern Station ablehne, kam eine Einigung dahin zustande, daß mit Ausnahme von England, Italien, Portugal, Japan, Mexiko und Persien sämtliche dem Hauptvertrage beigetretenen Staaten ein „Zusatzabkommen" unterzeichneten, wonach jede Bordstation ohne Unterschied des Systems zum Verkehr mit allen andern Bordstationen verpflichtet wurde.

Die bisher auf Grund dieses Zusatzabkommens nur in einer Anzahl von Ländern durchgeführte Verpflichtung der Bordstation zum gegenseitigen Verkehr, ist durch die Londoner Konferenz für die Zukunft allgemein anerkannt worden und in den Vertrag selbst aufgenommen.

Während die Marconigesellschaft sich bisher nicht veranlaßt fühlte, ihre Weigerung des Schiffsverkehrs mit anderen Systemen aufzugeben, hat sie sich jetzt sogar bereit erklärt, diese Bestimmung sofort — also noch vor Inkrafttreten des Vertrages — für ihren Bereich anwenden zu wollen. Vom 1. Juli 1913, dem Zeitpunkt des Inkrafttretens des Vertrages, haben die Vertragsstaaten nunmehr ein Recht zu verlangen, daß die Stationen der Schiffe und der Küsten Funkentelegramme ohne Rücksicht auf das System absenden und empfangen.

Die ursprünglich im Art. II des Berliner Schlußprotokolls enthaltene Bestimmung, wonach einige Staaten sich das Recht vorbehielten, einzelne Küstenstationen unter gewissen Voraussetzungen von der Verpflichtung zum Verkehre mit allen Bordstationen zu befreien, ist durch die Erklärung der beteiligten Staaten auf der Londoner Konferenz hinfällig geworden, daß sie künftig auf dieses Ausnahmerecht verzichten wollen.

Artikel 4.

Die Bestimmungen des Artikel 3 stehen Beschränkungen des öffentlichen Verkehrs einer Station nicht entgegen, die durch den Zweck des Nachrichtenaustausches oder durch andere von dem angewendeten System unabhängige Umstände begründet sind.

Artikel 4.

Wortlaut unverändert.

Nach Art. 4 sind gewisse Beschränkungen des öffentlichen Verkehrs einer Station zulässig, die jedoch in Umständen begründet sein müssen, die von dem angewandtem System unabhängig sind und keine Verletzung des im Art. 3 festgelegten Prinzips bedeuten. Daß Stationen mit „beschränktem“ öffentlichem Verkehr[10]) nicht dem allgemeinen Verkehrszwang unterliegen sollen, ergab sich eigentlich ohne weiteres aus der Fassung des Art. 3. Auf ausdrücklichen Antrag der russischen und englischen Delegierten wurde dies dann 1906 noch besonders im Art. 4 festgelegt.

Artikel 5.

Jeder der Hohen vertragschließenden Teile verpflichtet sich, die Küstenstationen durch besondere Leitungen mit dem Telegraphennetze verbinden zu lassen oder zum mindesten solche andere Maßnahmen zu treffen, die einen schleunigen Austausch der Telegramme zwischen den Küstenstationen und dem Telegraphennetze sicherstellen.

Artikel 5.

Wortlaut unverändert.

Der vorstehende Artikel verpflichtet die vertragschließenden Staaten also nicht nur zur Aufnahme der Funkentelegramme, sondern er macht ihnen sogar zur Pflicht, die Stationen durch besondere Leitungen mit dem allgemeinen Telegraphennetze zu verbinden, oder solche Maßnahmen zu treffen, die einen schleunigen Austausch der Telegramme zwischen den Küstenstationen und dem Telegraphennetz sicherstellen.

Meurer sieht mit Recht in diesem Punkt, wonach ein Land die in seinem Herrschaftsbereich eintreffenden Funkentelegramme aufnehmen und weitergeben muß, vorbehaltlich allerdings der Beschränkung des öffentlichen Verkehrs aus Erwägungen der Staatssicherheit, öffentlicher Ordnung und Sitte (Art. 3 und 17), die „wirksamste Form, in welcher Staaten die Freiheit der Luft für den Funkentelegraphenverkehr anzuerkennen vermögen“.

Artikel 6.

Die Hohen vertragschließenden Teile werden einander die Namen der im Artikel 1 bezeichneten Küsten- und Bordstationen sowie alle in der Ausführungsübereinkunft näher bezeichneten Angaben mitteilen, die zur Erleichterung und zur Beschleunigung des funkentelegraphischen Nachrichtenaustausches geeignet sind.

Artikel 6.

Die Hohen vertragschließenden Teile werden einander die Namen der im Artikel 1 bezeichneten Küsten- und Bordstationen sowie alle in der Ausführungsübereinkunft näher bezeichneten Angaben mitteilen, die geeignet sind, den funkentelegraphischen Nachrichtenaustausch zu erleichtern und zu beschleunigen.

Eine Erklärung dieses Artikels erübrigt sich.

---

[10]) Die Bestimmung, daß z. B. Feuerschiffe, die nur in beschränktem Maße für den funkentelegraphischen Verkehr der Seeschiffahrt benutzt werden, in der Hauptsache nur den engeren Dienstverkehr versehen durften, hat s. Zt. in Schiffahrtskreisen heftigen Widerspruch hervorgerufen. Von verschiedenen Seiten ist unbeschränkter, und soweit der navigatorische Schiffsbetrieb in Frage kommt, kostenloser Funkenverkehr der Dampfer mit den Feuerschiffen gefordert worden. Auf Grund einer Resolution des II. Deutschen Seeschiffahrtstages (1910) hat die deutsche Reichs-Telegraphenverwaltung in entgegenkommender Weise gestattet, daß die Feuerschiffstationen nunmehr auch in allen dringenden Angelegenheiten des Schiffahrtsbetriebes mit den Bordstationen verkehren dürfen, wie bei der Uebermittelung von Nachrichten zur Unterstützung der Navigation, bei Anfragen über die Befeuerung und Betonnung des Fahrwassers, über Schiffahrtshindernisse, Sturmwarnungen usw.

Artikel 7.

Jeder der Hohen vertragschließenden Teile behält sich das Recht vor, bei den im Artikel 1 bezeichneten Stationen unabhängig von den Einrichtungen, über die entsprechend Artikel 6 Angaben veröffentlicht werden, zum Zweck einer besonderen funkentelegraphischen Nachrichtenübermittlung die Errichtung und den Betrieb anderer Einrichtungen anzuordnen oder zuzulassen, deren Einzelheiten nicht veröffentlicht zu werden brauchen.

Artikel 7.

Jeder der Hohen vertragschließenden Teile behält sich das Recht vor, anzuordnen oder zuzulassen, daß bei den im Artikel 1 bezeichneten Stationen unabhängig von den Einrichtungen, über die entsprechend Artikel 6 Angaben veröffentlicht werden, zum Zwecke einer besonderen funkentelegraphischen Nachrichtenübermittelung andere Einrichtungen getroffen und betrieben werden, deren Einzelheiten nicht veröffentlicht zu werden brauchen.

Zur Erleichterung des Nachrichtenaustausches sollen über die technischen Einrichtungen gewisse Angaben veröffentlicht werden, was aber nach Maßgabe des vorstehenden Artikels nicht ausschließt, daß bei einzelnen Stationen noch für besondere Zwecke bestimmte technische Einrichtungen getroffen werden können, die nicht veröffentlicht zu werden brauchen. In erster Linie kommt diese Bestimmung natürlich für die Stationen der Marine und des Heeres in Betracht, soweit diese auch dem allgemeinen öffentlichen Verkehr dienen. Dieser Art. 7 gehört zu den wenigen Bestimmungen, wo von einem „Recht" der Vertragsstaaten gesprochen wird.

Artikel 8.

Der Betrieb der Funkentelegraphenstationen ist möglichst so einzurichten, daß er den Dienst anderer derartiger Stationen nicht stört.

Artikel 8.

Wortlaut unverändert.

Der vorstehende Art. 8 enthält die rechtlich sehr weittragende Verpflichtung, daß Funkentelegraphenstationen ihren Betrieb nach Möglichkeit so einrichten müssen, daß sie den Dienst anderer Stationen nicht stören, eine Forderung, die im Interesse eines geregelten Verkehrs unbedingt notwendig ist. Dieser Artikel verpflichtet jedoch ganz allgemein,[11]) ohne die rechtliche Frage zu klären. Nicht nur die öffentlichen Stationen, sondern auch die Marine- und Militärstationen, sowie die Land-Großstationen, für die der Art. 21 eine Ausnahmestellung in bezug auf den öffentlichen Verkehr vorbehält, sind an diese Bestimmung gebunden.

Besondere Bedeutung wird dieser Artikel erlangen, sobald die verschiedenen funkentelegraphischen Weltprojekte zur Verbindung der Mutterländer mit den Kolonien praktisch ausgeführt sind. Da es noch an besonderen Rechtsregeln fehlt, wird man nicht sagen können, daß der Staat, der zuerst einen Betrieb eröffnet, den anderen gegenüber ein Vorrecht besitze und z. B. das Recht der Benutzung einer bestimmten Wellenlänge ausschließlich für sich in Anspruch nehmen könne.

Artikel 9.

Die Funkentelegraphenstationen sind verpflichtet, Anrufe von Schiffen in Seenot mit unbedingtem Vorrang entgegenzunehmen, zu beantworten und ihnen gebührend Folge zu geben.

Artikel 9.

Die Funkentelegraphenstationen sind verpflichtet, Notanrufe, woher sie auch kommen mögen, mit unbedingtem Vorrang aufzunehmen, zu beantworten und ihnen gebührend Folge zu geben.

---

[11]) Da eine Störung durch den funkentelegraphischen Verkehr zu rechtlichen Konsequenzen führen könnte, ließen sich aus diesem Artikel wohl unter Umständen Rechte herleiten, wenn sich der Artikel nicht so „vorsichtig" ausdrücken würde, so daß er in der Praxis wohl nur wenig Handhaben bieten dürfte. Können sich die Staaten nicht einigen, so müßte g. F. ein Schiedsgericht nach Vernehmung von Sachverständigen entscheiden.

Auch die Vorschrift des Art. 9, wonach Anrufe in Seenot, woher sie auch kommen mögen, mit unbedingtem Vorrang entgegenzunehmen und zu beantworten sind sowie wonach ihnen gebührend Folge zu geben ist, gilt aus naheliegenden Gründen ebenso ausnahmslos für sämtliche Stationen. Es müssen also auch Notrufe beantwortet werden, die von Küstenstationen ausgehen, da auch diese Stationen u. U. bei der Verbreitung dieser Rufe eine wichtige Rolle spielen können. Diese Bestimmung, die den Untergang ungeheurer Werte verhindern soll, ist für das Versicherungswesen von größter Tragweite. Auf die vielen Fälle der Rettung aus Seenot[12]) mit Hilfe der Funkentelegraphie braucht nur hingewiesen zu werden.

Artikel 10.

Die Gesamtgebühr für Funkentelegramme umfaßt:

1. die Gebühr für die Seebeförderung, und zwar
   a) die „Küstengebühr", die der Küstenstation zukommt,
   b) die „Bordgebühr", die der Bordstation zukommt,
2. die nach den allgemeinen Bestimmungen berechnete Gebühr für die Beförderung auf den Linien des Telegraphennetzes.

Die Höhe der Küstengebühr unterliegt der Genehmigung der Regierung, der die Küstenstation untersteht, die Höhe der Bordgebühr der Genehmigung der Regierung, deren Flagge das Schiff führt.

Jede dieser beiden Gebühren soll nach dem reinen Worttarif auf der Grundlage einer angemessenen Entschädigung für die funkentelegraphische Arbeit festgesetzt werden, wobei die Bestimmung einer Mindestgebühr für jedes Funkentelegramm zulässig ist. Keine der beiden Gebühren darf einen von den Hohen vertragschließenden Teilen festzusetzenden Meistbetrag überschreiten.

Jeder der Hohen vertragschließenden Teile hat jedoch das Recht, höhere als diese Meistgebühren zuzulassen, wenn es sich um Stationen handelt, deren Reichweite 800 km übersteigt, oder deren Einrichtung und Betrieb infolge der tatsächlichen Verhältnisse außergewöhnlich hohe Kosten erfordern.

Für die im unmittelbaren Verkehr mit den Küstenstationen des Aufgabe- oder des Bestimmungslandes ausgewechselten Funkentelegramme werden die Hohen vertragschließenden Teile einander die für die Beförderung auf ihren Telegraphenlinien geltenden Gebühren mitteilen. Bei der Berechnung dieser Gebühren ist von dem Grundsatz auszugehen, daß die Küstenstation als Aufgabe- oder Bestimmungsanstalt zu gelten hat.

Artikel 10.

Die Gebühr für ein Funkentelegramm umfaßt je nach dem Fall:

1. a) die „Küstengebühr", die der Küstenstation zukommt,
   b) die „Bordgebühr", die der Bordstation zukommt;
2. die nach den gewöhnlichen Bestimmungen berechnete Gebühr für die Beförderung auf den Telegraphenlinien;
3. die Durchgangsgebühren der vermittelnden Küsten- oder Bordstationen und die Gebühren für die vom Absender verlangten besonderen Leistungen.

Die Höhe der Küstengebühr unterliegt der Genehmigung der Regierung, der die Küstenstation untersteht, die Höhe der Bordgebühr der Genehmigung der Regierung, der das Schiff untersteht.

[12]) Weck (a. a. O. S. 161) glaubt, daß bei der allgemeinen Fassung dieser Vorschrift auch die von Luftfahrzeugen ausgehenden Notanrufe betroffen werden, die von allen Bord- und Küstenstationen beachtet werden müßten, während den Anlagen der Luftfahrzeuge eine solche Pflicht noch nicht obliege. Diese Forderung dürfte zu weit gehen, da die Funkentelegraphenanlagen der Luftschiffe dem Vertrage überhaupt noch nicht unterliegen und das Notzeichen nach Art. XXI der Ausfüh. ausdrücklich für den Gebrauch für in Seenot befindliche Schiffe vorgeschrieben ist.

In Art. 10 wird die Gebührenfrage behandelt; der Wortlaut bedarf keiner Erläuterung. Es sei hier noch hervorgehoben, daß nach den Bestimmungen des später wiedergegebenen Art. XLVII der Ausführungs-Uebereinkunft alle Küsten- und Bordstationen verpflichtet sind, Funkentelegramme im Durchgang zu befördern, wenn ein unmittelbarer Verkehr zwischen Ursprungs- und Bestimmungsstation nicht möglich ist; die Zahl der zulässigen Umtelegraphierungen ist auf zwei beschränkt. Bei solchen Umtelegraphierungen tritt nach Art. XVII der Ausführungs-Uebereinkunft die Bordgebühr jedes als Durchgangsstation an der Beförderung beteiligten Schiffes den sonstigen Gebühren hinzu. Durchgangsküstengebühren werden erhoben, wenn die Beförderung von Telegrammen, die von Bordstationen herrühren und nach Schiffen gerichtet sind, durch eine oder zwei Küstenstationen vermittelt wird.

Der Art. 10 des neuen Vertrages sieht außer den Küsten- und Bordgebühren, die früher in der Annahme, die Bordstation sei stets Aufgabe- oder Bestimmungsanstalt, nur als sogenannte Endgebühren angesehen wurden, noch besondere Vermittelungsgebühren vor, wodurch schon im Vertrage zum Ausdruck gebracht ist, daß auch die Umtelegraphierung von Funkentelegrammen über eine oder mehrere Bordstationen, falls die Aufgabeanstalt nicht in unmittelbaren Verkehr mit einer Küstenstation treten kann, nunmehr zur Pflicht geworden ist. Bislang war in dem Vertrage irgendeine Bestimmung über die Umtelegraphierung (Transmission) von Funkentelegrammen überhaupt nicht vorhanden. Soweit zwischen den einzelnen Betriebsgesellschaften keine Sonderabkommen bestanden, handelte jede den Betrieb ausübende drahtlose Gesellschaft hierin nach eigenem Gutdünken, d. h. sie verweigerte überhaupt die Vermittelung von Durchgangstelegrammen oder sie erhob hierfür willkürlich angesetzte Gebühren.

Artikel 11.

Die Bestimmungen des gegenwärtigen Vertrages werden durch eine Ausführungsübereinkunft ergänzt, welche die gleiche Gültigkeit hat und zu gleicher Zeit in Kraft tritt wie der Vertrag.

Die Vorschriften des gegenwärtigen Vertrages und der zugehörigen Ausführungsübereinkunft können von den Hohen vertragschließenden Teilen im gemeinsamen Einverständnis jederzeit geändert werden. Von Zeit zu Zeit werden, je nachdem es sich um den Vertrag oder um die Ausführungsübereinkunft handelt, Konferenzen von Bevollmächtigten oder einfache Verwaltungskonferenzen stattfinden. Jede Konferenz wird den Ort und die Zeit der nächsten Zusammenkunft selbst festsetzen.

Artikel 11.

Die Bestimmungen des gegenwärtigen Vertrages werden durch eine Ausführungs-Uebereinkunft ergänzt, welche die gleiche Gültigkeit hat und zu gleicher Zeit in Kraft tritt wie der Vertrag.

Die Vorschriften des gegenwärtigen Vertrages und der zugehörigen Ausführungs-Uebereinkunft können von den Hohen vertragschließenden Teilen im gemeinsamen Einverständnis jederzeit geändert werden. Von Zeit zu Zeit werden Konferenzen von Bevollmächtigten stattfinden, die befugt sind, den Vertrag und die Ausführungs-Uebereinkunft abzuändern. Jede Konferenz wird den Ort und die Zeit der nächsten Zusammenkunft selbst festsetzen.

Der vorstehende Vertrag enthält Bestimmungen betr. die Ergänzung durch eine „Ausführungsübereinkunft", betr. die zur Beratung von Aenderungen zeitweise abzuhaltenden Konferenzen, die Uebertragung der internationalen Verwaltungsarbeiten an ein internationales Bureau usw., die im allgemeinen den gleichartigen Bestimmungen des internationalen Vertrages von St. Petersburg entsprechen, dessen Art. 1 bis 3, 5 bis 8, 11, 12 und 17, die ganz allgemeine Grundsätze des internationalen Verkehrs festlegen und teils dem Völkerrechte, teils dem internationalen Privatrechte angehören, ohne weiteres auf die Funkentelegraphie Anwendung finden. So ist z. B. durch den Umstand, daß nach Art. 17 des Vertrages über die Funkentelegraphie auch die Bestimmungen des Art. 1 des Petersburger Vertrages[13]) auf die Funkentelegraphie als anwendbar erklärt wird, nach Meili[14]) „der Kontrahierungszwang in allgemeiner Weise auch gegenüber den Verkehrsanstalten der drahtlosen Telegraphie statuiert. Allerdings ist er durch die weiter erwähnten Artikel 7 und 8 sogar in Friedenszeiten (und auf Grund des Völkerrechts erst recht für die Kriegszeit) als modifiziert anzusehen."

In der Fassung des neuen Vertrages von 1912 ist allgemein festgelegt worden, daß die Funkentelegraphenkonferenzen durch Bevollmächtigte zu beschicken sind, die auch Vertragsänderungen beschließen können; man kann bei der Funkentelegraphie vorläufig noch nicht mit dauernden Verhältnissen, wie bei der gewöhnlichen Telegraphie, rechnen. Bei der Drahttelegraphie ist dieser Zustand schon lange erreicht, was daraus hervorgeht, daß der Internationale Telegraphenvertrag von St. Petersburg schon seit 1875 unverändert besteht.

Artikel 12.

Diese Konferenzen werden aus Delegierten der Regierungen der vertragschließenden Länder gebildet.

Bei den Beratungen hat jedes Land nur eine Stimme.

Wenn eine Regierung für ihre Kolonien, Besitzungen oder Schutzgebiete dem Vertrage beitritt, so können die späteren Konferenzen bestimmen, daß die Gesamtheit oder ein Teil dieser Kolonien, Besitzungen oder Schutzgebiete als ein Land im Sinne der Bestimmung des vorhergehenden Absatzes anzusehen ist. Doch darf die Zahl der Stimmen, über die eine Regierung einschließlich der Stimmen ihrer Kolonien, Besitzungen oder Schutzgebiete verfügt, sechs nicht übersteigen.

Artikel 12.

Diese Konferenzen werden aus Abgeordneten der Regierungen der vertragschließenden Länder gebildet.

Bei den Beratungen hat jedes Land nur eine Stimme.

Wenn eine Regierung für ihre Kolonien, Besitzungen oder Schutzgebiete dem Vertrage beitritt, so können die späteren Konferenzen bestimmen, daß die Gesamtheit oder ein Teil dieser Kolonien, Besitzungen oder Schutzgebiete als ein Land im Sinne der Bestimmung des vorhergehenden Absatzes anzusehen ist. Doch darf die Zahl der Stimmen, über die eine Regierung einschließlich der Stimmen ihrer Kolonien, Besitzungen oder Schutzgebiete verfügt, sechs nicht übersteigen.

Für die Anwendung des gegenwärtigen Artikels werden als je ein Land angesehen: Deutsch-Ostafrika; Deutsch-Südwestafrika; Kamerun; Togo; die deutschen Südseeschutzgebiete; Alaska; Hawai und die übrigen amerikanischen Besitzungen Polynesiens; die Philippinen-Inseln; Porto Rico und die amerikanischen Besitzungen in den Antillen; die Zone des Panamakanals; Belgisch-Kongo; die spanische Kolonie am Golf von Guinea; Französisch-Westafrika; Französisch-Aequatorialafrika; Indochina; Madagaskar; Tunis; der Südafrikanische Bund; der Austraiische Staatenbund; Canada; Britisch-Indien; Neu-Seeland; Erythrea; Italienisch-Somaliland; Chosen, Formosa, Japanisch-Sachalin und das Pachtgebiet von Kwantung; Niederländisch-Indien; die Kolonie Curaçao; Portugiesisch-Westafrika; Portugiesisch-Ostafrika und die portugiesischen Besitzungen in Asien; Russisches Zentralasien (Küstengebiet des Kaspischen Meeres); Bokhara; Chiwa; Westsibirien (Küstengebiet des Eismeeres); Ostsibirien (Küstengebiet des Stillen Ozeans).

---

[13]) Art. 1 lautet: Die Hohen vertragschließenden Teile gestehen jedem das Recht zu, mittels der internationalen Telegraphen zu verkehren.

[14]) Meili a. a. O. S. 72.

Abweichend von dem Petersburger Vertrag wurde durch Art. 12 des Internationalen Funkentelegraphenvertrages bestimmt, daß die Gesamtheit oder ein Teil der Kolonien, Schutzgebiete und Besitzungen jeder Regierung als je ein „Land“ — mit einer Stimme — angesehen werden kann, die Höchstzahl aller Stimmen einer Regierung aber nicht sechs übersteigen darf. Der Petersburger Vertrag erkennt jeder „Verwaltung“ eine Stimme zu, so daß nach diesem System jede Regierung auf Grund einer rein internen Verwaltungsmaßregel die Anzahl ihrer Stimmen nach Gutdünken vermehren könnte. Nach den 1912 festgesetzten Vereinbarungen verfügt z. B. Deutschland über die zulässige Höchstzahl von je 6 Stimmen, darunter 5 Kolonialstimmen.

Artikel 13.	Artikel 13.
Ein internationales Bureau wird beauftragt, die auf die Funkentelegraphie bezüglichen Nachrichten jeder Art zu sammeln, zusammenzustellen und zu veröffentlichen, die Anträge auf Aenderung des Vertrages und der Ausführungsübereinkunft in die Wege zu leiten, die angenommenen Aenderungen bekanntzugeben und im allgemeinen sich mit allen Verwaltungsarbeiten zu befassen, mit denen es im Interesse der internationalen Funkentelegraphie betraut werden wird. Die Kosten dieser Einrichtung werden von sämtlichen vertragschließenden Ländern getragen.	Das Internationale Bureau des Welttelegraphenvereins hat die auf die Funkentelegraphie bezüglichen Nachrichten jeder Art zu sammeln, zusammenzustellen und zu veröffentlichen, die Anträge auf Aenderung des Vertrages und der Ausführungsübereinkunft in die Wege zu leiten, die angenommenen Aenderungen bekanntzugeben und im allgemeinen sich mit allen Verwaltungsarbeiten zu befassen, mit denen es im Interesse der internationalen Funkentelegraphie betraut werden wird. Die Kosten dieser Einrichtung werden von sämtlichen vertragschließenden Ländern getragen.

Die neue Rechtsunion ist dem Internationalen Bureau des Welttelegraphenvereins in Bern angegliedert worden, dem die im Interesse der internationalen Funkentelegraphie erforderlichen Verwaltungsarbeiten vorbehaltlich der Zustimmung der schweizerischen Regierung und des Welttelegraphenvereins übertragen wurden; diese Zustimmungen sind erteilt worden. Am 31. Dezember 1906 beschloß der schweizerische Bundesrat[15]) auf den Antrag des internationalen Telegraphenbureaus:

> „Das internationale Telegraphenbureau der Telegraphenverwaltungen wird bis auf weiteres in zwei von einander getrennte Abteilungen zerfallen, in eine Abteilung für das Telegraphenwesen und in eine solche für Funkentelegraphie.“

Die Kosten des neuen Bureaus, das sofort seine Tätigkeit in Angelegenheiten der internationalen Funkentelegraphie begann, werden von den dem internationalen Funkentelegraphenvertrage beigetretenen Staaten bestritten. Es liegt also hier ein völkerrechtliches Mandatsverhältnis vor.

Artikel 14.	Artikel 14.
Jeder der Hohen vertragschließenden Teile behält sich das Recht vor, die Bedingungen festzusetzen, unter denen er Funkentelegramme von oder nach einer Bord- oder Küstenstation zuläßt, die den Bestimmungen des gegenwärtigen Vertrages nicht unterliegt.	Wortlaut unverändert.

[15]) Die Schweiz gehört, wie alle übrigen Staaten ohne Meeresküste, nicht zu den Vertragsstaaten.

Wird ein Funkentelegramm zugelassen, so kommen die gewöhnlichen Gebührensätze zur Anwendung.

Jedes von einem Schiffe herrührende Funkentelegramm, das von einer Küstenstation eines vertragschließenden Landes empfangen oder von der Verwaltung eines vertragschließenden Landes im Durchgang aufgenommen worden ist, ist weiterzubefördern.

Ebenso ist jedes für ein Schiff bestimmte Funkentelegramm weiterzubefördern, wenn die Verwaltung eines vertragschließenden Landes es zur Beförderung angenommen oder von einem dem Vertrage nicht beigetretenen Lande im Durchgang entgegengenommen hat, vorbehaltlich des Rechtes der Küstenstation, die Weiterbeförderung an eine Bordstation, die einem dem Vertrage nicht beigetretenen Lande untersteht, zu verweigern.

Der vorstehende Artikel handelt von dem funkentelegraphischen Verkehr mit Stationen solcher Staaten, die dem Vertrage nicht beigetreten sind. Die Bedingungen, unter denen sie Funkentelegramme von oder nach derartigen Stationen zulassen wollen, werden von den einzelnen Regierungen festgesetzt, so daß diese natürlich in den einzelnen Staaten verschieden sind. Jedenfalls aber muß jedes von einem Schiff herrührende oder für ein Schiff bestimmte Funkentelegramm, das von einer Station eines Nichtvertragsstaates ausgeht, weiterbefördert werden, wenn es von der Station eines Vertragsstaates angenommen worden ist. Nur die Küstenstationen dürfen die Weiterbeförderung an eine Bordstation, die einem dem Vertrage nicht beigetretenen Lande untersteht, verweigern.

Artikel 15.

Die Bestimmungen der Artikel 8 und 9 dieses Vertrages finden auch auf andere als die im Artikel 1 bezeichneten Funkentelegraphenanlagen Anwendung.

Artikel 15.

Wortlaut unverändert.

Artikel 16.

Den Regierungen, die an dem gegenwärtigen Vertrage nicht teilgenommen haben, wird auf ihren Antrag der Beitritt gestattet.

Dieser Beitritt wird auf diplomatischem Wege derjenigen der vertragschließenden Regierungen, in deren Bereiche die letzte Konferenz abgehalten worden ist, und durch diese allen übrigen beteiligten Regierungen angezeigt.

Der Beitritt schließt von Rechts wegen die Zustimmung zu dem ganzen Inhalte des gegenwärtigen Vertrages und die Teilnahme an allen darin festgesetzten Vorteilen in sich.

Artikel 16.

Den Regierungen, welche an dem gegenwärtigen Vertrage nicht teilgenommen haben, wird auf ihren Antrag der Beitritt gestattet.

Dieser Beitritt wird auf diplomatischem Wege derjenigen der vertragschließenden Regierungen, in deren Bereiche die letzte Konferenz abgehalten worden ist, und durch diese allen übrigen beteiligten Regierungen angezeigt.

Der Beitritt schließt von Rechts wegen die Zustimmung zu dem ganzen Inhalte des gegenwärtigen Vertrages und die Teilnahme an allen darin festgesetzten Vorteilen in sich.

Der Beitritt zum Vertrage seitens der Regierung eines Landes, das Kolonien, Besitzungen oder Schutzgebiete hat, schließt nicht den Beitritt seiner Kolonien, Besitzungen oder Schutzgebiete in sich, es sei denn, daß eine entsprechende Erklärung dieser Regierung vorliegt. Die Kolonien, Besitzungen und Schutzgebiete eines Landes können nach Maßgabe der Bestimmungen im gegenwärtigen Artikel und im Artikel 22 in ihrer Gesamtheit oder einzeln den Gegenstand eines besonderen Beitritts oder einer besonderen Kündigung bilden.

Artikel 17.

Die Bestimmungen der Artikel 1, 2, 3, 5, 6, 7, 8, 11, 12 und 17 des internationalen Telegraphenvertrages von St. Petersburg vom 10./22. Juli 1875 finden auf die internationale Funkentelegraphie Anwendung.

Artikel 17.

Wortlaut unverändert.

Betr. Art. 11 des Petersburger Vertrages über die Gebührenfreiheit der Diensttelegramme sei bemerkt, daß nach Art. L der Ausf.=Ueb. im wechselseitigen Dienstverkehr zwischen Drahttelegraphie und Funkentelegraphie keine Gebührenfreiheit stattfindet.

Eine Erläuterung der Art. 15—17 erübrigt sich.

Artikel 18.

Bei Meinungsverschiedenheiten zwischen zwei oder mehreren vertragschließenden Regierungen über die Auslegung oder Ausführung des gegenwärtigen Vertrages oder der im Artikel 11 vorgesehenen Ausführungsübereinkunft kann die streitige Frage im gemeinsamen Einverständnis der Entscheidung eines Schiedsgerichts unterworfen werden. In diesem Falle wählt jede der beteiligten Regierungen eine andere bei der Angelegenheit nicht beteiligte Regierung.

Das Schiedsgericht entscheidet nach absoluter Stimmenmehrheit.

Bei Stimmengleichheit wählen die Schiedsrichter zur Entscheidung der streitigen Frage eine andere bei der Angelegenheit gleichfalls unbeteiligte vertragschließende Regierung. Wird über diese Wahl eine Einigung nicht erzielt, so schlägt jeder Schiedsrichter eine unbeteiligte vertragschließende Regierung vor. Zwischen den vorgeschlagenen Regierungen wird gelost. Das Los wird von derjenigen Regierung gezogen, auf deren Gebiete das im Artikel 13 vorgesehene internationale Bureau tätig ist.

Artikel 18.

Wortlaut unverändert.

In dem vorstehenden Artikel sind die Bestimmungen über die Schlichtung von Streitigkeiten enthalten. Interessant ist, daß 1906 bei Beratung dieses Punktes England die ursprüngliche Fassung des Art. 18, der das Schiedsgericht für obligatorisch erklärte, wohl nicht ganz mit Unrecht beanstandete und beantragte, daß die Anrufung des Schiedsgerichts fakultativ sein sollte. Man nahm diesen Antrag schließlich in der Erwägung an, daß es sich bei den in Betracht kommenden Streitfragen meistens um Fragen besonders heikler Natur handele, deren Regelung durch ein Schiedsgericht unter Umständen nicht angezeigt wäre. Wir haben es also hier mit einem besonderen Schiedsgerichtsvertrag zu tun, über dessen Einrichtung Meili[16]) folgendermaßen urteilt: „Solche speziellen Verständigungen sind weit wertvoller als jene Bestrebungen, die nach einem „Weltschiedsgerichtsvertrage" tendieren, d. h. einem Phantome nachjagen, an das nur solche Leute glauben

[16]) Meili a. a. O. S. 76.

können, die in naivem Sinne der Meinung sind, daß Jurisprudenz und Politik der Romantik angehören."

Bei Streitfällen wird ferner gemäß Art. 38 des Schiedsabkommens vom 18. Oktober 1907 (RGBl. 1910, S. 5) auch noch eine Entscheidung durch den Schiedsgerichtshof im Haag herbeigeführt werden können.

Artikel 19.

Die Hohen vertragschließenden Teile verpflichten sich, die Maßnahmen zu ergreifen oder bei ihren gesetzgebenden Körperschaften vorzuschlagen, deren es bedarf, um die Ausführung des gegenwärtigen Vertrages sicherzustellen.

Artikel 19.

Wortlaut unverändert.

Artikel 20.

Die Hohen vertragschließenden Teile werden sich die auf den Gegenstand dieses Vertrages bezüglichen Gesetze mitteilen, die in ihren Ländern bereits erlassen sind oder in Zukunft erlassen werden.

Artikel 20.

Wortlaut unverändert.

Eine Erläuterung der Art. 19 u. 20 erübrigt sich.

Artikel 21.

Die Hohen vertragschließenden Teile behalten ihre volle Freiheit bezüglich der im Artikel I nicht vorgesehenen Funkentelegraphenanlagen, namentlich bezüglich der Anlagen der Flotte und des Heeres; diese Anlagen sind lediglich den in den Artikeln 8 und 9 des gegenwärtigen Vertrages vorgesehenen Verpflichtungen unterworfen.

Wenn diese Anlagen jedoch am öffentlichen Verkehre teilnehmen, werden sie sich bei der Ausübung dieses Dienstes, soweit die Art der Uebermittlung und die Abrechnung in Frage kommen, nach den Vorschriften der Ausführungsübereinkunft richten.

Artikel 21.

Die Hohen vertragschließenden Teile behalten ihre volle Freiheit bezüglich der im Artikel 1 nicht vorgesehenen Funkentelegraphenanlagen, namentlich bezüglich der Anlagen der Flotte und des Heeres sowie der Stationen, welche Verkehr zwischen festen Punkten vermitteln. Alle diese Anlagen und Stationen sind lediglich den in den Artikeln 8 und 9 des gegenwärtigen Vertrages vorgesehenen Verpflichtungen unterworfen.

Wenn diese Anlagen und Stationen jedoch am öffentlichen Verkehr über See teilnehmen, werden sie sich bei der Ausübung dieses Dienstes, soweit die Art der Uebermittelung und die Abrechnung in Frage kommen, nach den Vorschriften der Ausführungsübereinkunft richten.

Wenn anderseits Küstenstationen neben dem öffentlichen Verkehr mit Schiffen in See Nachrichtenaustausch zwischen festen Punkten vermitteln, so sind sie hinsichtlich des letzteren Dienstes nicht den Bestimmungen des Vertrages unterworfen, unter dem Vorbehalte, daß die Artikel 8 und 9 des Vertrages beachtet werden müssen.

Die festen Stationen, die Verkehr zwischen Land und Land vermitteln, dürfen indessen den Austausch von Funkentelegrammen mit einer anderen festen Station nicht wegen des von letzterer benutzten Systems verweigern; jedoch behält jedes Land volle Freiheit hinsichtlich der Einrichtung des Dienstes für den Verkehr zwischen festen Punkten und der Festsetzung, welchen Verkehr die für diesen Dienst bestimmten Stationen zu vermitteln haben.

Der für alle Militär- und Marinestaaten wichtige Art. 21 bestimmt, daß sich die vertragschließenden Staaten volle Freiheit hinsichtlich der militärischen und Marineanlagen, soweit sich diese nicht mit dem allgemeinen Nachrichtenaustausch befassen, sowie der Stationen, die den Verkehr zwischen festen Punkten vermitteln, vorbehalten. Nur sind diese Anlagen in Friedenszeiten gehalten, ihren Betrieb tunlichst so einzurichten, daß er andere Funkenstationen nicht stört. Natürlich sollen auch Kriegsschiffe usw. verpflichtet sein, das funkentelegraphische Ersuchen um Hilfe mit Vorrang aufzunehmen und den in Not befindlichen Schiffen nach Kräften Hilfe zu leisten, ausgenommen der Fall, daß sie materiell dazu außerstande sind.

Bei Beratung dieser Frage beantragten 1906 die japanischen Vertreter die Aufnahme eines Artikels [17]) „wonach die Vertragsbestimmungen auf Anlagen des Heeres und der Marine überhaupt nicht anwendbar sein sollten, weil diese nach Einrichtung und Zweck vollständig von den dem allgemeinen Verkehre dienenden Anlagen verschieden seien; ferner wünschten sie noch eine besondere Bestimmung, wonach es zulässig sein solle, jede Station, wenn es das militärische Interesse erfordere, täglich bis zur Dauer von zwei Stunden für den allgemeinen Verkehr zu schließen." Beide Anträge wurden jedoch abgelehnt, weil nachgewiesen werden konnte, daß dem militärischen Interesse durch die sonstigen Bestimmungen nach jeder Richtung bereits genügend Rechnung getragen wird. Positive Bestimmungen für den Kriegsfall sind durch den Funkentelegraphenvertrag ebensowenig wie durch den Petersburger Vertrag getroffen worden; nur sind die Artikel 7 und 8 des Petersburger Vertrages, die die Ausnahmefälle schaffen und in ihren rechtlichen Folgen wohl meist nur im Kriegsfall Anwendung finden werden, auch in den Internationalen Funkentelegraphenvertrag herübergenommen worden.

Ferner bestimmt dieser Artikel in der neuen Fassung 1912, daß auch der Verkehr zwischen festen Küstenstationen im allgemeinen nicht den Vorschriften des Vertrages unterliegt; nur die Bestimmungen über Vermeidung von Störungen anderer Stationen und über Beachtung der Notsignale finden auch bei diesen Stationen Anwendung, die im übrigen den Verkehr mit anderen festen Stationen nicht aus dem Grunde ablehnen dürfen, weil letztere ein anderes System benutzen. Diese Bestimmung bietet genügende Gewähr gegen die Gefahr von Monopolisierungsbestrebungen, die hier in ähnlicher Weise wie früher hinsichtlich des Verkehrs zwischen Bordstationen auftreten könnten. Aus Mangel an genügenden Erfahrungen hat man vorerst von einer weitergehenden Regelung dieses Verkehrs abgesehen und jedem Staate bis auf weiteres freie Hand gelassen. Durch bindende Einzelbestimmungen würde vielleicht eine weitere Entwicklung dieses Verkehrs benachteiligt worden sein.

Artikel 22.

Der gegenwärtige Vertrag tritt mit dem 1. Juli 1908 in Kraft und bleibt auf unbestimmte Zeit bis zum Ablauf eines Jahres von dem Tage ab, an dem er gekündigt worden ist, in Gültigkeit.

Die Kündigung gilt nur für die Regierung, die sie ausgesprochen hat. Für die übrigen vertragschließenden Teile bleibt der Vertrag in Kraft.

Artikel 22.

Der gegenwärtige Vertrag tritt mit dem 1. Juli 1913 in Kraft und bleibt auf unbestimmte Zeit gültig bis zum Ablauf eines Jahres von dem Tage ab, an dem er gekündigt worden ist.

Die Kündigung ist nur für die Regierung wirksam, die sie ausgesprochen hat. Für die übrigen vertragschließenden Teile bleibt der Vertrag in Kraft.

---

[17]) Archiv für Post und Telegraphie Nr. 12, 1907 S. 364.

Artikel 23.

Der gegenwärtige Vertrag soll ratifiziert, und die Ratifikationen sollen in möglichst kurzer Frist in Berlin niedergelegt werden.

Deß zu Urkund haben die Bevollmächtigten den Vertrag in einem Exemplar unterzeichnet, das in den Archiven der Kaiserlich Deutschen Regierung verbleibt, und von dem jedem Teile eine Abschrift zugestellt werden wird.

Geschehen zu Berlin, den 3. November 1906.

(Unterschriften.)

Artikel 23.

Der gegenwärtige Vertrag soll ratifiziert, und die Ratifikationen sollen in möglichst kurzer Frist in London niedergelegt werden.

Falls einer oder mehrere der Hohen vertragschließenden Teile den Vertrag nicht ratifizieren, gilt dieser gleichwohl für die Teile, die ihn ratifiziert haben.

Urkundlich dessen haben die beteiligten Bevollmächtigten den Vertrag in einem Exemplar unterzeichnet, das in den Archiven der Britischen Regierung verbleibt, und von welchem eine Abschrift jedem Teile zugestellt werden wird.

Geschehen zu London, den 5. Juli 1912.

(Unterschriften.)

Eine Erläuterung dieser beiden letzten Artikel ist nicht erforderlich.

Im übrigen hat der Vertrag die Behandlung direkt juristischer Fragen, wie z. B. „das Recht der Staaten am Luftraum", „Neutralisierung des Luftraumes", „Funkentelegraphie und Luftschiffahrt" gar nicht berührt. Die Behandlung der Frage der rechtlichen Stellung der „Funkentelegraphie in der Luftschiffahrt" ist ausdrücklich einer späteren Konferenz vorbehalten worden. Ob später u. U. eine völkerrechtliche Verständigung dahingehend notwendig sein wird, der Funkentelegraphie noch einen besonderen Schutz angedeihen zu lassen — ähnlich wie dies durch den Internationalen Kabelschutztrag vom Jahre 1884 für die Seekabel geschehen ist, — hängt von der weiteren Entwicklung der drahtlosen Telegraphie ab und muß der Zukunft überlassen bleiben.

Die X. Internationale Telegraphenkonferenz in Lissabon 1908 hat in bezug auf die Funkentelegraphie wichtige Beschlüsse gefaßt. Während der Internationale Funkentelegraphenvertrag sich lediglich auf die Küstenstaaten beschränkte, hat die Lissaboner Konferenz, unter Berücksichtigung des Umstandes, daß die Funkentelegramme auch das internationale Telegraphennetz durchlaufen, die allgemeine Zustimmung des Telegraphenvereins zu den Bestimmungen des Funkentelegraphenvertrages und des Reglements ausgesprochen. Die Lissaboner Konferenz hat ferner eine Bestimmung in das vom 1. Juli 1909 ab geltende Telegraphen-Reglement aufgenommen, daß etwaige künftige Aenderungen des Funkentelegraphenvertrages vom Tage ihres Inkrafttretens ab auch für den Welttelegraphenverein gültig sein sollten. Aus dem Funkentelegraphenvertrage sind alle diejenigen Bestimmungen in das Telegraphen-Reglement aufgenommen worden, die sich auf die Behandlung der Funkentelegramme auf den Telegraphenlinien beziehen, die Bestimmungen über See- und Funkentelegramme sind in zweckmäßiger und übersichtlicher Weise in einem besonderen Abschnitt über „télégrammes maritimes" zusammengefaßt worden.

Der Wortlaut des Zusatzabkommens (1906) und der Schlußprotokolle ist nachstehend wiedergegeben.

Zusatzabkommen.

Die unterzeichneten Bevollmächtigten der Regierungen von Deutschland, den Vereinigten Staaten von Amerika, Argentinien, Oesterreich, Ungarn, Belgien, Brasilien, Bulgarien, Chile, Dänemark, Spanien, Frankreich, Griechenland, Monaco,

Fortgefallen.

Norwegen, den Niederlanden, Rumänien, Rußland, Schweden, der Türkei und Uruguay

verpflichten sich, vom Tage des Inkrafttretens des Vertrages ab die Bestimmungen der folgenden Zusatzartikel anzuwenden.

I.

Jede der im Artikel 1 des Vertrages bezeichneten Bordstationen ist verpflichtet, mit jeder anderen Bordstation ohne Unterschied des von ihnen benutzten funkentelegraphischen Systems zu verkehren.

II.

Die Regierungen, die dem vorstehenden Artikel nicht beigetreten sind, können jederzeit unter Einhaltung des im Artikel 16 des Vertrages angegebenen Verfahrens bekanntgeben, daß sie sich verpflichten, seine Bestimmungen anzuwenden.

Die Regierungen, die dem vorstehenden Artikel beigetreten sind, können jederzeit unter den im Artikel 22 des Vertrages vorgesehenen Bedingungen ihre Absicht bekanntgeben, seine Bestimmungen nicht mehr anzuwenden.

III.

Das gegenwärtige Abkommen soll ratifiziert, und die Ratifikationen sollen in möglichst kurzer Frist in Berlin niedergelegt werden.

Deß zu Urkund haben die Bevollmächtigten dieses Abkommen in einem Exemplar unterzeichnet, das in den Archiven der Kaiserlich Deutschen Regierung verbleibt, und von dem jedem Teile eine Abschrift zugestellt werden wird.

Geschehen zu Berlin, den 3. November 1906.

(Unterschriften.)

Schlußprotokoll.

Im Begriffe, den von der internationalen Konferenz für Funkentelegraphie in Berlin vereinbarten Vertrag zu zeichnen, haben sich die unterzeichneten Bevollmächtigten über folgendes verständigt:

I.

Die Hohen vertragschließenden Teile sind darüber einig, daß auf der nächsten Konferenz die Zahl der Stimmen, über die jedes Land verfügt (Artikel 12 des Vertrages), zu Beginn der Beratungen festgesetzt werden soll, dergestalt, daß die Kolonien, Besitzungen oder Schutzgebiete, denen Stimmen bewilligt werden, ihr Stimmrecht im Laufe aller Arbeiten dieser Konferenz ausüben können.

Die Entscheidung soll sofort in Kraft treten und gültig bleiben, bis eine spätere Konferenz sie ändert.

Für die nächste Konferenz sind die Anträge auf Zuteilung neuer Stimmen an

Schlußprotokoll.

Im Begriffe, den von der Internationalen Konferenz für Funkentelegraphie in London vereinbarten Vertrag zu zeichnen, haben sich die unterzeichneten Bevollmächtigten über folgendes verständigt:

I.

Da die genaue Art des seitens Bosnien-Herzegowinas bekanntgegebenen Beitritts noch nicht feststeht, so wird anerkannt, daß Bosnien-Herzegowina eine Stimme zugeteilt erhält, wobei späterer Entscheidung vorbehalten bleibt, ob diese Stimme ihm gemäß dem zweiten Absatze des Artikels 12 des Vertrages zukommt, oder ihm gemäß den Bestimmungen des dritten Absatzes dieses Artikels bewilligt wird.

II.

Es wird von nachstehender Erklärung Kenntnis genommen:

Die Abordnung der Vereinigten Staaten

Kolonien, Besitzungen oder Schutzgebiete, die dem Vertrage beigetreten sind, mindestens sechs Monate vor dem Zeitpunkte des Zusammentretens dieser Konferenz an das internationale Bureau zu richten. Diese Anträge werden sogleich den anderen vertragschließenden Regierungen mitgeteilt, die innerhalb einer Frist von zwei Monaten, von der Zustellung der Mitteilung an gerechnet, gleichartige Anträge stellen können.

II.

Jede vertragschließende Regierung kann sich das Recht vorbehalten, nach Umständen gewisse Küstenstationen zu bezeichnen, die von der durch Artikel 3 des Vertrages auferlegten Verpflichtung ausgenommen sein sollen, unter der Bedingung, daß vom Zeitpunkte der Anwendung dieser Maßnahme ab auf ihrem Gebiet eine oder mehrere Stationen eröffnet werden, die der Verpflichtung des Artikel 3 unterworfen sind und den Funkentelegraphendienst im Wirkungskreise der ausgenommenen Stationen in einer den Bedürfnissen des öffentlichen Verkehrs genügenden Weise sicherstellen. Die Regierungen, die sich dieses Recht vorzubehalten wünschen, haben dies in der im zweiten Absatze des Artikel 16 des Vertrages vorgesehenen Form spätestens drei Monate vor dem Inkrafttreten des Vertrages oder, im Falle späteren Beitritts, gleichzeitig mit dem Beitritt bekanntzugeben.

Die nachbezeichneten Länder erklären schon jetzt, daß sie sich dieses Recht nicht vorbehalten werden:

Deutschland, Vereinigte Staaten von Amerika, Argentinien, Österreich, Ungarn, Belgien, Brasilien, Bulgarien, Chile, Griechenland, Mexiko, Monaco, Norwegen, die Niederlande, Rumänien, Rußland, Schweden und Uruguay.

III.

Die Art und Weise der Ausführung der Bestimmungen des vorhergehenden Artikels ist Sache der Regierung, die sich des Ausnahmerechts bedient; diese Regierung hat volle Freiheit, von Zeit zu Zeit nach eigenem Ermessen zu bestimmen, wie viele und welche Stationen ausgenommen werden sollen. Sie hat die gleiche Freiheit hinsichtlich der Art und Weise der Erfüllung der Bedingung, wonach andere der Verpflichtung des Artikels 3 unterworfene Stationen zu eröffnen sind, die den Funkentelegraphendienst im Wirkungskreise der ausgenommenen Stationen in einer den Bedürfnissen des öffentlichen Verkehrs genügenden Weise sicherstellen.

IV.

Es besteht Einverständnis darüber, daß, um die Fortschritte der Wissenschaft nicht zu

von Amerika erklärt, daß ihre Regierung sich in der Notwendigkeit befindet, sich jeder Tätigkeit zu enthalten, die die Tarife betrifft, weil die Beförderung der Funkentelegramme ebenso wie die der Telegramme in den Vereinigten Staaten, sei es ganz, sei es teilweise, durch Handels- oder Privatgesellschaften ausgeübt wird.

III.

Es wird gleichfalls von nachstehender Erklärung Kenntnis genommen:

Die Regierung von Canada behält sich das Recht vor, für jede ihrer Küstenstationen besonders eine Gesamtseegebühr für Funkentelegramme festzusetzen, die aus Nordamerika herrühren und an irgendein Schiff gerichtet sind, wobei die Küstengebühr drei Fünftel und die Bordgebühr zwei Fünftel der Gesamtgebühr betragen wird.

Urkundlich dessen haben die beteiligten Bevollmächtigten das gegenwärtige Schlußprotokoll aufgenommen, das dieselbe Kraft und dieselbe Gültigkeit haben soll, als wenn seine Bestimmungen in den Text des Vertrages selbst, auf welchen es sich bezieht, aufgenommen worden wären, und sie haben dieses Schlußprotokoll in einem Exemplar unterzeichnet, welches in den Archiven der Britischen Regierung verbleibt, und von welchem jedem Teile eine Abschrift zugestellt werden wird.

Geschehen zu London, den 5. Juli 1912.

(Unterschriften.)

hemmen, die Bestimmungen des Artikels 3 des Vertrages die etwaige Anwendung eines Funkentelegraphensystems nicht hindern, mittels dessen ein Verkehr mit anderen Systemen nicht möglich ist, vorausgesetzt indes, daß dies in der besonderen Natur des Systems begründet und nicht die Folge von Einrichtungen ist, die lediglich zur Verhinderung des Verkehrs mit anderen Systemen getroffen sind.

V.

Der Beitritt zum Vertrage seitens der Regierung eines Landes, das Kolonien, Besitzungen oder Schutzgebiete hat, schließt nicht den Beitritt seiner Kolonien, Besitzungen oder Schutzgebiete in sich, es sei denn, daß eine entsprechende Erklärung dieser Regierung vorliegt. Die Kolonien, Besitzungen und Schutzgebiete eines Landes können nach Maßgabe der Bestimmungen in den Artikeln 16 und 22 des Vertrages in ihrer Gesamtheit oder einzeln den Gegenstand eines besonderen Beitritts oder einer besonderen Kündigung bilden.

Es besteht Einverständnis darüber, daß Stationen an Bord von Schiffen, deren Heimathafen in einer Kolonie, einer Besitzung oder einem Schutzgebiete liegt, als dieser Kolonie, Besitzung oder diesem Schutzgebiet unterstehend bezeichnet werden können.

VI.

Es wird von nachstehender Erklärung Kenntnis genommen:

Die italienische Delegation muß bei Unterzeichnung des Vertrages den Vorbehalt machen, daß der Vertrag von Italien erst zu dem Zeitpunkte des Erlöschens seiner Verträge mit Marconi und dessen Gesellschaft ratifiziert werden kann, oder zu einem früheren Zeitpunkte, wenn die Regierung des Königs von Italien einen solchen durch Verhandlungen mit Marconi und seiner Gesellschaft wird festsetzen können.

VII.

Falls einer oder mehrere der Hohen vertragschließenden Teile den Vertrag nicht ratifizieren, gilt dieser gleichwohl für die Teile, die ihn ratifiziert haben.

Deß zu Urkund haben die unterzeichneten Bevollmächtigten das gegenwärtige Schlußprotokoll aufgenommen, das dieselbe Kraft und dieselbe Gültigkeit haben soll, als wenn seine Bestimmungen in den Text des Vertrages selbst, auf den es sich bezieht, aufgenommen worden wären, und sie haben dieses Schlußprotokoll in einem Exemplar unterzeichnet, das in den Archiven der Kaiserlich Deutschen Regierung verbleibt, und von dem jedem Teile eine Abschrift zugestellt werden wird.

Geschehen zu Berlin, den 3. Nov. 1906.

(Unterschriften).

Auf die einzelnen Bestimmungen der Ausführungs-Uebereinkunft zum Internationalen Funkentelegraphenvertrage, die im wesentlichen betriebstechnischer Art sind, kann hier nicht näher eingegangen werden. Bei der Wichtigkeit jedoch, die der Vertrag für das öffentliche Verkehrsleben und insbesondere für den Seeverkehr hat, sollen von den Ausführungsbestimmungen (1912) noch kurz die Punkte hervorgehoben werden, die die Frage erörtern, in welcher Weise die Funkentelegraphie nutzbar gemacht worden ist, um Unfällen von Schiffen auf hoher See vorzubeugen, oder bei solchen Unfällen eine beschleunigte Hilfeleistung zu ermöglichen.

Nach Artikel II bis IV der Ausführungs-Uebereinkunft muß jede dem öffentlichen Verkehr dienende Station die 300 und 600 m-Welle besitzen. Für die Bordstationen gilt die 600 m-Welle als Normalwelle, so daß wohl auch die Küstenstationen diese Welle mehr als bisher anwenden werden. Dies ist um so mehr von Wichtigkeit, als mit der 600 m-Welle im allgemeinen nicht nur eine größere Reichweite erzielt wird, sondern weil auch durch möglichst einheitliche Verwendung einer solchen Normalwelle eine größere Sicherheit für die Aufnahme der Notanrufe erzielt wird.

Auf Art. 9 des Vertrages, wonach Notsignale mit unbedingtem Vorrang zu behandeln sind, sei hingewiesen.

Ferner müssen sich nach Artikel XXI der Ausführungs-Uebereinkunft die einen Notruf wahrnehmenden Schiffe hinsichtlich der Reihenfolge oder des Abbruchs der Uebermittlungen nach den Weisungen des Schiffes richten, von dem der Notruf ausgeht. Da bei Seenotfällen das in Not befindliche Schiff selbst am besten beurteilen kann, wie es den funkentelegraphischen Verkehr regeln und mit welchen Schiffen es in Verbindung bleiben will, so dürfte auch diese Bestimmung wesentlich dazu beitragen, den Nutzen der Funkentelegraphie in solchen Flälen zu erhöhen.

Damit die Notsignale nicht überhört werden, sind die Bordstationen in drei Klassen[18]) eingeteilt, über deren Hörbereitschaft Artikel XIII der Ausführungs-Uebereinkunft folgende Vorschriften enthält:

a) Küstenstationen.

1. Bei den Küstenstationen besteht möglichst ununterbrochener Tages- und Nachtdienst. Gewisse Küstenstationen können jedoch beschränkten Dienst abhalten. Jede Verwaltung setzt die Dienststunden fest.

2. Küstenstationen mit beschränktem Dienste dürfen erst schließen, nachdem sie alle vorliegenden Funkentelegramme an die Schiffe innerhalb ihrer Reichweite befördert und alle von solchen Schiffen angemeldeten Funkentelegramme aufgenommen haben. Diese Bestimmung gilt auch, wenn Schiffe ihre Gegenwart vor der wirklichen Beendigung der Arbeit ankündigen.

b) Bordstationen.

3. Die Bordstationen werden in drei Klassen eingeteilt:
   1. Stationen mit ununterbrochenem Dienste;
   2. Stationen mit beschränkter Dienstdauer;
   3. Stationen ohne feste Dienststunden.

---

[18]) Die Bestimmung darüber, in welche der drei Klassen die Bordstation einzureihen ist, steht der Regierung zu, die die Station genehmigt und das Zeugnis ausgestellt hat, daß die Bordstation den internationalen Vorschriften entspricht; die im Besitze eines Zeugnisses befindliche Station wird von den übrigen Regierungen im allgemeinen als den Vertragsbestimmungen genügend angesehen. (Vgl. Ausführungen auf Seite 24 und 25).

Während der Fahrt müssen dauernd in Hörbereitschaft bleiben:

1. die Stationen der ersten Klasse;
2. diejenigen der zweiten Klasse während der Dienststunden; außerhalb dieser Stunden müssen sie während der ersten 10 Minuten jeder Stunde hörbereit sein.

Die Stationen der dritten Klasse sind zu keiner regelmäßigen Hörbereitschaft verpflichtet.

Bei längeren Telegrammen (Pressedienst usw.) ist nach Artikel XXXII der Ausführungs=Uebereinkunft die Uebermittelung alle 15 Minuten zu unterbrechen und während 3 Minuten das Senden einzustellen. Ferner ist beim Verkehr auf große Entfernungen, der mit der 1800 m=Welle abzuwickeln ist, das Senden ebenfalls alle 15 Minuten zu unterbrechen und während der folgenden 3 Minuten mit der 600 m=Welle Hörstellung einzunehmen.

Weiterhin ist durch die neue Ausführungs=Uebereinkunft (Artikel X) die Besetzung der Schiffe mit Funkentelegraphisten international geregelt; auch sind bestimmte Vorschriften erlassen (Artikel XI) über die Bereitstellung funkentelegraphischer Hilfseinrichtungen auf Schiffen für solche Fälle, in denen die Kraftanlage des Schiffes versagt. Die Vorschriften, die sich auf die technischen Einrichtungen der Bordstationen, auf das Bedienungspersonal und die Handhabung des Betriebes beziehen, sind natürlich für die einzelnen Bordstationen verschieden, da man an kleine Schiffe nicht dieselben Anforderungen stellen kann wie an die großen transozeanischen Passagierdampfer.

Nach Artikel X der Ausführungs=Uebereinkunft gibt es zwei Klassen von Bordtelegraphisten. Das Zeugnis der 1. Klasse stellt den Befähigungsnachweis des Telegraphisten fest in bezug auf:

a) Einstellung der Apparate und Kenntnis ihrer Wirkungsweise;
b) Uebermittlung und Aufnahme nach Gehör mit einer Geschwindigkeit von mindestens 20 Wörtern in der Minute;
c) Kenntnis der Bestimmungen über den funkentelegraphischen Nachrichtenaustausch.

Das Zeugnis der 2. Klasse kann einem Telegraphisten ausgestellt werden, der bei der Uebermittelung und Aufnahme nur eine Geschwindigkeit von 12 bis 19 Wörtern in der Minute erreicht, im übrigen aber den andern vorstehend genannten Bedingungen genügt. Die Bordtelegraphisten 2. Klasse können zugelassen werden:

a) auf Schiffen, die den Funkentelegraphendienst nur für eigenen Betrieb und für den Verkehr der Besatzung verwenden, insbesondere auf Fischereifahrzeugen;
b) auf allen Schiffen als Aushilfe, sofern diese mindestens einen Bordtelegraphisten 1. Klasse besitzen. Jedoch müssen die Stationen mit ununterbrochenem Dienst (solche 1. Klasse) mindestens zwei Telegraphisten 1. Klasse an Bord haben.

Die Uebermittelung an und für sich kann nur von Telegraphisten 1. oder 2. Klasse ausgeführt werden, abgesehen von dringenden Fällen. Hiernach kann z. B. der Hördienst auf Schiffen durch Personen der Besatzung ausgeübt werden, die keine Telegraphistenprüfung abgelegt haben, aber — was nicht schwer fallen wird — so weit im Hören ausgebildet sind, daß sie das internationale Wortzeichen und das Anrufzeichen der eigenen

Bordstation sicher aufnehmen können. Der Betrieb vieler Bordstationen wird hierdurch erheblich vereinfacht und verbilligt.

Die Bordstation muß von einem Telegraphisten bedient werden, der ein von der Regierung, der das Schiff untersteht, ausgestelltes Zeugnis besitzt; in dringenden Fällen kann das Zeugnis, aber nur für eine Ueberfahrt, von einer anderen Regierung ausgestellt werden. Die Telegraphisten werden auf das Telegraphengeheimnis verpflichtet. Der Betrieb der Bordstation untersteht, was bisher nicht ausgesprochen war, der oberen Dienstgewalt des Schiffsführers.

Nach Artikel XI der Ausführungs-Uebereinkunft müssen die Schiffe, die mit Bordstationen der im Artikel XIII genannten beiden ersten Klassen ausgerüstet sind, über funkentelegraphische Hilfseinrichtungen verfügen, deren sämtliche Teile nach näherer Bestimmung der die Lizenz erteilenden Regierung so sicher wie möglich untergebracht werden müssen. Diese Hilfseinrichtungen müssen mit einer eigenen Kraftquelle versehen sein, schnell in Betrieb gesetzt werden können, wenigstens 6 Stunden lang arbeiten und eine Mindestreichweite von 80 Seemeilen für Schiffe der ersten und von 50 Seemeilen für die der zweiten Klasse haben. Auf Schiffen, deren normale Anlage die Vorschriften dieses Artikels erfüllt, ist eine Hilfseinrichtung nicht erforderlich.

Der Sicherheit auf See dient ferner die neue Bestimmung des Artikels XXIV der Ausführungs-Uebereinkunft, wonach in Gewässern mit lebhaftem Verkehr, z. B. im Kanal, eine Küstenstation erst angerufen werden darf, wenn die Bordstation sich in höchstens $^3/_4$ der Reichweite der Küstenstation befindet. In der Regel ruft die Bordstation die Küstenstation an, gleichviel, ob sie Funkentelegramme abzusetzen hat oder nicht. Vor der Aussendung eines Anrufs muß die Küsten- oder Bordstation ihr Empfangssystem sorgfältig einstellen und sich davon überzeugen, daß kein anderer Nachrichtenaustausch in ihrem Wirkungskreise vor sich geht; andernfalls muß sie die erste Pause abwarten, es sei denn, daß sie erkennt, ihr Anruf werde den im Gange befindlichen Verkehr nicht stören. Für den Anruf benutzt jede Station die Normalwelle derjenigen Station, die angerufen werden soll. Wenn trotz dieser Vorsichtsmaßregeln eine funkentelegraphische Nachrichtenübermittelung gestört wird, so ist der Anruf auf Verlangen einer öffentlichen Küstenstation einzustellen. Die Bordstation muß jede Küstenstation, der sie ihre Anwesenheit mitgeteilt hat, davon benachrichtigen, wann sie die Vermittelung einzustellen beabsichtigt und wie lange die Unterbrechung voraussichtlich dauern wird.

Auch das laut Artikel XXV neu eingeführte Suchzeichen (C Q) dient zur Vergrößerung der Sicherheit zur See, da die Bordstation, die sich außerhalb der Reichweite der Küstenstationen befindet und die von der Nachbarschaft anderer Bordstationen nichts weiß, sich hierdurch eine Verkehrsmöglichkeit schaffen kann. Dieses „Suchzeichen“[19]) hat sich im deutschen Schiffsverkehr übrigens schon seit längerer Zeit bewährt.

Die Bestimmung des Artikels XXVII der Ausführungs-Uebereinkunft, wonach jede Station, die zu einer Uebermittelung eine große Energie aufwenden muß, zunächst dreimal ein Warnungszeichen mit der geringsten

---

[19]) Schon in der „Anweisung für den Funkentelegraphendienst“ vom Jahre 1908 war ein solches Suchzeichen (. . . — — — .) für deutsche Schiffe auf hoher See vorgesehen.

Energie, die zur Erreichung der benachbarten Station nötig ist, aussenden soll, und dann 30 Sekunden warten muß, ist als eine Vorsichtsmaßregel zur Aufrechterhaltung eines geordneten Dienstbetriebes anzusehen.

Auch verschiedene Wünsche, deren Ausführung den einzelnen Regierungen anheimgestellt wurde, sollen die Sicherheit des seefahrenden Schiffes erhöhen. So wurde z. B. der Wunsch ausgedrückt, die Funkenbude des Schiffes solle mit der Kommandobrücke durch eine Fernsprechleitung oder in sonst geeigneter Weise in Verbindung gebracht werden. Eine ähnliche Bestimmung ist übrigens in den Vereinigten Staaten von Amerika durch Gesetz vom 23. Juli 1912 betreffend obligatorische Ausrüstung der Ozeandampfer mit Funkentelegraphenapparaten bereits getroffen.

Rechtliche Betrachtung verdient noch besonders Artikel XII, der die Vertragsverletzung regelt. Im Punkt 1 wird das Verfahren gegen vertragsbrüchige Staatsangehörige, im Punkt 2 das gegen den Vertrag zuwiderhandelnde Staaten festgelegt. Im Fall eines Vertragsbruches kann u. U. die Schadensersatzfrage für den Geschädigten von großer Bedeutung werden. Wird z. B. beim Untergang eines Schiffes nachgewiesen, daß die Rettung wenigstens der Menschen und Postsachen möglich gewesen wäre, wenn die Bordstation eines in der Nähe befindlichen Schiffes vorschriftsmäßig bedient worden wäre, so erscheint die Erhebung eines Schadensersatzanspruches gerechtfertigt. Weck hält (a. a. O. S. 168) zur Begründung eines solchen Anspruches allerdings für erforderlich: die Pflicht zur Führung einer Bordstation, Verletzung dieser Pflicht oder Verletzung der für die Bedienung gegebenen Vorschriften, Pflicht zur Nothilfe, Verletzung dieser Pflicht, ursächlichen Zusammenhang zwischen der Pflichtverletzung und dem Schaden. Nach geltendem Recht läßt sich ein solcher Anspruch kaum begründen; das Völkerrecht muß hier weiter ausgebaut werden. Immerhin bedeuten die durch den Vertrag festgelegten Pflichten einen Anfang zu solcher Rechtsbildung.

Die Ausführungsbestimmungen von 1912, die ganz erheblich von den bisherigen (1906) abweichen, sind wie der Vertrag am 1. Juli 1913 in Kraft getreten. Sie sind im Anhang unter 6. (S. 128 ff.) abgedruckt.

Auf der Londoner Funkentelegraphenkonferenz ist auch die Frage der obligatorischen Einführung der Funkentelegraphie auf Schiffen im Wege der Gesetzgebung und die Vermehrung der Küstenstationen zwecks möglichst wirksamer Herbeiführung der Hilfeleistung in Seenotfällen eingehend behandelt worden. Die Erörterungen haben schließlich zur einstimmigen Annahme folgender Resolution geführt:

„Die internationale Funkentelegraphenkonferenz äußert nach Prüfung der zur Verhütung von Seeunfällen und zur Herbeiführung von Hilfeleistung zu ergreifenden Maßnahmen die Meinung, daß es im allgemeinen Schiffahrtsinteresse angezeigt ist, gewisse Schiffsgattungen zur Ausrüstung mit funkentelegraphischen Einrichtungen zu verpflichten.

Da die Auferlegung dieser Verpflichtung nicht zur Zuständigkeit der Konferenz gehört, äußert sie den Wunsch, daß die zu diesem Zweck erforderlichen Maßnahmen seitens der Regierungen getroffen werden.

Die Konferenz hält es ferner für wichtig, daß die in den verschiedenen Ländern zur Auferlegung dieser Verpflichtung zu erlassenden Bestimmungen tunlichst übereinstimmend sind, und empfiehlt deshalb den Regierungen die Annahme einer gleichmäßigen Grundlage für die Gesetzgebung.

Endlich weist die Konferenz darauf hin, daß es zweckmäßig ist, in jedem Küstenstaate eine den Bedürfnissen der Schiffahrt entsprechende Anzahl von Küstenstationen mit ununterbrochenem Dienst zu errichten.

Die Konferenz wird hinsichtlich der Fragen, für welche sie zuständig ist, in die Ausführungs-Uebereinkunft zum Funkentelegraphenvertrage geeignete Vorschriften aufnehmen, durch welche die Abgabe und der Empfang von Notanrufen sowie der darauf bezüglichen Mitteilungen mit unbedingtem Vorrang erleichtert und gesichert wird."

Die endgültige Regelung dieser Frage ist einer auf Anregung der deutschen Regierung geplanten „Internationalen Konferenz für die Sicherheit der Seeschiffahrt" vorbehalten.

Anhang.

1. Gesetz über das Telegraphenwesen des Deutschen Reichs,

vom 6. April 1892.[1])

§ 1.

Das Recht, Telegraphenanlagen für die Vermittelung von Nachrichten zu errichten und zu betreiben, steht ausschließlich dem Reiche zu. Unter Telegraphenanlagen sind die Fernsprechanlagen mitbegriffen.

§ 2.

Die Ausübung des im § 1 bezeichneten Rechtes kann für einzelne Strecken oder Bezirke an Privatunternehmer und muß an Gemeinden für den Verkehr innerhalb des Gemeindebezirkes verliehen werden, wenn die nachsuchende Gemeinde die genügende Sicherheit für einen ordnungsmäßigen Betrieb bietet und das Reich eine solche Anlage weder errichtet hat, noch sich zur Errichtung und zum Betrieb einer solchen bereit erklärt.

Die Verleihung erfolgt durch den Reichskanzler oder die von ihm hierzu ermächtigten Behörden.

Die Bedingungen der Verleihung sind in der Verleihungsurkunde festzustellen.

§ 3.

Ohne Genehmigung des Reichs können errichtet und betrieben werden:

1. Telegraphenanlagen, welche ausschließlich dem inneren Dienste von Landes- und Kommunalbehörden, Deichkorporationen, Siel- und Entwässerungsverbänden gewidmet sind;
2. Telegraphenanlagen, welche von Transportanstalten auf ihren Linien ausschließlich zu Zwecken ihres Betriebs oder für die Vermittelung von Nachrichten innerhalb der bisherigen Grenzen benutzt werden;
3. Telegraphenanlagen
   a) innerhalb der Grenzen eines Grundstücks,
   b) zwischen mehreren einem Besitzer gehörigen oder zu einem Betriebe vereinigten Grundstücken, deren keines von dem anderen über 25 Kilometer in der Luftlinie entfernt ist, wenn diese Anlagen ausschließlich für den der Benutzung der Grundstücke entsprechenden unentgeltlichen Verkehr bestimmt sind.

§ 4.

Durch die Landes-Zentralbehörde wird, vorbehaltlich der Reichsaufsicht (Art. 4 Ziff. 10 der Reichsverfassung), die Kontrolle darüber geführt, daß die Errichtung und der Betrieb der im § 3 bezeichneten Telegraphenanlagen sich innerhalb der gesetzlichen Grenzen halten.

§ 5.

Jedermann hat gegen Zahlung der Gebühren das Recht auf Beförderung von ordnungsmäßigen Telegrammen und auf Zulassung zu einer ordnungsmäßigen telephonischen Unterhaltung durch die für den öffentlichen Verkehr bestimmten Anlagen.

Vorrechte bei der Benutzung der dem öffentlichen Verkehre dienenden Anlagen und Ausschließungen von der Benutzung sind nur aus Gründen des öffentlichen Interesses zulässig.

---

[1]) RGBl. 1892, S. 467.

§ 6.

Sind an einem Orte Telegraphenlinien für den Ortsverkehr, sei es von der Reichs-Telegraphenverwaltung, sei es von der Gemeindeverwaltung oder von einem anderen Unternehmer, zur Benutzung gegen Entgelt errichtet, so kann jeder Eigentümer eines Grundstücks gegen Erfüllung der von jenen zu erlassenden und öffentlich bekannt zu machenden Bedingungen den Anschluß an das Lokalnetz verlangen.

Die Benutzung solcher Privatstellen durch Unbefugte gegen Entgelt ist unzulässig.

§ 7.

Die für die Benutzung von Reichs-Telegraphen- und Fernsprechanlagen bestehenden Gebühren können nur auf Grund eines Gesetzes erhöht werden. Ebenso ist eine Ausdehnung der gegenwärtig bestehenden Befreiung von solchen Gebühren nur auf Grund eines Gesetzes zulässig.

§ 8.

Das Telegraphengeheimnis ist unverletzlich, vorbehaltlich der gesetzlich für strafgerichtliche Untersuchungen, im Konkurse und in zivilprozessualischen Fällen oder sonst durch Reichsgesetz festgestellten Ausnahmen. Dasselbe erstreckt sich auch darauf, ob und zwischen welchen Personen telegraphische Mitteilungen stattgefunden haben.

§ 9.

Mit Geldstrafe bis zu eintausendfünfhundert Mark oder mit Haft oder mit Gefängnis bis zu sechs Monaten wird bestraft, wer vorsätzlich entgegen den Bestimmungen dieses Gesetzes eine Telegraphenanlage errichtet oder betreibt.

§ 10.

Mit Geldstrafe bis zu einhundertfünfzig Mark wird bestraft, wer den in Gemäßheit des § 4 erlassenen Kontrollvorschriften zuwiderhandelt.

§ 11.

Die unbefugt errichteten oder betriebenen Anlagen sind außer Betrieb zu setzen oder zu beseitigen. Den Antrag auf Einleitung des hierzu nach Maßgabe der Landesgesetzgebung erforderlichen Zwangsverfahrens stellt der Reichskanzler oder die vom Reichskanzler dazu ermächtigten Behörden.

Der Rechtsweg bleibt vorbehalten.

§ 12.

Elektrische Anlagen sind, wenn eine Störung des Betriebs der einen Leitung durch die andere eingetreten oder zu befürchten ist, auf Kosten desjenigen Teiles, welcher durch eine spätere Anlage oder durch eine später eintretende Aenderung seiner bestehenden Anlage diese Störung oder die Gefahr derselben veranlaßt, nach Möglichkeit so auszuführen, daß sie sich nicht störend beeinflussen.

§ 13.

Die auf Grund der vorstehenden Bestimmung entstehenden Streitigkeiten gehören vor die ordentlichen Gerichte.

Das gerichtliche Verfahren ist zu beschleunigen (§§ 198, 202 bis 204 der Reichs-Zivilprozeßordnung). Der Rechtsstreit gilt als Feriensache (§ 202 dess Gerichtsverfassungsgesetzes, § 201 der Reichs-Zivilprozeßordnung).

§ 14.

Das Reich erlangt durch dieses Gesetz keine weitergehenden als die bisher bestehenden Ansprüche auf die Verfügung über fremden Grund und Boden, insbesondere über öffentliche Wege und Straßen.

§ 15.

Die Bestimmungen dieses Gesetzes gelten für Bayern und Württemberg mit der Maßgabe, daß für ihre Gebiete die für das Reich festgestellten Rechte diesen Bundesstaaten zustehen und daß die Bestimmungen des § 7 auf den inneren Verkehr dieser Bundesstaaten keine Anwendung finden.

Gegeben im Schloß zu Berlin, den 6. April 1892.

(L. S.) Wilhelm.

Graf v. Caprivi.

2. Gesetz, betreffend die Abänderung des Gesetzes über das Telegraphenwesen des Deutschen Reichs vom 6. April 1892.

Vom 7. März 1908.[1])

Wir Wilhelm, von Gottes Gnaden Deutscher Kaiser, König von Preußen ꝛc. verordnen im Namen des Reichs, nach erfolgter Zustimmung des Bundesrats und des Reichstags, was folgt:

Einziger Artikel.

Das Gesetz über das Telegraphenwesen des Deutschen Reichs vom 6. April 1892 (RGBl. S. 467) wird dahin geändert:

1. Der § 3 erhält folgenden Abs. 2:

Elektrische Telegraphenanlagen, welche ohne metallische Verbindungsleitungen Nachrichten vermitteln, dürfen nur mit Genehmigung des Reichs errichtet und betrieben werden.

2. Hinter § 3 werden folgende Vorschriften eingeschaltet:

§ 3a.

Auf deutschen Fahrzeugen für Seefahrt oder Binnenschiffahrt dürfen Telegraphenanlagen, welche nicht ausschließlich zum Verkehr innerhalb des Fahrzeugs bestimmt sind, nur mit Genehmigung des Reichs errichtet und betrieben werden.

§ 3b.

Der Reichskanzler trifft die Anordnungen über den Betrieb von Telegraphenanlagen auf fremden Fahrzeugen für Seefahrt oder Binnenschiffahrt, welche sich in deutschen Hoheitsgewässern aufhalten.

3. Der § 7 erhält folgenden Abs. 2:

Die Vorschrift des Abs. 1 Satz 1 findet auf Anlagen der im § 3 Abs. 2 bezeichneten Art erst vom 1. Juli 1913 ab Anwendung.

Urkundlich unter Unserer Höchsteigenhändigen Unterschrift und beigedrucktem Kaiserlichen Insiegel.

Gegeben Wilhelmshaven, den 7. März 1908.

(L. S.) Wilhelm.

Fürst von Bülow.

3. Verordnung über das Telegraphenwesen im Kiautschou-Gebiete.

Vom 16. Oktober 1901.[2])

Wir Wilhelm, von Gottes Gnaden Deutscher Kaiser, König von Preußen ꝛc. verordnen auf Grund des Schutzgebietsgesetzes (RGBl. 1900 S. 813) im Namen des Reichs, was folgt:

§ 1.

Das Recht, Telegraphenanlagen für die Vermittelung von Nachrichten im Kiautschou-Gebiete zu errichten und zu betreiben, steht ausschließlich dem Reiche zu. Unter Telegraphenanlagen sind die Fernsprechanlagen mit begriffen.

§ 2.

Die Ausübung des im § 1 bezeichneten Rechtes kann vom Reichskanzler für einzelne Strecken an Privatunternehmer verliehen werden.

Durch den Gouverneur wird die Kontrolle geführt, daß die bei der Verleihung dieses Rechtes gestellten Bedingungen eingehalten werden.

---

[1]) RGBl. 1908, Nr. 13. Ausgegeben zu Berlin den 21. März 1908, S. 79.
[2]) RGBl. 1901, Nr. 43, S. 379. Ausgegeben zu Berlin den 1. November 1901.

§ 3.

Die unbefugt errichteten oder betriebenen Anlagen sind außer Betrieb zu setzen oder zu beseitigen. Den Antrag auf Einleitung des hierzu erforderlichen Zwangsverfahrens stellt die Reichs-Telegraphenverwaltung beim Gouverneur.

§ 4.

Mit Geldstrafe bis zu eintausendfünfhundert Mark oder mit Haft oder mit Gefängnis bis zu sechs Monaten wird bestraft, wer vorsätzlich entgegen den Bestimmungen des § 1 eine Telegraphenanlage errichtet oder betreibt.

§ 5.

Mit Geldstrafe bis zu einhundertundfünfzig Mark wird bestraft, wer den in Gemäßheit des § 2 Abs. 2 erlassenen Kontrollvorschriften zuwiderhandelt.

§ 6.

Diese Verordnung tritt am 1. Januar 1902 in Kraft.

Urkundlich unter Unserer Höchsteigenhändigen Unterschrift und beigedrucktem Kaiserlichen Insiegel.

Gegeben Neues Palais, den 16. Oktober 1901.

(L. S.) Wilhelm.
Graf von Bülow.

4. Verordnung über das Telegraphenwesen in den deutschen Schutzgebieten ausschließlich Kiautschou.

Vom 15. Juni 1906.[4])

Wir Wilhelm, von Gottes Gnaden Deutscher Kaiser, König von Preußen ꝛc. verordnen auf Grund des Schutzgebietsgesetzes (RGBl. 1900, S. 813) im Namen des Reichs, was folgt:

§ 1.

Das Recht, Telegraphenanlagen für die Vermittelung von Nachrichten in den Schutzgebieten des Deutschen Reichs zu errichten und zu betreiben, steht ausschließlich dem Reiche zu. Unter Telegraphenanlagen sind die Fernsprechanlagen mitbegriffen.

§ 2.

Die Ausübung des im § 1 bezeichneten Rechtes kann für einzelne Strecken oder Bezirke an Privatunternehmer oder Gemeinden verliehen werden. Die Verleihung erfolgt durch den Reichskanzler oder die von ihm hierzu ermächtigten Behörden.

Durch den Gouverneur wird die Kontrolle geführt, daß die bei der Verleihung dieses Rechtes gestellten Bedingungen eingehalten werden.

§ 3.

Die unbefugt errichteten oder betriebenen Anlagen sind außer Betrieb zu setzen oder zu beseitigen. Den Antrag auf Einleitung des hierzu erforderlichen Zwangsverfahrens stellt die Reichs-Telegraphenverwaltung beim Gouverneur.

§ 4.

Mit Geldstrafe bis zu eintausendfünfhundert Mark oder mit Haft oder mit Gefängnis bis zu 6 Monaten wird bestraft, wer vorsätzlich entgegen den Bestimmungen des § 1 eine Telegraphenanlage errichtet oder betreibt.

§ 5.

Mit Geldstrafe bis zu einhundertundfünfzig Mark wird bestraft, wer den in Gemäßheit des § 2 Abs. 2 erlassenen Kontrollvorschriften zuwiderhandelt.

---

[4]) RGBl. 1906, Nr. 37, S. 843. Ausgegeben zu Berlin den 28. Juni 1906.

§ 6.

Diese Verordnung tritt am 1. Oktober 1906 in Kraft.

Urkundlich unter Unserer Höchsteigenhändigen Unterschrift und beigedrucktem Kaiserlichen Insiegel.

Gegeben Neues Palais, den 15. Juni 1906.

(L. S.) Wilhelm.

Fürst von Bülow.

5. Bedingungen, von denen die Genehmigung zur Errichtung und zum Betriebe von Funkentelegraphenstationen an Bord deutscher Schiffe durch Privatunternehmer abhängig ist.[5])

1. Die Genehmigung zur Errichtung und zum Betriebe der Bordstation erfolgt unter Vorbehalt des jederzeitigen Widerrufs.

2. Die Wahl der funkentelegraphischen Apparate und Einrichtungen ist frei, vorausgesetzt, daß die Bordstation folgenden Anforderungen genügt:

a) Die Anlage der Station muß dem Stande der Wissenschaft und der Technik entsprechend ausgeführt sein.

b) Die Bordstation muß so eingerichtet sein, daß sie sich der Wellenlängen von 600 und von 300 m bedienen kann.

c) Die ausgesandten Wellen müssen so rein und so wenig gedämpft sein wie möglich. Insbesondere ist die Verwendung von Sendevorrichtungen, bei denen die Erzeugung der ausgestrahlten Wellen im Wege direkter Entladung der Antenne durch Funken erfolgt, nicht gestattet, abgesehen von Fällen der Seenot. Sie kann indessen für gewisse besondere Stationen (z. B. für solche auf kleinen Schiffen) zugelassen werden, bei denen die Primärenergie 50 Watt nicht übersteigt.

d) Die dem funkentelegraphischen Apparate zugeführte Kraft darf, an den Klemmen des Stromerzeugers der Station gemessen, unter normalen Verhältnissen ein Kilowatt nicht übersteigen.

e) Unter dem Vorbehalte der besonderen Vorschriften über die Anwendung der 1800 m-Welle kann eine Kraft von mehr als einem Kilowatt angewendet werden, wenn das Schiff auf eine Entfernung von mehr als 200 Seemeilen von der nächsten Küstenstation Nachrichten auszutauschen hat, oder wenn infolge außergewöhnlicher Umstände die Uebermittelung sich nur durch einen vermehrten Kraftaufwand ermöglichen läßt.

f) Die Apparate müssen zum Senden und zum Empfangen mit einer Geschwindigkeit von mindestens 20 Wörtern in der Minute geeignet sein, wobei das Wort zu 5 Buchstaben gerechnet wird. Die mit mehr als 50 Watt arbeitenden Anlagen müssen so ausgerüstet sein, daß es leicht möglich ist, mehrere unter der normalen liegende Reichweiten zu erzielen, deren kleinste etwa 15 Seemeilen betragen soll.

g) Die Empfangsapparate müssen gestatten, mit dem größtmöglichen Schutze gegen Störungen Uebermittelungen mit den zugelassenen Wellenlängen bis zu 600 m zu empfangen.

3. Die Schiffe, welche zu den beiden unter Punkt 8 bezeichneten Kategorien gehören, müssen mit funkentelegraphischen Hilfsanlagen versehen sein, deren sämtliche Teile so sicher wie möglich untergebracht sind. Diese Hilfsanlagen müssen über eine nur für sie bestimmte Kraftquelle verfügen, sie müssen ferner schnell in Betrieb gesetzt werden können, wenigstens für einen sechsstündigen Verkehr genügen und eine Mindestreichweite von 80 Seemeilen für Schiffe der ersten Kategorie und von 50 Seemeilen für diejenigen der zweiten Kategorie besitzen. Die Hilfsanlage ist nicht erforderlich für Schiffe, deren normale Anlage die Bedingungen für Hilfsanlagen erfüllt.

Die funkentelegraphischen Hilfsanlagen sind ebenso wie die Bordstationen selbst möglichst hoch über dem Oberdeck, und zwar je nach der Bauart des Schiffes und

[5]) Anlage 1 zu § 19 der „Anweisung für den Funkentelegraphendienst" vom 15. Juni 1913.

dem zur Verfügung stehenden Raume entweder in der Höhe der Brücke oder des großen Bootsdecks derart gesichert unterzubringen, daß sie ihrem Zwecke entsprechend auch bei einem Schiffsunfalle tunlichst lange über Wasser gehalten werden können und betriebsfähig bleiben. Bei Verwendung von Batterien für die Hilfsanlagen können basische Sammler im Funkenraume selbst aufgestellt werden, während Säuresammler wegen der sich entwickelnden Dämpfe außerhalb des Funkenraums, aber in dessen unmittelbarer Nähe unterzubringen sind und zwar derart, daß auch sie gegen äußere Einflüsse geschützt bleiben.

4. Der Unternehmer ist verpflichtet, der Reichs-Telegraphenverwaltung eine Beschreibung der Bordstation nebst Stromlaufzeichnung einzureichen, die ein zutreffendes Bild über die einzelnen Bestandteile der technischen Einrichtung der Station, ihr Zusammenwirken und ihre Handhabung ergibt. Nachträgliche Aenderungen der technischen Einrichtung, welche auf die Sende- oder Empfangswirkung der Station von Einfluß sind, dürfen ohne Genehmigung der Reichs-Telegraphenverwaltung nicht vorgenommen werden.

5. Zur Prüfung der vorschriftsmäßigen Beschaffenheit der Bordstation und der Handhabung des Betriebs ist den Beauftragten der Reichs-Telegraphenverwaltung jederzeit zu gestatten, die Räume, in denen die Apparate betrieben werden, zu betreten und von den Betriebseinrichtungen Kenntnis zu nehmen.

6. Der Funkentelegraphendienst auf dem Schiffe darf nur von deutschen Reichsangehörigen wahrgenommen werden.

7. Die Bordstation muß durch einen Telegraphisten bedient werden, welcher ein von der Reichs-Telegraphenverwaltung ausgestelltes Zeugnis oder in dringendem Falle und zwar nur für eine Ueberfahrt ein solches einer anderen, dem Internationalen Funkentelegraphenvertrage beigetretenen Regierung besitzt.

Es gibt zwei Klassen von Zeugnissen:

Das Zeugnis erster Klasse stellt den Befähigungsnachweis des Telegraphisten fest in bezug auf:

a) Einstellung der Apparate und Kenntnis ihrer Wirkungsweise;
b) Abgabe von Telegrammen und Aufnahme nach dem Gehöre mit einer Geschwindigkeit von mindestens 20 Wörtern in der Minute;
c) Kenntnis der Bestimmungen über den Funkentelegraphenverkehr.

Das Zeugnis zweiter Klasse kann einem Telegraphisten ausgestellt werden, der beim Geben und Empfangen nur eine Geschwindigkeit von 12 bis 19 Wörtern in der Minute erreicht, im übrigen aber den vorstehenden Bedingungen genügt. Die Telegraphisten, die ein Zeugnis zweiter Klasse besitzen, können zugelassen werden:

a) auf den Schiffen, welche die Funkentelegraphie nur für ihren eigenen Dienst und für den Nachrichtenaustausch der Besatzung benutzen, insbesondere auf den Fischereifahrzeugen;
b) auf allen Schiffen als Aushilfe, sofern diese Schiffe wenigstens einen Telegraphisten an Bord haben, der ein Zeugnis erster Klasse besitzt. Jedoch muß auf den Schiffen, welche zu der ersten unter Punkt 8 bezeichneten Kategorie gehören, der Dienst durch mindestens zwei Telegraphisten wahrgenommen werden, die Zeugnisse erster Klasse besitzen.

Die Uebermittelungen dürfen nur durch einen Telegraphisten erfolgen, der entweder das Zeugnis erster oder dasjenige zweiter Klasse besitzt, ausgenommen in dringenden Fällen, wo es unmöglich wäre, diese Bestimmung zu befolgen.

Außerdem stellt das Zeugnis fest, daß der Telegraphist durch die Reichs-Telegraphenverwaltung auf das Telegraphengeheimnis verpflichtet worden ist.

8. Die Bordstationen werden in drei Kategorien eingeteilt:

1. Stationen mit ununterbrochenem Dienste;
2. Stationen mit beschränkter Dienstdauer;
3. Stationen ohne feste Dienststunden.

Während der Fahrt müssen in Hörbereitschaft bleiben:

1. die Stationen der ersten Kategorie dauernd;
2. diejenigen der zweiten Kategorie während der Dienststunden und außerhalb dieser Stunden während der ersten 10 Minuten jeder Stunde.

Die Stationen der dritten Kategorie sind zu keinem regelmäßigen Hördienste verpflichtet.

9. Der Funkentelegraphendienst der Bordstation untersteht der Oberaufsicht des Kapitäns oder seines Stellvertreters, der als Vorsteher der Bordstation zur Einsichtnahme sämtlicher Telegramme befugt ist, sofern er von der Reichs-Telegraphenverwaltung oder bei den ständig im Auslande beschäftigten Schiffen von einem deutschen (General-, Vize-) Konsulat auf das Telegraphengeheimnis verpflichtet worden ist.

10. Es kann auf die Zurückziehung des Zeugnisses erkannt werden, wenn bei Verstößen gegen die „Anweisung für den Funkentelegraphendienst" die Schuld nach dem Ergebnisse der Untersuchung auf den Telegraphisten fällt.

11. Wenn festgestellt wird, daß der Verstoß auf den Zustand der Apparate oder auf dem Telegraphisten gegebene Weisungen zurückzuführen ist, so wird in Ansehung der dem Schiffe erteilten Genehmigung ebenso verfahren.

12. Das Zeugnis kann auch dann zurückgezogen werden, wenn durch einen Beauftragten der Reichs-Telegraphenverwaltung festgestellt wird, daß der Telegraphist nicht mehr im Besitze der vorgeschriebenen Kenntnisse und Fertigkeiten ist. Im letzteren Falle wird dem Telegraphisten ein neues Zeugnis ausgestellt, nachdem er sich mit Erfolg einer neuen Prüfung unterzogen hat.

13. Jeder Wechsel in der Person des Telegraphisten der Bordstation ist ohne Verzug der Orts-Postanstalt des Heimatshafens anzuzeigen.

14. Die Bordstation ist verpflichtet, mit jeder Küstenstation und mit jeder anderen Bordstation ohne Unterschied des von ihnen benutzten funkentelegraphischen Systems zum wechselseitigen Austausche der Funkentelegramme in Verkehr zu treten.

15. Der Funkentelegraphendienst regelt sich nach den Bestimmungen in der „Anweisung für den Funkentelegraphendienst". Außerdem sind die von der Reichs-Telegraphenverwaltung etwa ergangenen besonderen Anordnungen zu befolgen.

16. Der Unternehmer ist verpflichtet, der Bordstation je einen Abdruck des Internationalen Telegraphenvertrags von St. Petersburg vom 10./22. Juli 1875 nebst der zugehörigen Ausführungs-Uebereinkunft, des Internationalen Funkentelegraphenvertrags von London vom 5. Juli 1912 nebst der zugehörigen Ausführungs-Uebereinkunft und der gültigen Telegraphenordnung für das Deutsche Reich, ferner sämtliche für das Schiff in Betracht kommenden Telegraphentarife und nach Bedarf die amtliche Karte zu liefern. Die dauernde Richtighaltung dieser Druckwerke auf Grund der amtlichen Veröffentlichungen ist sicherzustellen.

17. Als Anrufzeichen der Bordstation wird festgesetzt: . . . .

18. Die Bordgebühr beträgt . . Pf. für das Wort, mindestens . ℳ für ein Telegramm. Sie verbleibt dem Unternehmer. Bei Telegrammen nach Schiffen werden die Bordgebühren, e. F. auch die Bordgebühren für die Vermittelungsbordstationen, die Gesamtgebühren für bezahlte Antworten, die Gebühren für Vervielfältigung und die Gebühren für die Bestellung durch die Post dem Unternehmer der Bestimmungsbordstation durch die Reichs-Telegraphenverwaltung vergütet. Bei Telegrammen von Schiffen ist an letztere der Gesamtbetrag der erhobenen Gebühren nach Abzug der Bordgebühren (einschl. der Bordgebühren für die Vermittelungsbordstationen) abzuführen.

Die Verrechnung der Bordgebühren für die zwischen Schiffen ohne Berührung einer Küstenstation gewechselten Telegramme und derjenigen für die Vermittelungsbordstationen erfolgt unmittelbar zwischen den Eigentümern der in Betracht kommenden Bordstationen.

19. Ueber Schuld und Forderung der Bordstation wird . . . . mit . . . . in . . . . abgerechnet. Als Unterlage der Abrechnung dienen Nachweisungen, in welche die Bordstation alle bei ihr aufgegebenen oder an sie gerichteten Funkentelegramme des öffentlichen Verkehrs einzeln mit allen erforderlichen Angaben einzutragen hat. Die Nachweisungen sind mit dem bezüglichen Telegrammmaterial mindestens einmal monatlich und bei jedesmaliger Rückkehr des Schiffes in den Heimatshafen am . . . . in . . . . abzuliefern.

20. Der Aufforderung der Reichs-Telegraphenverwaltung zur zeitweiligen Einstellung des Betriebs der Bordstation ist jederzeit ohne Verzug Folge zu leisten.

21. Bei einem Aufenthalt in den Hoheitsgewässern fremder Staaten sind die daselbst gültigen Bestimmungen über Funkentelegraphie zu befolgen. Es ist Sache des Unternehmers, sich von diesen Bestimmungen Kenntnis zu verschaffen.

22. Die Bordstation muß im Besitz eines von der Reichs-Telegraphenverwaltung ausgestellten Ausweises sein, aus dem hervorgeht, daß die Errichtung

und der Betrieb der Bordstation behördlicherseits genehmigt worden ist und welcher Kategorie die Bordstation angehört. Dieser Ausweis muß bei der Bordstation vorhanden sein und auf Erfordern den zuständigen Behörden der Länder, deren Häfen das Schiff anläuft, vorgezeigt werden.

6. Ausführungs-Uebereinkunft zum Internationalen Funkentelegraphenvertrage.

1. Einrichtung der Funkentelegraphenstationen.

Artikel I.

Die Wahl der funkentelegraphischen Apparate und Einrichtungen bei den Küsten- und Bordstationen ist frei. Die Anlage dieser Stationen soll möglichst den Fortschritten der Wissenschaft und der Technik entsprechen.

Artikel II.

Für den allgemeinen öffentlichen Verkehr werden zwei Wellenlängen, die eine von 600 m und die andere von 300 m, zugelassen. Jede diesem Verkehre dienende Küstenstation muß so eingerichtet sein, daß sie diese beiden Wellenlängen benutzen kann, deren eine als die normale Wellenlänge der Station bezeichnet wird. Jede Küstenstation muß imstande sein, während der ganzen Dauer der Dienststunden die mit ihrer normalen Wellenlänge gegebenen Anrufe aufzunehmen. Indessen wird für den im § 2 des Artikels XXXV vorgesehenen Verkehr die Wellenlänge von 1800 m verwendet. Außerdem kann jede Regierung bei einer Küstenstation den Gebrauch anderer Wellenlängen für den Verkehr auf große Entfernungen oder für einen den Bestimmungen des Vertrags gemäß eingerichteten, nicht dem allgemeinen öffentlichen Verkehre dienenden Betrieb zulassen, vorausgesetzt, daß diese Wellenlängen nicht 600 m überschreiten oder daß sie größer als 1600 m sind.

Im besonderen dürfen die Stationen, die ausschließlich zum Aussenden von Zeichen für die Ortsbestimmung von Schiffen dienen, nicht Wellenlängen von mehr als 150 m verwenden.

Artikel III.

1. Jede Bordstation muß so eingerichtet sein, daß sie sich der Wellenlängen von 600 und von 300 m bedienen kann. Die erstere ist die normale Wellenlänge; sie darf beim Senden nicht überschritten werden, ausgenommen den Fall des Artikels XXXV (§ 2).

Andere Wellenlängen von weniger als 600 m können in besonderen Fällen unter Zustimmung der Verwaltungen verwendet werden, denen die betreffenden Küstenstationen und Bordstationen unterstehen.

2. Während der ganzen Dauer der Dienststunden muß jede Bordstation imstande sein, die mit ihrer normalen Wellenlänge gegebenen Anrufe aufzunehmen.

3. Schiffe geringen Raumgehalts, die sachlich außerstande sind, die Wellenlänge von 600 m zum Senden zu benutzen, können ermächtigt werden, ausschließlich die Wellenlänge von 300 m zu verwenden; sie müssen aber in der Lage sein, mit der Wellenlänge von 600 m zu empfangen.

Artikel IV.

Im Verkehre zwischen einer Küsten- und einer Bordstation oder zwischen zwei Bordstationen ist beiderseits die gleiche Wellenlänge anzuwenden. Wenn in einem besonderen Falle die Verständigung schwierig ist, können die beiden Stationen im gemeinsamen Einverständnisse von der Wellenlänge, mit welcher sie verkehren, zu der anderen vorgeschriebenen Wellenlänge übergehen. Die beiden Stationen schalten ihre normalen Wellenlängen wieder ein, sobald sie ihren gegenseitigen funkentelegraphischen Verkehr abgewickelt haben.

Artikel V.

1. Das Internationale Bureau entwirft, veröffentlicht und berichtigt in bestimmten Zeiträumen eine amtliche Karte, aus welcher die Küstenstationen, ihre normalen Reichweiten, die hauptsächlichsten Schiffslinien sowie die von den Schiffen für

die Fahrt zwischen den verschiedenen Anlaufhäfen unter normalen Verhältnissen gebrauchte Zeit zu ersehen sind.

2. Es fertigt und veröffentlicht ein Verzeichnis der unter den Artikel 1 des Vertrags fallenden Funkentelegraphenstationen sowie in bestimmten Fristen Nachträge zu dessen Ergänzung und Berichtigung. Das Verzeichnis enthält für jede Station folgende Angaben:

1. für die Küstenstationen: den Namen, die Nationalität und die geographische Lage, welche nach der Landeseinteilung sowie nach Länge und Breite des Ortes bezeichnet wird; für die Bordstationen: den Namen und die Nationalität des Schiffes; unter Umständen den Namen und die Adresse des Betriebsunternehmers;
2. das Rufzeichen (die Rufzeichen müssen aus Gruppen von drei Buchstaben bestehen und voneinander verschieden sein);
3. die normale Reichweite;
4. das funkentelegraphische System mit besonderer Kennzeichnung des Sendesystems (tönende Funken, Bezeichnung der Tonhöhe durch die Zahl der Doppelschwingungen usw.);
5. die benutzten Wellenlängen (die Normalwelle ist zu unterstreichen);
6. die Arten des Verkehrs, dem die Station dient;
7. die Dienststunden;
8. gegebenenfalls den Zeitpunkt sowie die Art und Weise der Abgabe von Zeitsignalen und Wettertelegrammen;
9. die Küstengebühr oder die Bordgebühr.

3. In das Verzeichnis werden auch Angaben über andere als die unter Artikel 1 des Vertrags fallenden Funkentelegraphenstationen aufgenommen, soweit die betreffende Verwaltung sie dem Internationalen Bureau mitteilt, vorausgesetzt, daß es sich entweder um Verwaltungen handelt, die dem Vertrage beigetreten sind, oder um nichtbeigetretene Verwaltungen, welche die im Artikel XLVIII vorgesehene Erklärung abgegeben haben.

4. Zur Kennzeichnung der Funkentelegraphenstationen werden in die für den internationalen Dienst bestimmten Bücherwerke folgende Angaben aufgenommen:

PG Station für den allgemeinen öffentlichen Verkehr;
PR Station für den beschränkten öffentlichen Verkehr;
P Station für den Privatverkehr;
O Station für ausschließlich amtlichen Verkehr;
N Station mit ununterbrochenem Dienste;
X Station ohne feste Dienststunden.

5. Dem in der ersten Spalte des Verzeichnisses angegebenen Namen einer Bordstation wird im Falle von Namensgleichheit das Rufzeichen der Station hinzugefügt.

Artikel VI.

Der Austausch überflüssiger Zeichen und Wörter ist den im Artikel 1 des Vertrags bezeichneten Stationen untersagt. Versuche und Uebungen dürfen bei diesen Stationen nur insoweit stattfinden, als sie den Betrieb anderer Stationen nicht stören.

Die Uebungen müssen mit Wellenlängen, welche von den für den öffentlichen Verkehr zugelassenen abweichen, und mit dem geringsten erforderlichen Kraftaufwand ausgeführt werden.

Artikel VII.

1. Sämtliche Stationen sind verpflichtet, den Telegrammaustausch mit dem geringsten Kraftaufwande zu bewirken, der für eine gute Verständigung erforderlich ist.

2. Jede Küsten- oder Bordstation soll folgenden Bedingungen entsprechen:

a) Die ausgesandten Wellen müssen so rein und so wenig gedämpft sein wie möglich.

Insbesondere ist die Verwendung von Sendevorrichtungen, bei denen die Erzeugung der ausgestrahlten Wellen im Wege direkter Entladung der Antenne durch Funken erfolgt (plain aerial), nicht gestattet, abgesehen von Fällen der Seenot.

Sie kann indessen für gewisse besondere Stationen (z. B. für solche auf kleinen Schiffen) zugelassen werden, bei denen die Primärenergie 50 Watt nicht übersteigt.

b) Die Apparate müssen zum Senden und zum Empfangen mit einer Geschwindigkeit von mindestens 20 Wörtern in der Minute geeignet sein, wobei das Wort zu 5 Buchstaben gerechnet wird.

Neuanlagen, welche mit mehr als 50 Watt arbeiten, sind so einzurichten, daß es leicht möglich ist, mehrere unter der normalen liegende Reichweiten zu erzielen, deren kleinste etwa 15 Seemeilen betragen soll. Aeltere Anlagen, welche mit mehr als 50 Watt arbeiten, sind nach Möglichkeit so umzugestalten, daß sie den vorstehenden Vorschriften genügen.

c) Die Empfangsapparate müssen gestatten, mit dem größtmöglichen Schutze gegen Störungen, Uebermittelungen mit den in der gegenwärtigen Ausführungs-Uebereinkunft vorgesehenen Wellenlängen bis zu 600 m zu empfangen.

3. Die Stationen, die lediglich dazu dienen, den Ort von Schiffen zu bestimmen (Funkenwarten), dürfen ihren Wirkungsbereich nicht auf mehr als 30 Seemeilen erstrecken.

Artikel VIII.

Unabhängig von den im Artikel VII aufgeführten allgemeinen Bedingungen müssen die Bordstationen noch folgenden Bedingungen genügen:

a) Die dem funkentelegraphischen Apparate zugeführte Kraft darf, an den Klemmen des Stromerzeugers der Station gemessen, unter normalen Verhältnissen ein Kilowatt nicht übersteigen.

b) Unter dem Vorbehalte der Vorschriften des Artikels XXXV § 2 kann eine Kraft von mehr als einem Kilowatt angewendet werden, wenn das Schiff auf eine Entfernung von mehr als 200 Seemeilen von der nächsten Küstenstation Nachrichten auszutauschen hat, oder wenn infolge außergewöhnlicher Umstände die Uebermittelung sich nur durch einen vermehrten Kraftaufwand ermöglichen läßt.

Artikel IX.

1. Keine Bordstation darf ohne Genehmigung der Regierung, der das Schiff untersteht, durch einen Privatunternehmer errichtet oder betrieben werden.

Die Stationen an Bord von Schiffen, deren Heimatshafen in einer Kolonie, einer Besitzung oder einem Schutzgebiete liegt, können als dieser Kolonie, Besitzung oder diesem Schutzgebiet unterstehend bezeichnet werden.

2. Die Einrichtung jeder Bordstation, die Inhaberin einer durch eine der vertragschließenden Regierungen erteilten Genehmigung ist, muß von den anderen Regierungen als den Bedingungen der gegenwärtigen Ausführungs-Uebereinkunft entsprechend angesehen werden.

Die zuständigen Behörden der Länder, deren Häfen das Schiff anläuft, können die Vorlegung der Genehmigung fordern. Wird sie nicht vorgelegt, so können diese Behörden sich davon vergewissern, daß die funkentelegraphischen Einrichtungen des Schiffes den durch die gegenwärtige Ausführungs-Uebereinkunft auferlegten Bedingungen entsprechen.

Wenn eine Verwaltung aus der Praxis erkennt, daß eine Bordstation diese Bedingungen nicht erfüllt, so soll sie in allen Fällen an die Verwaltung desjenigen Landes, welchem das Schiff untersteht, eine Beschwerde richten. Es wird alsdann zutreffendenfalls entsprechend dem Artikel XII § 2 verfahren.

Artikel X.

1. Die Bordstation muß durch einen Telegraphisten bedient werden, welcher ein von der Regierung, der das Schiff untersteht, ausgestelltes Zeugnis oder in dringendem Falle und zwar nur für eine Ueberfahrt ein solches einer anderen beigetretenen Regierung besitzt.

2. Es gibt zwei Klassen von Zeugnissen:

Das Zeugnis erster Klasse stellt den Befähigungsnachweis des Telegraphisten fest in bezug auf:

a) Einstellung der Apparate und Kenntnis ihrer Wirkungsweise;

b) Abgabe von Telegrammen und Aufnahme nach dem Gehöre mit einer Geschwindigkeit von mindestens 20 Wörtern in der Minute;

c) Kenntnis der Bestimmungen über den Funkentelegraphenverkehr.

Das Zeugnis zweiter Klasse kann einem Telegraphisten ausgestellt werden, der beim Geben und Empfangen nur eine Geschwindigkeit von 12 bis 19 Wörtern in der Minute erreicht, im übrigen aber den vorstehenden Bedingungen genügt. Die Telegraphisten, die ein Zeugnis zweiter Klasse besitzen, können zugelassen werden:

a) auf den Schiffen, welche die Funkentelegraphie nur für ihren eigenen Dienst und für den Nachrichtenaustausch der Besatzung benutzen, insbesondere auf den Fischereifahrzeugen;

b) auf allen Schiffen als Aushilfe, sofern diese Schiffe wenigstens einen Telegraphisten an Bord haben, der ein Zeugnis erster Klasse besitzt. Jedoch muß auf den Schiffen, welche zu der ersten im Artikel XIII bezeichneten Kategorie gehören, der Dienst durch mindestens zwei Telegraphisten wahrgenommen werden, die Zeugnisse erster Klasse besitzen.

Bei den Bordstationen dürfen die Uebermittelungen nur durch einen Telegraphisten erfolgen, der entweder das Zeugnis erster oder dasjenige zweiter Klasse besitzt, ausgenommen in dringenden Fällen, wo es unmöglich wäre, diese Bestimmung zu befolgen.

3. Außerdem stellt das Zeugnis fest, daß die Regierung den Telegraphisten auf das Telegraphengeheimnis verpflichtet hat.

4. Der Funkentelegraphendienst der Bordstation untersteht der Oberaufsicht des Schiffsführers.

Artikel XI.

Die mit Bordstationen versehenen Schiffe, welche zu den beiden ersten im Artikel XIII bezeichneten Kategorien gehören, müssen mit funkentelegraphischen Hilfsanlagen versehen sein, deren sämtliche Teile nach näherer Bestimmung der Regierung, welche die Genehmigung erteilt, so sicher wie möglich untergebracht sind. Diese Hilfsanlagen müssen über eine nur für sie bestimmte Kraftquelle verfügen, sie müssen ferner schnell in Betrieb gesetzt werden können, wenigstens für einen sechsstündigen Verkehr genügen und eine Mindestreichweite von 80 Seemeilen für Schiffe der ersten Kategorie und von 50 Seemeilen für diejenigen der zweiten Kategorie besitzen. Die Hilfsanlage ist nicht erforderlich für Schiffe, deren normale Anlage die Bedingungen des gegenwärtigen Artikels erfüllt.

Artikel XII.

1. Wenn eine Verwaltung erfährt, daß bei einer mit ihrer Genehmigung betriebenen Station gegen den Vertrag oder die Ausführungs-Uebereinkunft verstoßen worden ist, so hat sie die Tatsachen zu ermitteln und die Verantwortlichkeit festzustellen.

Fällt bei einer Bordstation die Schuld auf den Telegraphisten, so trifft die Verwaltung die erforderlichen Maßnahmen und zieht gegebenenfalls das Zeugnis zurück. Wenn festgestellt wird, daß der Verstoß auf den Zustand der Apparate oder auf dem Telegraphisten erteilte Weisungen zurückzuführen ist, so wird in Ansehung der dem Schiffe erteilten Genehmigung ebenso verfahren.

2. Sind im Falle wiederholter Zuwiderhandlungen desselben Schiffes die Vorstellungen, die eine andere Verwaltung bei der zuständigen Verwaltung erhoben hat, ohne Erfolg geblieben, so darf jene nach voraufgegangener Ankündigung ihre Küstenstationen ermächtigen, die von dem fraglichen Schiffe ausgehenden Nachrichten nicht mehr anzunehmen. Bei Meinungsverschiedenheiten zwischen den beiden Verwaltungen wird auf Verlangen einer der beteiligten Regierungen die Frage einem Schiedsgericht unterbreitet. Das Verfahren richtet sich nach Artikel 18 des Vertrags.

2. Dienststunden der Stationen.

Artikel XIII.

a) Küstenstationen.

1. Bei den Küstenstationen besteht möglichst ununterbrochener Tages- und Nachtdienst.

Gewisse Küstenstationen können jedoch beschränkten Dienst abhalten. Jede Verwaltung setzt die Dienststunden fest.

2. Küstenstationen mit beschränktem Dienste dürfen erst schließen, nachdem sie alle vorliegenden Funkentelegramme an die Schiffe innerhalb ihrer Reichweite be-

fördert und alle von solchen Schiffen angemeldeten Funkentelegramme abgenommen haben. Diese Bestimmung gilt auch, wenn Schiffe ihre Gegenwart vor der wirklichen Beendigung der Arbeit ankündigen.

b) Bordstationen.

3. Die Bordstationen werden in drei Kategorien eingeteilt:

1. Stationen mit ununterbrochenem Dienste;
2. Stationen mit beschränkter Dienstdauer;
3. Stationen ohne feste Dienststunden.

Während der Fahrt müssen in Hörbereitschaft bleiben

1. die Stationen der ersten Kategorie dauernd;
2. diejenigen der zweiten Kategorie während der Dienststunden und außerhalb dieser Stunden während der ersten 10 Minuten jeder Stunde.

Die Stationen der dritten Kategorie sind zu keinem regelmäßigen Hördienste verpflichtet.

Die Regierungen, welche die im Artikel IX bezeichneten Genehmigungen erteilen, haben die Kategorie zu bestimmen, der das Schiff hinsichtlich seiner Verpflichtung zum Hördienste zugeteilt wird. Diese Zuteilung wird in der Genehmigung vermerkt.

3. Abfassung und Aufgabe der Funkentelegramme.

Artikel XIV.

1. Die Funkentelegramme erhalten als erstes Wort im Kopfe den Dienstvermerk „Radio".

2. Bei der Uebermittelung der Funkentelegramme von einem Schiffe in See wird im Kopfe Tag und Stunde der Auflieferung bei der Bordstation angegeben.

3. Bei der Weiterbeförderung auf dem Telegraphennetze gibt die Küstenstation als Aufgabeanstalt den Namen des Ursprungsschiffs, wie er in dem Verzeichnis aufgeführt ist, und zutreffendenfalls auch denjenigen des letzten Schiffes, das als Durchgangsanstalt vermittelt hat, an. Hinter diesen Angaben folgt der Name der Küstenstation.

Artikel XV.

1. Die Adresse der Funkentelegramme an Schiffe muß möglichst vollständig sein; sie hat zu enthalten:

a) den Namen oder die Stellung des Empfängers mit etwaigen ergänzenden Zusätzen;
b) den Namen des Schiffes, wie er in der ersten Spalte des Verzeichnisses steht;
c) den Namen der Küstenstation, wie er in dem Verzeichnisse steht.

Indessen kann der Name des Schiffes auf Gefahr des Absenders durch eine Angabe über die vom Schiffe befahrene Strecke ersetzt werden, die nach Abgangs- und Bestimmungshafen oder durch einen anderen gleichwertigen Vermerk bezeichnet wird.

2. In der Adresse wird der Name des Schiffes, wie er in der ersten Spalte des Verzeichnisses steht, in allen Fällen und ohne Rücksicht auf seine Länge als ein Wort gezählt.

3. Die mit Hilfe des Internationalen Signalbuchs abgefaßten Funkentelegramme werden an ihre Bestimmung befördert, ohne übersetzt zu werden.

4. Gebührenberechnung.

Artikel XVI.

1. Die Küstengebühr und die Bordgebühr werden nach dem reinen Worttarif auf der Grundlage einer angemessenen Entschädigung für die funkentelegraphische Arbeit festgesetzt, wobei die Bestimmung einer Mindestgebühr für jedes Funkentelegramm zulässig ist.

Die Küstengebühr darf 60 Centimes für das Wort, die Bordgebühr 40 Centimes für das Wort nicht übersteigen. Jedoch hat jede Verwaltung das Recht, höhere Küsten- und Bordgebühren zuzulassen, wenn es sich um Stationen handelt, deren Reichweite 400 Seemeilen übersteigt, oder deren Anlage und Betrieb infolge der tatsächlichen Verhältnisse außergewöhnlich hohe Kosten erfordern.

Die zugelassene Mindestgebühr für ein Funkentelegramm darf die Küsten- oder Bordgebühr eines Funkentelegramms von 10 Wörtern nicht übersteigen.

2. Bei den im unmittelbaren Verkehre mit den Küstenstationen des Aufgabe- oder des Bestimmungslandes ausgewechselten Funkentelegrammen darf die Gebühr für die Beförderung auf den Telegraphenlinien im Mittel nicht diejenige für den inneren Verkehr des Landes übersteigen.

Diese Gebühr wird nach dem reinen Worttarife festgesetzt, wobei ein Mindesterhebungssatz, der die Gebühr von 10 Wörtern nicht übersteigt, zulässig ist. Sie wird durch die Verwaltung desjenigen Landes, welchem die Küstenstation untersteht, in Franken bekanntgegeben.

Für die Länder des europäischen Vorschriftenbereichs, mit Ausnahme von Rußland und der Türkei, besteht nur eine einzige Gebühr für das Gebiet jedes Landes.

Artikel XVII.

1. Wenn ein von einem Schiffe ausgehendes und nach dem festen Lande gerichtetes Funkentelegramm eine oder zwei Bordstationen im Durchgange berührt, so umfaßt die Gebühr, außer derjenigen für die Ursprungsbordstation, die Küstenstation und die Telegraphenlinien, die Bordgebühr für jedes der Schiffe, das an der Beförderung teilgenommen hat.

2. Der Absender eines Funkentelegramms, das von dem festen Lande herrührt und nach einem Schiffe gerichtet ist, kann verlangen, daß sein Telegramm durch Vermittelung einer oder zweier Bordstationen befördert wird; er entrichtet zu diesem Zwecke die funkentelegraphischen Gebühren und gewöhnlichen Telegrammgebühren und hinterlegt außerdem eine durch die Ursprungsanstalt festzusetzende Summe zur Deckung der im § 1 festgesetzten Durchgangsgebühren der vermittelnden Bordstationen; er bezahlt außerdem nach seiner Wahl die Gebühr für ein Telegramm von 5 Wörtern oder den Betrag für die Frankierung eines Briefes, worin die Küstenstation der Ursprungsanstalt die für die endgültige Verrechnung der hinterlegten Summe erforderlichen Angaben mitteilt.

Das Funkentelegramm wird alsdann auf Gefahr des Absenders angenommen; es erhält vor der Adresse den gebührenpflichtigen Vermerk „x retransmissions télégraphe" („x Umtelegraphierungen Telegramm") oder „x retransmissions lettre" („x Umtelegraphierungen Brief") (x stellt die Zahl der durch den Absender gewünschten Umtelegraphierungen dar), je nachdem der Absender verlangt, daß die für die endgültige Verrechnung des hinterlegten Betrags erforderliche Mitteilung durch Telegramm oder durch Brief erfolgen soll.

3. Die Gebühr für Funkentelegramme, die von einem Schiffe ausgehen, für ein anderes Schiff bestimmt sind und durch Vermittelung einer oder zweier Küstenstationen befördert werden, umfaßt:

Die Bordgebühren der beiden Schiffe, je nach Umständen die Gebühr einer oder zweier Küstenstationen und gegebenenfalls die gewöhnlichen Telegrammgebühren für die Beförderung zwischen den beiden Küstenstationen.

4. Die Gebühr für Funkentelegramme, die zwischen den Schiffen ohne Vermittelung einer Küstenstation ausgetauscht werden, umfaßt die Bordgebühren des Ursprungs- und des Bestimmungsschiffes zuzüglich der Bordgebühren für die vermittelnden Bordstationen.

5. Die Küsten- und Bordgebühren, die den Durchgangsstationen zukommen, sind die gleichen, wie sie für diese Stationen festgesetzt sind, wenn sie Ursprungs- oder Bestimmungsstationen sind. In allen Fällen werden sie nur einmal erhoben.

6. Für jede vermittelnde Küstenstation kommt als Durchgangsgebühr die höchste derjenigen Küstengebühren in Betracht, die bei unmittelbarem Austausche mit den beiden fraglichen Schiffen gelten.

Artikel XVIII.

Das Land, auf dessen Gebiet eine Küstenstation errichtet ist, die den Austausch von Funkentelegrammen zwischen einer Bordstation und einem andern Lande vermittelt, wird hinsichtlich der Gebührenberechnung als Ursprungs- oder als Bestimmungsland dieser Funkentelegramme angesehen und nicht als Durchgangsland.

5. Gebührenerhebung.

Artikel XIX.

1. Die Gesamtgebühr der Funkentelegramme wird vom Absender erhoben, mit Ausnahme 1. der Eilbotenkosten (Artikel LVIII § 1 der Ausführungs-Uebereinkunft zum Internationalen Telegraphenvertrage); 2. der Gebühren für unzulässige Zusammenziehungen oder Veränderungen von Wörtern, welche durch die Bestimmungsanstalt oder die Bestimmungsbordstation festgestellt werden (Artikel XIX § 9 der Ausführungs-Uebereinkunft zum Internationalen Telegraphenvertrage); diese Gebühren werden vom Empfänger eingezogen.

Die Bordstationen sollen zu diesem Zwecke die erforderlichen Tarife besitzen. Sie können jedoch über die Taxierung von Funkentelegrammen, für welche sie nicht alle erforderlichen Angaben besitzen, bei den Küstenstationen Auskunft einholen.

2. Hinsichtlich der Funkentelegramme nach Schiffen ist die Wortzählung der Ursprungsanstalt und hinsichtlich der Funkentelegramme von Schiffen diejenige der Ursprungsbordstation maßgebend, und zwar sowohl für die Uebermittelung als auch für die internationale Abrechnung. Sofern jedoch das Funkentelegramm ganz oder teilweise entweder in einer der Sprachen des Bestimmungslandes — bei Funkentelegrammen von Schiffen — oder in einer der Sprachen des Landes, dem das Schiff untersteht — bei Funkentelegrammen nach Schiffen — abgefaßt ist und Zusammenziehungen oder Veränderungen von Wörtern enthält, die dem Gebrauche dieser Sprache entgegen sind, hat je nach Umständen die Bestimmungsanstalt oder die Bestimmungsbordstation die Berechtigung, den Betrag der nicht erhobenen Gebühr vom Empfänger einzuziehen. Wird die Zahlung verweigert, so kann das Funkentelegramm angehalten werden.

6. Uebermittelung der Funkentelegramme.

a) Beförderungszeichen.

Artikel XX.

Es werden die Zeichen des internationalen Morsealphabets verwendet.

Artikel XXI.

In Seenot befindliche Schiffe gebrauchen das Zeichen

● ● ● ▬ ▬ ▬ ● ● ●,

das in kurzen Zwischenräumen unter Hinzufügung der notwendigen Angaben wiederholt wird.

Sobald eine Station das Notzeichen wahrnimmt, muß sie jeden anderen Verkehr unterbrechen und darf ihn erst wieder beginnen, nachdem sie die Gewißheit erlangt hat, daß der durch den Hilferuf veranlaßte Nachrichtenaustausch beendet ist.

Die Stationen, die ein Notzeichen wahrnehmen, haben sich hinsichtlich der Reihenfolge und des Aufhörens der Uebermittelungen den Weisungen des Schiffes zu fügen, von dem der Notruf ausgeht.

Wenn am Schlusse der Reihe von Notzeichen das Rufzeichen einer bestimmten Station hinzugefügt ist, so hat nur diese den Ruf zu beantworten, es sei denn, daß sie überhaupt nicht antwortet. Fehlt die Angabe einer bestimmten Station in dem Hilferufe, so hat jede das Notzeichen empfangende Station die Verpflichtung, sich zu melden.

Artikel XXII.

Um Auskünfte über den Funkentelegraphendienst zu geben oder zu verlangen, haben die Stationen von den Abkürzungen Gebrauch zu machen, welche in der dieser Ausführungs-Uebereinkunft beigefügten Zusammenstellung enthalten sind.

b) Reihenfolge der Uebermittelung.

Artikel XXIII.

Zwischen zwei Stationen werden die Funkentelegramme gleichen Ranges je nach dem Verlangen der Küstenstation einzeln abwechselnd oder in Reihen von mehreren Telegrammen befördert, vorausgesetzt, daß die Dauer der Uebermittelung jeder Reihe 15 Minuten nicht übersteigt.

c) Anruf der Stationen und Uebermittelung der Funkentelegramme.

Artikel XXIV.

1. In der Regel ruft die Bordstation die Küstenstation an, ohne Rücksicht darauf, ob sie Funkentelegramme zu übermitteln hat oder nicht.

2. In den Gewässern, wo der funkentelegraphische Verkehr lebhaft ist (Kanal usw.), darf in der Regel ein Schiff eine Küstenstation nur anrufen, wenn die Küstenstation sich innerhalb der normalen Reichweite der Bordstation befindet, und wenn letztere in eine Entfernung von weniger als 75 Prozent der normalen Reichweite der Küstenstation gelangt ist.

3. Vor dem Anrufe muß die Küstenstation oder die Bordstation ihre Empfangsvorrichtung so empfindlich wie möglich einstellen und sich vergewissern, daß innerhalb ihres Bereichs keine andere Uebermittelung im Gange ist; andernfalls wartet sie die erste Unterbrechung ab, sofern sie nicht etwa erkennt, daß ihr Anruf die im Gange befindlichen Uebermittelungen nicht stören kann. Das gleiche gilt für den Fall, daß sie einen Anruf beantworten will.

4. Für den Anruf gebraucht jede Station die Normalwelle derjenigen Station, die gerufen werden soll.

5. Wenn trotz dieser Vorsichtsmaßregeln eine funkentelegraphische Uebermittelung gestört wird, so ist der Anruf auf das erste Verlangen einer dem öffentlichen Verkehre dienenden Küstenstation einzustellen. Diese Station hat dabei die ungefähre Dauer der Wartezeit anzugeben.

6. Die Bordstation hat jeder Küstenstation, bei welcher sie sich gemeldet hat, den Zeitpunkt, zu welchem sie den Verkehr abzubrechen gedenkt, sowie die voraussichtliche Dauer der Unterbrechung bekanntzugeben.

Artikel XXV.

1. Der Anruf setzt sich zusammen aus den Zeichen

— · — · —,

dem dreimal gegebenen Rufzeichen der anzurufenden Station, dem Worte „de" und dem dreimal gegebenen Rufzeichen der gebenden Station.

2. Die angerufene Station meldet sich mit dem Zeichen

— · — · —,

dem dreimal gegebenen Rufzeichen der rufenden Station, dem Worte „de", dem eigenen Rufzeichen und dem Zeichen

— · —.

3. Stationen, die mit Schiffen zu verkehren wünschen, die Namen der in ihrem Wirkungsbereiche sich befindenden Schiffe aber nicht kennen, können das Zeichen

— · — ·   — — · —

(Suchzeichen) anwenden. Die Bestimmungen der §§ 1 und 2 gelten auch für die Uebermittelung des Suchzeichens und für dessen Beantwortung.

Artikel XXVI.

Wenn eine Station den mit Pausen von 2 Minuten dreimal gegebenen Anruf (Art. XXV) nicht beantwortet, so darf dieser erst nach 15 Minuten und nachdem die rufende Station sich vergewissert hat, daß kein funkentelegraphischer Verkehr im Gange ist, wiederholt werden.

Artikel XXVII.

Jede Station, die mit Aufwendung großer Kraft zu geben hat, sendet zuerst dreimal das Warnungszeichen

— — · · — —

mit der geringsten Kraft, die nötig ist, um die benachbarten Stationen zu erreichen. Erst 30 Sekunden nach Abgabe des Warnungszeichens beginnt sie mit der großen Kraft zu senden.

Artikel XXVIII.

1. Sobald die Küstenstation geantwortet hat, macht ihr die Bordstation, wenn sie Telegramme zu übermitteln hat, oder wenn die Küstenstation es verlangt, die nachfolgenden Angaben:

a) die ungefähre Entfernung des Schiffes von der Küstenstation in Seemeilen;
b) den Schiffsort in kurzer und den Umständen angepaßter Form;
c) den nächsten Anlaufhafen des Schiffes;
d) die Zahl der Funkentelegramme, wenn sie von normaler Länge sind, oder die Zahl der Wörter, wenn die Telegramme außergewöhnlich lang sind.

Die Geschwindigkeit des Schiffes in Seemeilen wird auf ausdrückliches Ersuchen der Küstenstation besonders angegeben.

2. Die Küstenstation gibt in ihrer Antwort, wie dies im § 1 bestimmt ist, entweder die Zahl der Telegramme oder die Zahl der dem Schiffe zu übermittelnden Wörter sowie die Reihenfolge der Uebermittelung an.

3. Wenn die Uebermittelung nicht sogleich beginnen kann, so teilt die Küstenstation der Bordstation die ungefähre Dauer der Wartezeit mit.

4. Wenn eine angerufene Bordstation nicht sogleich empfangen kann, so verständigt sie die rufende Station über die ungefähre Dauer der Wartezeit.

5. Beim Telegrammaustausche zwischen zwei Bordstationen hat die angerufene Station die Reihenfolge der Uebermittelung zu regeln.

Artikel XXIX.

Wird eine Küstenstation von mehreren Bordstationen angerufen, so entscheidet sie über die Reihenfolge, in der diese Stationen ihren Verkehr abwickeln sollen.

Hierbei ist für die Küstenstation lediglich der Gesichtspunkt maßgebend, daß jeder beteiligten Station Gelegenheit gegeben werden soll, die größtmögliche Zahl von Funkentelegrammen auszutauschen.

Artikel XXX.

Vor Beginn des Telegrammaustausches teilt die Küstenstation der Bordstation mit, ob die Uebermittelung der Telegramme einzeln, abwechselnd oder in Reihen (Art. XXIII) erfolgen soll; sie beginnt sodann die Uebermittelung oder gibt das Zeichen

— · —.

Artikel XXXI.

Die Uebermittelung eines Funkentelegramms wird durch das Zeichen

— · — · —

eingeleitet und durch das Zeichen

· — · — ·

mit nachfolgendem Rufzeichen der gebenden Station und dem Zeichen

— · —

beendet.

Im Falle der Uebermittelung einer Reihe von Funkentelegrammen wird das Rufzeichen der gebenden Station und das Zeichen

— · —

nur am Schlusse der Reihe gegeben.

Artikel XXXII.

Enthält das zu befördernde Funkentelegramm mehr als 40 Wörter, so unterbricht die gebende Station nach jeder Gruppe von etwa 20 Wörtern die Uebermittelung durch das Zeichen

· · — — · ·

und setzt sie erst fort, nachdem ihr die Empfangsstation das letzte gut erhaltene Wort unter Hinzufügung des genannten Zeichens wiederholt oder, wenn die Aufnahme gut ist, das Zeichen

— · —

gegeben hat.

Bei der Beförderung in Reihen wird nach jedem Funkentelegramme Quittung erteilt.

Bei längeren Funkentelegrammen haben die Küstenstationen die Beförderung am Schlusse jeder Periode von 15 Minuten einzustellen und während der folgenden 3 Minuten Stille zu bewahren, bevor sie die Uebermittelung fortsetzen.

Die Küsten- und Bordstationen, welche unter den im Artikel XXXV § 2 vorgesehenen Bedingungen arbeiten, haben die Arbeit am Schlusse jeder Periode von 15 Minuten einzustellen und während der folgenden 3 Minuten mit der 600 m-Welle zu hören, bevor sie die Uebermittelung fortsetzen.

Artikel XXXIII.

1. Werden die Zeichen undeutlich, so ist mit allen möglichen Hilfsmitteln zu versuchen, die Uebermittelung zu Ende zu führen. Zu diesem Zwecke wird das Funkentelegramm auf Wunsch der Empfangsstation höchstens dreimal gegeben. Bleiben die Zeichen trotz dieser dreimaligen Uebermittelung immer noch unleserlich, so wird das Telegramm zurückgezogen.

Kommt die Quittung nicht an, so ruft die gebende Station die Empfangsstation von neuem. Erfolgt auf drei Anrufe keine Antwort, so wird die Uebermittelung eingestellt. In diesem Falle kann die gebende Station versuchen, die Quittung durch Vermittlung einer andern Funkentelegraphenstation zu erlangen, indem sie gegebenenfalls die Linien des Telegraphennetzes benutzt.

2. Glaubt die Empfangsstation, daß das Telegramm trotz mangelhaften Empfanges ausgehändigt werden kann, so setzt sie hinter den Kopf des Telegramms den dienstlichen Vermerk „réception douteuse" und gibt es weiter. In diesem Falle zieht die Verwaltung, der die Küstenstation untersteht, die Gebühren gemäß Artikel XLII der gegenwärtigen Ausführungs-Uebereinkunft ein. Wenn die Bordstation jedoch das Funkentelegramm später an eine andere Küstenstation derselben Verwaltung übermittelt, so hat diese nur Anspruch auf die Gebühren für eine Uebermittelung.

d) Quittung und Schlußzeichen.

Artikel XXXIV.

1. Die Quittung wird in der durch die Ausführungs-Uebereinkunft zum Internationalen Telegraphenvertrage vorgeschriebenen Form erteilt; der Quittung wird das Rufzeichen der gebenden Station vorangesetzt und das der empfangenden Station am Schlusse hinzugefügt.

2. Der Schluß des Verkehrs zwischen zwei Stationen wird von jeder von ihnen durch das Zeichen

●●● ▬ ● ▬

und das eigene Rufzeichen ausgedrückt.

e) Leitung der Funkentelegramme.

Artikel XXXV.

1. Als Grundsatz gilt, daß die Bordstation ihre Funkentelegramme an die nächste Küstenstation abgibt.

Wenn aber die Bordstation zwischen mehreren Küstenstationen, welche sich in gleicher oder fast gleicher Entfernung von ihr befinden, wählen kann, so gibt sie derjenigen den Vorzug, welche auf dem Gebiete des Bestimmungslandes oder des Landes des normalen Durchganges ihrer Funkentelegramme liegt.

2. Der Absender an Bord eines Schiffes hat jedoch das Recht, die Küstenstation zu bestimmen, durch welche sein Telegramm befördert werden soll. Die Bordstation wartet dann, bis diese Küstenstation die nächste ist.

Ausnahmsweise kann die Uebermittelung an eine weiter entfernte Küstenstation erfolgen, vorausgesetzt, daß

a) das Funkentelegramm nach dem Lande bestimmt ist, in welchem die Küstenstation liegt, und von einem Schiffe ausgeht, das diesem Lande untersteht;
b) die beiden Stationen für den Anruf und die Uebermittelung eine Wellenlänge von 1800 m benutzen;
c) die Uebermittelung mit dieser Wellenlänge den Verkehr einer mit der gleichen Wellenlänge arbeitenden näher gelegenen Küstenstation nicht stört;
d) die Bordstation mehr als 50 Seemeilen von jeder in dem Verzeichnis aufgeführten Küstenstatiou entfernt ist. Die Entfernung von 50 Meilen kann auf 25 Meilen herabgesetzt werden unter dem Vorbehalte, daß die höchste Kraft an den Klemmen des Stromerzeugers 5 Kilowatt nicht übersteigt, und daß die Bordstationen gemäß den Artikeln VII und VIII ausgestattet sind. Die Herabsetzung der Entfernung ist nicht zulässig in Meeren, Buchten oder Golfen, deren Ufer einem einzigen Lande gehören und deren Oeffnung auf das hohe Meer weniger als 100 Meilen beträgt.

7. Zustellung der Funkentelegramme am Bestimmungsorte.

Artikel XXXVI.

Wenn ein auf einem Schiffe in See aufgeliefertes und nach dem festen Lande gerichtetes Funkentelegramm dem Empfänger aus irgendeinem Grunde nicht zugestellt werden kann, so wird eine Unbestellbarkeitsmeldung abgelassen. Diese wird der Küstenstation zugeführt, die das Ursprungstelegramm erhalten hat. Diese letztere sendet die Unbestellbarkeitsmeldung nach Prüfung der Adresse, wenn möglich, an das Schiff weiter, nötigenfalls durch Vermittelung einer anderen Küstenstation desselben Landes oder eines Nachbarlandes.

Kann ein bei einer Bordstation angekommenes Funkentelegramm nicht bestellt werden, so teilt die Bordstation dies der Ursprungsanstalt oder der Ursprungsstation durch Dienstnotiz mit. Bei Funkentelegrammen, die vom festen Lande ausgehen, wird die Dienstnotiz, soweit möglich, der Küstenstation, die das Funkentelegramm im Durchgange befördert hat, oder unter Umständen einer anderen Küstenstation desselben Landes oder eines Nachbarlandes zugeführt.

Artikel XXXVII.

Hat sich das Schiff, für welches ein Funkentelegramm bestimmt ist, innerhalb der vom Absender bestimmten Frist oder beim Fehlen einer solchen Bestimmung bis zum Morgen des 8. Tages bei der Küstenstation nicht gemeldet, so gibt diese der Ursprungsanstalt Nachricht, die den Absender verständigt.

Dieser kann durch eine telegraphisch oder brieflich an die Küstenstation gerichtete gebührenpflichtige Dienstnotiz verlangen, daß sein Telegramm weitere 9 Tage zur Uebermittelung an das Schiff bereitgehalten werde usw. In Ermangelung eines solchen Verlangens wird das Funkentelegramm am Ende des 9. Tages (den Tag der Aufgabe nicht mitgerechnet) als unbestellbar zurückgelegt.

Hat jedoch die Küstenstation die Gewißheit, daß das Schiff ihren Wirkungsbereich verlassen hat, bevor ihm das Funkentelegramm zugeführt werden konnte, so benachrichtigt sie unverzüglich die Ursprungsanstalt, die ohne Verzögerung den Absender von der Nichtbeförderung des Telegramms verständigt. Indes kann der Absender die Küstenstation durch gebührenpflichtige Dienstnotiz ersuchen, das Funkentelegramm bei der nächsten Vorüberfahrt des Schiffes zu übermitteln.

8. Besondere Funkentelegramme.

Artikel XXXVIII.

Zugelassen sind nur:

1. Funkentelegramme mit vorausbezahlter Antwort. Diese Funkentelegramme tragen vor der Adresse die Angabe „Antwort bezahlt" oder „RP", vervollständigt durch den Vermerk über den für die Antwort vorausbezahlten Betrag, z. B. „Antwort bezahlt fr. x" oder „RP fr. x".

   Der an Bord eines Schiffes ausgestellte Antwortschein berechtigt, in den Grenzen seines Wertes ein Funkentelegramm irgendwohin bei der Bordstation, die den Schein ausgestellt hat, aufzugeben.
2. Funkentelegramme mit Vergleichung.
3. Durch Eilboten zu bestellende Funkentelegramme, aber nur in den Fällen, wo der Betrag der Eilbotenkosten vom Empfänger erhoben wird. Die Länder, welche sich mit solchen Funkentelegrammen nicht befassen können, haben hierüber eine Erklärung an das Internationale Bureau abzugeben. Durch Eilboten zu bestellende Funkentelegramme, für welche die Kosten vom Absender erhoben werden, können zugelassen werden, wenn sie nach dem Lande gerichtet sind, auf dessen Gebiete die vermittelnde Küstenstation liegt.
4. Durch die Post zu bestellende Funkentelegramme.
5. Zu vervielfältigende Funkentelegramme.
6. Funkentelegramme mit Empfangsanzeige, aber nur, soweit es sich um die Bekanntgabe des Tages und der Stunde handelt, zu welcher die Küstenstation der Bordstation das für letztere bestimmte Telegramm übermittelt hat.
7. Gebührenpflichtige Dienstnotizen. Ausgenommen sind diejenigen, welche eine Wiederholung oder eine Auskunft verlangen. Indes sind alle Arten von gebührenpflichtigen Dienstnotizen zugelassen, soweit es sich um die Beförderung auf den Linien des Telegraphennetzes handelt.
8. Dringende Funkentelegramme, aber nur, soweit es sich um die Beförderung auf den Linien des Telegraphennetzes handelt und nach Maßgabe der Ausführungs-Uebereinkunft zum Internationalen Telegraphenvertrage.

Artikel XXXIX.

Die Funkentelegramme können von einer Küstenstation an ein Schiff oder von einem Schiffe an ein anderes Schiff zur Weitersendung durch die Post von einen Anlaufhafen des empfangenden Schiffes aus übermittelt werden.

Eine Umtelegraphierung findet bei diesen Funkentelegrammen nicht statt.

Die Adresse dieser Funkentelegramme muß, wie folgt, abgefaßt sein:

1. Gebührenpflichtige Angabe „Post" unter Hinzufügung des Namens des Hafens, wo das Funkentelegramm zur Post gegeben werden soll;
2. Name und vollständige Adresse des Empfängers;
3. Name der Bordstation, welche Auflieferung bei der Post bewirken soll;
4. gegebenenfalls Name der Küstenstation.

Beispiel: **Poste Buenosaires Martinez 14 Calle Prat** Valparaiso Avon Lizard.

Die Gebühr umfaßt außer den funkentelegraphischen Gebühren und gewöhnlichen Telegrammgebühren einen Betrag von 25 Centimes für die postalische Frankierung des Funkentelegramms.

9. Aufbewahrung des Telegrammaterials.

Artikel XL.

Die Urschriften der Funkentelegramme sowie die darauf Bezug habenden, von den Verwaltungen zurückbehaltenen Belege werden wenigstens 15 Monate, von dem auf den Aufgabemonat folgenden Monat an gerechnet, unter Beachtung aller für die Geheimhaltung erforderlichen Maßnahmen aufbewahrt.

Diese Urschriften und Belege werden, soweit möglich, mindestens einmal monatlich von den Bordstationen der Verwaltung, der sie unterstehen, übersandt.

10. Absetzung und Erstattung von Gebühren.

Artikel XLI.

1. Hinsichtlich der Absetzung und Erstattung von Gebühren gilt die Ausführungs-Uebereinkunft zum Internationalen Telegraphenvertrage mit den in den Artikeln XXXVIII und XXXIX der gegenwärtigen Ausführung-Uebereinkunft angegebenen Einschränkungen und unter folgenden Vorbehalten:

Die auf die funkentelegraphische Beförderung verwendete Zeit sowie die Zeit, während der ein nach einem Schiffe gerichtetes Funkentelegramm bei der Küstenstation oder ein von einem Schiffe herrührendes Funkentelegramm bei der Bordstation lagert, zählen bei den für die Absetzung und Erstattung von Gebühren maßgebenden Fristen nicht mit.

Wenn die Küstenstation der Ursprungsanstalt mitteilt, daß ein Funkentelegramm dem Bestimmungsschiffe nicht übermittelt werden kann, so veranlaßt die Verwaltung des Ursprungslandes alsbald die Erstattung der Küsten- und Bordgebühren für dieses Funkentelegramm an den Absender. In diesem Falle gehen die erstatteten Beträge nicht in die im Artikel XLII vorgesehene Abrechnung über, jedoch wird das Funkentelegramm dort nachrichtlich vermerkt.

Die Gebührenerstattung wird von den verschiedenen an der Beförderung des Funkentelegramms beteiligten Verwaltungen und Privatunternehmungen getragen, indem eine jede von ihnen auf ihren Gebührenanteil verzichtet. Funkentelegramme indessen, auf welche die Artikel 7 und 8 des Internationalen Telegraphenvertrags von St. Petersburg Anwendung finden, bleiben den Bestimmungen der Ausführungs- Uebereinkunft zum Telegraphenvertrag unterworfen, ausgenommen den Fall, daß die Annahme dieser Funkentelegramme auf einem Dienstversehen beruht.

2. Hat die gebende Station keine Quittung über das Funkentelegramm erhalten, so wird die Gebühr nur erstattet, wenn festgestellt worden ist, daß das Funkentelegramm Anlaß zur Gebührenerstattung gibt.

11. Abrechnung.

Artikel XLII.

1. Die Küsten- und Bordgebühren werden in die durch die Ausführungs- Uebereinkunft zum Internationalen Telegraphenvertrage vorgesehenen Abrechnungen nicht aufgenommen.

Die Rechnungen über diese Gebühren werden zwischen den Verwaltungen der beteiligten Länder ausgeglichen. Sie werden von den Verwaltungen, denen die Küstenstationen unterstehen, aufgestellt und den beteiligten Verwaltungen übersandt. Wenn der Betrieb der Küstenstationen von der Verwaltung des Landes unabhängig ist, so kann der Betriebsunternehmer dieser Stationen, soweit es sich um die Abrechnung handelt, an die Stelle der Verwaltung des Landes treten.

2. Für die Beförderung auf den Telegraphenlinien wird das Funkentelegramm hinsichtlich der Abrechnung nach den Bestimmungen der Ausführungs- Uebereinkunft zum Internationalen Telegraphenvertrage behandelt.

3. Für die Funkentelegramme von Schiffen schreibt die Verwaltung, der die Küstenstation untersteht, der Verwaltung, der die Ursprungsbordstation untersteht, die Küsten- und gewöhnlichen Telegrammgebühren, die gesamten für bezahlte Antworten erhobenen Gebühren, die für die Vergleichung erhobenen Küsten- und gewöhnlichen Telegrammgebühren, die Gebühren für die Bestellung durch Eilboten (im Falle des Artikels XXXVIII) oder durch die Post und die für weitere Abschriften (TM) erhobenen Gebühren zur Last. Die Verwaltung, der die Küstenstation untersteht, vergütet gegebenenfalls im Wege der gewöhnlichen Telegrammabrechnung und durch Vermittelung der Verwaltungen, welche an der Beförderung der Funkentelegramme teilgenommen haben, der Verwaltung, der die Bestimmungsanstalt untersteht, die gesamten Gebühren für bezahlte Antworten. Hinsichtlich der gewöhnlichen Telegrammgebühren und der Gebühren für die Bestellung durch Eilboten oder durch die Post sowie für weitere Abschriften wird gemäß der Ausführungs- Uebereinkunft zum Internationalen Telegraphenvertrage verfahren, wobei die Küstenstation als Ursprungstelegraphenanstalt angesehen wird.

Für Funkentelegramme, die nach einem anderen Lande als demjenigen, welchem die Küstenstation angehört, gerichtet sind, gelten als nach den vorstehenden Vorschriften zu verrechnende Telegrammgebühren diejenigen, welche sich aus den Tabellen A und B zur Ausführungs- Uebereinkunft zum Internationalen Telegraphenvertrag oder aus besonderen Abkommen ergeben, die zwischen den Verwaltungen benachbarter Länder abgeschlossen und durch diese Verwaltungen veröffentlicht worden sind, nicht aber etwa die Gebühren, die gemäß den besonderen Bestimmungen der Artikel XXIII § 1 und XXVII § 1 der genannten Ausführungs- Uebereinkunft erhoben werden könnten.

Für die Funkentelegramme und gebührenpflichtigen Dienstnotizen nach Schiffen werden die Küsten- und Bordgebühren unmittelbar der Verwaltung, der die Ursprungsanstalt untersteht, von derjenigen, welcher die Küstenstation untersteht, zur Last geschrieben. Indessen werden die gesamten Gebühren für bezahlte Antworten zutreffendenfalls von Land zu Land im Wege der gewöhnlichen Telegrammabrechnung vergütet bis zu der Verwaltung, der die Küstenstation untersteht. Hinsichtlich der gewöhnlichen Telegrammgebühren und der Gebühren für die Bestellung durch die Post und für weitere Abschriften wird gemäß der Ausführungs- Uebereinkunft zum Internationalen Telegraphenvertrage verfahren. Die Verwaltung, der die Küstenstation untersteht, vergütet derjenigen, welcher das Bestimmungsschiff untersteht, die Bordgebühr, zutreffendenfalls die Gebühren für die vermittelnden Bordstationen, die gesamte Gebühr für bezahlte Antworten, die Bordgebühr für Vergleichung sowie die Gebühren für die Anfertigung weiterer Abschriften und für die Bestellung durch die Post.

Die gebührenpflichtigen Dienstnotizen und die bezahlten Antworten selbst werden in den funkentelegraphischen Abrechnungen in jeder Hinsicht wie die übrigen Funkentelegramme behandelt.

Für die durch eine oder zwei vermittelnde Bordstationen beförderten Funkentelegramme schreibt jede von diesen der Ursprungsbordstation, wenn es sich um ein Funkentelegramm von einem Schiffe handelt, oder der Bestimmungsbordstation, wenn es sich um ein Funkentelegramm nach einem Schiffe handelt, die ihr für den Durchgang zukommende Bordgebühr zur Last.

4. Der Ausgleich der Abrechnungen für die zwischen Bordstationen ausgetauschten Funkentelegramme erfolgt grundsätzlich unmittelbar zwischen den Gesellschaften, die diese Stationen betreiben, indem die Bestimmungsstation der Ursprungsstation die Gebühren zur Last schreibt.

5. In die monatlichen Rechnungen, auf Grund deren die besondere Abrechnung über die Funkentelegramme erfolgt, werden die Funkentelegramme einzeln mit allen erforderlichen Angaben aufgenommen. Die Rechnungen werden binnen 6 Monaten, von dem Monat an, auf welchen sie sich beziehen, aufgestellt.

6. Die Regierungen behalten sich das Recht vor, untereinander mit Privatgesellschaften (Unternehmern, die Funkentelegraphenstationen betreiben, Schiffahrtsgesellschaften usw.) besondere Vereinbarungen hinsichtlich der Einführung eines anderen Abrechnungsverfahrens zu treffen.

12. Internationales Bureau.

Artikel XLIII.

Die Mehrausgaben, die dem Internationalen Bureau durch die Bearbeitung der Funkentelegraphenangelegenheiten erwachsen, dürfen 80 000 Franken im Jahre nicht überschreiten, die durch eine internationale Konferenz veranlaßten besonderen Kosten nicht mitgerechnet. Die Verwaltungen der vertragschließenden Staaten werden hinsichtlich der Beiträge zu den Kosten, wie folgt, in sechs Klassen eingeteilt.

1. Klasse:

Südafrikanischer Bund; Deutschland; Vereinigte Staaten von Amerika; Alaska; Hawai und die übrigen amerikanischen Besitzungen Polynesiens; Philippinen-Inseln; Porto Rico und die amerikanischen Besitzungen in den Antillen; Zone des Panamakanals; Republik Argentinien; Australien; Oesterreich; Brasilien; Canada; Frankreich; Großbritannien; Ungarn; Britisch-Indien; Italien; Japan; Neu-Seeland; Rußland; Türkei.

2. Klasse:

Spanien.

3. Klasse:

Russisches Zentralasien (Küstengebiet des Kaspischen Meeres); Belgien; Chile; Chosen, Formosa, Japanisch-Sachalin und das Pachtgebiet von Kwantung; Niederländisch-Indien; Norwegen; Niederlande; Portugal; Rumänien; Westsibirien (Küstengebiet des Eismeers); Ostsibirien (Küstengebiet des Stillen Ozeans); Schweden.

4. Klasse:

Deutsch-Ostafrika; Deutsch-Südwestafrika; Kamerun; Togo; Deutsche Südseeschutzgebiete; Dänemark; Aegypten; Indochina; Mexiko; Siam; Uruguay.

5. Klasse:

Französisch-Westafrika; Bosnien-Herzegowina; Bulgarien; Griechenland; Madagaskar; Tunis.

6. Klasse:

Französisch-Aequatorialafrika; Portugiesisch-Westafrika; Portugiesisch-Ostafrika und asiatische Besitzungen; Bokhara; Belgisch-Kongo; Kolonie Curaçao; Spanische Kolonie am Golf von Guinea; Erythrea; Chiwa; Marokko; Monaco; Persien; San Marino; Italienisch-Somaliland.

Artikel XLIV.

Die verschiedenen Verwaltungen übermitteln dem Internationalen Bureau eine Uebersicht nach dem anliegenden Muster, welche für die im Artikel V der Ausführungs-Uebereinkunft bezeichneten Stationen die darin aufgeführten Angaben enthält. Vorkommende Aenderungen und Ergänzungen teilen die Verwaltungen dem Internationalen Bureau zwischen dem 1. und 10. eines jeden Monats mit. Auf Grund dieser Mitteilungen fertigt das Internationale Bureau das im Artikel V vorgesehene Verzeichnis. Das Verzeichnis wird den beteiligten Verwaltungen geliefert. Es kann auch mit den darauf bezüglichen Nachträgen an das Publikum zum Selbstkostenpreis abgegeben werden.

Das Internationale Bureau wacht darüber, daß die Festsetzung gleichlautender Rufzeichen für die Funkentelegraphenstationen vermieden wird.

13. Wettertelegramme, Zeitsignale und ähnliches.

Artikel XLV.

1. Die Verwaltungen treffen die nötigen Vorkehrungen, um ihren Küstenstationen die Wettertelegramme zukommen zu lassen, welche die den Bereich dieser Stationen interessierenden Angaben enthalten. Diese Telegramme, deren Text nicht mehr als 20 Wörter enthalten darf, werden den Schiffen auf deren Ersuchen übermittelt. Die Gebühr für diese Wettertelegramme wird den Bestimmungsschiffen zur Schuld gestellt.

2. Die meteorologischen Beobachtungen gewisser Schiffe, die hierzu durch das Land, dem sie unterstehen, bestimmt werden, können einmal täglich als gebührenpflichtige Dienstnotizen den Küstenstationen, die zum Empfange von den beteiligten Verwaltungen ermächtigt sind, übermittelt werden. Letztere bezeichnen auch die meteorologischen Dienststellen, denen diese Beobachtungen durch die Küstenstationen zu übermitteln sind.

3. Die Zeitsignale und die Wettertelegramme werden unmittelbar nacheinander übermittelt; die Gesamtdauer ihrer Beförderung darf zehn Minuten nicht übersteigen. Grund-

sätzlich haben während dieser Uebermittelung alle Funkentelegraphenstationen, deren Zeichengebung die Aufnahme dieser Signale und Telegramme stören kann, Stillschweigen zu beobachten, damit allen Stationen, die es wünschen, der Empfang der Telegramme und Signale ermöglicht wird. Ausnahmen sind in Fällen von Seenot und für Staatstelegramme zulässig.

4. Die Verwaltungen erleichtern den von ihnen genehmigten Schiffsnachrichtenbureaus den Bezug der Nachrichten über Schiffsschäden und Seeunfälle und sonstiger Nachrichten von allgemeinem Interesse für die Schiffahrt, soweit Nachrichten von den Küstenstationen regelmäßig mitgeteilt werden können.

14. Verschiedenes.

Artikel XLVI.

Der Verkehr zwischen den Bordstationen soll sich so abwickeln, daß der Betrieb der Küstenstationen dadurch nicht gestört wird. Letzteren gebührt im allgemeinen der Vorrang für den öffentlichen Nachrichtenverkehr.

Artikel XLVII.

Die Küstenstationen und die Bordstationen sind verpflichtet, sich an der Umtelegraphierung der Funkentelegramme zu beteiligen, wenn die Ursprungs- und die Bestimmungsstation nicht unmittelbar miteinander verkehren können.

Die Zahl der Umtelegraphierungen ist indes auf zwei beschränkt.

Bei Funkentelegrammen nach dem festen Lande darf von der Mitwirkung von Zwischenstationen nur Gebrauch gemacht werden, um die nächstgelegene Küstenstation zu erreichen.

Die Mitwirkung von Zwischenstationen hat in allen Fällen zur Voraussetzung, daß sie in der Lage ist, das im Durchgang empfangene Telegramm weiterzugeben.

Artikel XLVIII.

Ein Funkentelegramm, das Telegraphenlinien oder Funkentelegraphenstationen einer dem Vertrage nicht beigetretenen Regierung berührt, kann weiterbefördert werden, wenn die Verwaltungen, denen diese Linien oder Stationen unterstehen, erklärt haben, gegebenenfalls wenigstens die für die regelrechte Beförderung der Funkentelegramme unerläßlichen Bestimmungen des Vertrags und der Ausführungs-Uebereinkunft anwenden zu wollen, und wenn die Abrechnung gesichert ist.

Diese Erklärung wird dem Internationalen Bureau abgegeben und zur Kenntnis der Verwaltungen des Welttelegraphenvereins gebracht.

Artikel XLIX.

Aenderungen der gegenwärtigen Ausführungs-Uebereinkunft, die infolge der Beschlüsse späterer Telegraphenkonferenzen notwendig werden sollten, treten zu dem Zeitpunkt in Kraft, welcher für die Anwendung der von jeder dieser Konferenzen vereinbarten Bestimmungen festgestellt werden wird.

Artikel L.

Die Bestimmungen der Ausführungs-Uebereinkunft zum Internationalen Telegraphenvertrage finden, soweit sie nicht im Widerspruch mit der gegenwärtigen Ausführungs-Uebereinkunft stehen, auf den funkentelegraphischen Verkehr sinngemäß Anwendung.

Insbesondere sind auf den funkentelegraphischen Verkehr anzuwenden die Vorschriften des Artikels XXVII §§ 3—6 der Ausführungs-Uebereinkunft zum Internationalen Telegraphenvertrage hinsichtlich der Erhebung der Gebühren, die der Artikel XXXVI und XLI hinsichtlich der Angabe des zu benutzenden Weges, die der Artikel LXXV § 1, LXXVIII §§ 2—4 und LXXIX §§ 2 und 4 hinsichtlich der Aufstellung der Abrechnungen. Es ist jedoch Folgendes zu berücksichtigen:

1. die im § 2 des Artikels LXXIX der Ausführungs-Uebereinkunft zum Internationalen Telegraphenvertrage für die Prüfung der Rechnungen vorgesehene Frist von 6 Monaten wird für Funkentelegramme auf 9 Monate erhöht;
2. die Bestimmungen des Artikels XVI § 2 sind nicht so aufzufassen, als ob sie die gebührenfreie Uebermittelung der Diensttelegramme, die ausschließlich den Telegraphendienst betreffen, durch Funkentelegraphenstationen oder die gebührenfreie Uebermittelung der Diensttelegramme, die ausschließlich den Funkentelegraphendienst betreffen, auf den Telegraphenlinien zuließen;
3. die Bestimmungen des Artikels LXXIX §§ 3 und 5 sind nicht anwendbar auf die funkentelegraphische Abrechnung. Mit Bezug auf die Anwendung der Bestimmungen

der Ausführungs-Uebereinkunft zum Internationalen Telegraphenvertrage sind die Küstenstationen als Durchgangsanstalten anzusehen, sofern die Ausführungs-Uebereinkunft zum Funkentelegraphenvertrage nicht ausdrücklich bestimmt, daß sie als Ursprungs- oder Bestimmungsanstalten zu gelten haben.

Gemäß Artikel 11 des Londoner Vertrags tritt die gegenwärtige Ausführungs-Uebereinkunft am 1. Juli 1913 in Kraft.

Urkundlich dessen haben die beteiligten Bevollmächtigten die Ausführungs-Uebereinkunft in einem Exemplar unterzeichnet, das in den Archiven der Britischen Regierung verbleibt, und von welchem eine Abschrift jedem Teile zugestellt werden wird.

Unterschriften.

Als Anlagen sind zu Art. XXII der Ausführungs-Uebereinkunft noch eine „Zusammenstellung der im Funkentelegraphenverkehr anzuwendenden Abkürzungen" sowie das Muster zu einem Formular auf Grund des Artikels XLIV der Ausführungs-Uebereinkunft vom Internationalen Telegraphenbureau aufzustellenden „Verzeichnis der Funkentelegraphenstationen und ihrer Verhältnisse" dem Vertrage beigegeben; diese Anlagen haben nur Interesse für den internen Dienstbetrieb.

Das nachstehende „Sachverzeichnis" ermöglicht es, sich schnell im Vertrage und im Reglement zurechtzufinden.

7. Sachverzeichnis zum Internationalen Funkentelegraphenvertrage, zum Schlußprotokoll und zur Ausführungs-Uebereinkunft.

Sachangabe	Nummer der Artikel des Vertrags oder der Ausführungs-Uebereinkunft	Nummer der Paragraphen	Sachangabe	Nummer der Artikel des Vertrags oder der Ausführungs-Uebereinkunft	Nummer der Paragraphen
Abfassung der Telegramme	XIV, XV	—	Angaben, besondere . . .	XVII	2
	XXXIX	—		XXXVIII u. XXXIX	—
Abrechnung	XXXIII	2	Angaben, betr. den Dienst der Stationen	V	4
	XLI	1	Angaben, die der Uebermittelung der Funkentelegramme vorangehen .	XXVIII	—
	XLII	—	Angaben, dienstliche . . .	XIV	—
	XLV	1	Anlagen der Flotte und des Heeres	21	—
	L	—	Anlage der Stationen . .	I	—
Absetzung von Gebühren .	XLI	1		VII, VIII	
Abstimmungen bei den Konferenzen	12	—	Anruf der Stationen . .	XXIV bis XXVII	—
Abwechselnder Austausch .	XXIII	—	Anruf, Seenot	9	—
	XXX	—		XXI	—
Adresse der Funkentelegramme	XV	—	Anwendbarkeit des Vertrags	1	—
	XXXIX	—	Aufbewahrung d. Urschriften der Funkentelegramme .	XL	—
Aenderungen des Vertrags und der Ausführungs-Uebereinkunft	11	—			
	13	—			
	XLIX	—			
Angabe des Leitwegs . .	L	—			

Sachangabe	Nummer der Artikel des Vertrags oder der Ausführungs-Uebereinkunft	Nummer der Paragraphen
Aufbewahrung des Telegramm-Materials . . .	XL	—
Aufgabe der Funkentelegramme	XIV, XV	—
Ausführung des Vertrags .	19	—
Ausführungs-Uebereinkunft zum Funkentelegraphenvertrage	11	—
Ausführungs-Uebereinkunft zum Telegraphenvertrage	XIX XXXIV XXXVIII XLI XLII L	1 1 8 1 1. 2. 3 —
Ausgleich der Abrechnungen	XLII	4
Auskünfte über Schiffsschäden und Seeunfälle	XLV	4
Ausnahme von der Verpflichtung des wechselseitigen Austausches	3. 4	—
Austausch zwischen d. Küstenstationen und dem Telegraphennetze	5	—
Bedingungen, den Bordstationen auferlegte . .	VII, VIII	—
Bedingungen, den Küstenstationen auferlegte . .	VII	—
Beförderungszeichen . . .	XX bis XXII XXV XXVII XXX bis XXXII XXXIV	— — — — —
Begriff, Bordstation . . .	2	—
„ , Küstenstation . .	2	—
„ , Ursprungs- oder Bestimmungsland	XVIII	—
Beiträge zu den Kosten des Internationalen Bureaus	13	—
Beitritt	12 16	— —

Sachangabe	Nummer der Artikel des Vertrags oder der Ausführungs-Uebereinkunft	Nummer der Paragraphen
Beschwerden	IX XII	2 2
Betrieb der Funkentelegraphenstationen . . .	8 X	— —
Beziehungen zu nicht beigetretenen Verwaltungen .	XLVIII	—
Beziehungen zu Stationen, die nicht dem Vertrag unterworfen sind . . .	14	—
Bordgebühr	10 XVI XVII XXXIX XLII	— 1 — — 1. 3
Bosnien-Herzegowina (Zuteilung einer Stimme) .	I (Schlußprotokoll)	—
Canada (Vorbehalt, betreffend Gebühren)	III (Schlußprotokoll	—
Dienst der Stationen . . .	XIII	—
Dienstnotizen, gebührenpflichtige	XXXVIII XLII XLV	7 3 2
Dienststunden	XIII	—
Diensttelegramme	L	—
Durchgangsgebühren . . .	10 XVII XLII	3 — 3
Eilbotenkosten	XIX	1
Einrichtungen, besondere .	7	—
Einstellung der Apparate .	XXIV	3
Einteilung der Bordstationen	XIII	3
„ „ Verwaltungen	XLIII	—
Erhebung der Gebühren vom Absender	XIX	1
Erhebung der Gebühren vom Empfänger	XIX	—

Sachangabe	Nummer der Artikel des Vertrags oder der Ausführungs-Uebereinkunft	Nummer der Paragraphen
Erstattung	XLI	—
Feste Stationen	21	—
Frist für die Aufstellung der Rechnungen	XLII	5
Frist für die Bereithaltung der Funkentelegramme	XXXVII	—
Frist für die Prüfung der Rechnungen	L	—
Funkentelegramme:		
besondere	XXXVIII u. XXXIX	—
dringende	XXXVIII	8
durch die Post weiterzusendende	XXXIX	—
durch die Post zu bestellende	XXXVIII XLII	4 3
durch Eilboten zu bestellende	XXXVIII XLII	3 3
mit Empfangsanzeige	XXXVIII	6
mit Vergleichung	XXXVIII XLII	2 3
mit vorausbezahlter Antwort	XXXVIII XLII	1 3
zu vervielfältigende	XXXVIII XLII	5 3
Funkenwarten	II VII	— 3
Gebührenerhebung	XVII XIX L	5 — —
Gebühr für postalische Frankierung	XXXIX	—
Gegenseitige Bekanntgabe von Angaben, welche die Stationen betreffen	6	—
Genehmigung der Bordstationen	IX XIII	— 3
Gesamtgebühr der Funkentelegramme	10	—

Sachangabe	Nummer der Artikel des Vertrags oder der Ausführungs-Uebereinkunft	Nummer der Paragraphen
Geschwindigkeit der Uebermittelung	VII X	2 2
Gesetzgebung	19. 20	—
Gleichlautende Namen von Bordstationen	V	5
Gleichlautende Rufzeichen	XLIV	—
Hilfsanlagen	XI	—
Hinterlegung von Beträgen und deren Verrechnung	XVII	2
Inkrafttreten des Vertrags	22	—
Internationales Bureau	13 V XXXVIII XLIII, XLIV XLVIII	— 1. 2. 3 3 — — —
Karte, amtliche	V	1
Kolonien, Besitzungen und Schutzgebiete, (Beitritt der)	12 16	— —
Konferenzen, Funkentelegraphen-	11. 12	—
Konferenzen, Telegraphen-	XLIX	—
Kopf der Funkentelegramme	XIV	—
Kündigung des Vertrags	22	—
Küstengebühr	10 XVI XVII XXXIX XLII	— 1 — — 1. 3
Leitung der Funkentelegramme	XVII XXXV	2 —
Maßnahmen zur Sicherstellung des Telegrammaustausches zwischen Küstenstationen und dem Telegraphennetze	5	—
Name des Bestimmungsschiffes	XV	1. 2
Nicht beigetretene Verwaltungen	V	3

Sachangabe	Nummer der Artikel des Vertrags oder der Ausführungs-Uebereinkunft	Nummer der Paragraphen
Normalwelle der Bordstationen	III, IV V XXIV	— 2_5 4
Normalwelle der Küstenstationen	II IV V XXIV	— — 2_5 4
Offener Schwingungskreis .	VII	2a
Privatunternehmungen . .	V IX XLI XLII	2_1 1 1 1. 4. 6
Quittung	XXXII XXXIII XXXIV XLI	— 1 1 2
„Radio" (Dienstvermerk) . .	XIV	1
Ratifikation des Vertrags .	23	—
Rechnungen, internationale .	XLI XLII L	1 — —
Reichweite der Stationen .	VII XI	2b. 3 —
„ , normale . . .	VII XXIV	2b. 3 2
Reihenfolge der Uebermittlung	XXIII XXVIII	— 2. 5
Reihenfolge, in welcher die Stationen ihren Verkehr abwickeln	XXIX	—
Rufzeichen	V XXV XLIV	2_2. 5 1. 2 —
Schiedsgericht	18 XII	— 2
Schiffe geringen Raumgehalts	III VII	2 2a
Schluß des Verkehrs . . .	XXXIV	2
Seenotzeichen	XXI	—
Sendeeinrichtungen . . .	VII	2
Sendesystem	V	2_4

Sachangabe	Nummer der Artikel des Vertrags oder der Ausführungs-Uebereinkunft	Nummer der Paragraphen
Signalbuch, Internationales	XV	3
Stationen, andere als die im Artikel 1 des Vertrags bezeichneten	14. 45 21 V	— — 3
Stärke der Stationen . .	VII VIII	1. 2 —
Suchzeichen	XXV	3
Tabellen A und B zur Ausführungs-Uebereinkunft zum Telegraphenvertrage .	XLII	3
Taxierung	XVI bis XIX XXXIX	— —
Telegrammgebühren . . .	10 XVI XXXIX	— 2 —
Telegrammtarife	XIX	1
Telegraphengeheimnis . .	X	3
Telegraphenvertrag . . .	17 XLI	— 1
Telegraphisten zweiter Klasse	X	2
Uebermittelung der Funkentelegramme	XX bis XXXV	—
Uebermittelung der Funkentelegramme an eine andere als die nächste Küstenstation	II XXXV	— —
Uebermittelung der Wettertelegramme	XLV	1. 2. 3
Uebermittelung in Reihen .	XXX bis XXXII	—
Umtelegraphierung von Funkentelegrammen	XVII XLVII	— —
Unbestellbarkeit der Funkentelegramme	XXXVI u. XXXVII	—
Unbestellbarkeitsmeldung . .	XXXVI	—
Unmöglichkeit des Verkehrs mit anderen Systemen .	3	—

Sachangabe	Nummer der Artikel des Vertrags oder der Ansführungs-Uebereinkunft	Nummer der Paragraphen
Unterbrechung der Uebermittelung	XXXII	—
Vereinbarungen, besondere .	XLII	3. 6
Vereinigte Staaten von Amerika (Vorbehalt wegen Gebühren)	II (Schlußprotokoll)	—
Verhältnisse der Stationen .	V	2
Verkehr, beschränkter öffentlicher	4	—
Verkehr, besonderer . . .	7	—
Verkehr zwischen Land und Land	21	—
Vermehrung der Kraft . .	VIII XXVII	b —
Verpflichtung, Störungen zu verhüten	8 XXIV XXXV XLV XLVI	— 3. 5 2c 3 —
Verpflichtung zum wechselseitigen Verkehr	3 21	— —
Versuche und Uebungen . .	VI	—
Verweigerung des Verkehrs .	XII	2
Verzeichnis, Internationales, der Funkentelegraphenstationen	V XV XLIV	2 bis 5 1. 2 —
Vorrang drr Küstenstationen	XLVI	—
Warnungszeichen	XXVII	—
Wechseln der Wellenlänge .	IV	—
Wellenlängen	II bis IV VI XXXII XXXV	— — — 2b
Wettertelegramme	XLV	1. 2. 3
Wiederholung des Anrufs .	XXVI	—
" der Funkentelegramme	XXXIII	—
Wortzählung	XV XIX	2 2
Wortzusammenziehungen . .	XIX	—
Zeitsignale	XLV	3
Zeugnisse	X	1. 2. 3
Zurückziehung des Zeugnisses oder der Genehmigung .	XII	1
Zusammenstellung der Abkürzungen	XXII	—
Zusammenziehung oder Veränderung von Wörtern .	XIX	—
Zustellung am Bestimmungsorte	XXXVI u. XXXVII	—
Zuwiderhandlungen gegen den Vertrag oder gegen die Ausführungs-Uebereinkunft	XII	—
Zweifelhafte Aufnahme . .	XXXIII	—

Literaturverzeichnis.

Annuaire de l'Institut de Droit International, Paris 1894, 1902 und 1906. In letzterem: Régime des Aérostats et de la Télégraphie sans fil. S. 293/329.
Archives diplomatiques 1903 und 1906.
Archiv für Post und Telegraphie, 1904 Nr. 3, 1906 Nr. 2 und 1907 Nr. 12.
v. Bar, Das Gesetz über das Telegraphenwesen des Deutschen Reichs. Berlin.
Bluntschli, Das moderne Völkerrecht der zivilisierten Staaten als Rechtsbuch dargestellt. Nördlingen 1878.
v. d. Borght, Das Verkehrswesen, 2. Aufl. Leipzig 1912.
Buzzati, L'offesa e la difesa nella guerra secondo i moderni ritrovati. Roma 1888 S. 266 ff.
Carré, H., Les incidents de la neutralité de la guerre russo-japonaise. Paris.
Conférence de la paix par la Revue générale de droit international public. Paris 1900.
Conférence préliminaire concernant la télégraphie sans fil (Berlin 1903).
Contuzzi, La telegrafia marittima nei rapporti del diritto penale e del diritto internazionale. Napoli 1904.
Dambach, Die Postverträge und Telegraphenverträge in v. Holtzendorffs Handbuch des Völkerrechts, Bd. 3, 1887, S. 538 ff.
Dambach, Das Gesetz über das Postwesen des Deutschen Reiches vom 28. Oktober 1871. (1892).
Dambach, Das Telegraphen-Strafrecht nach der deutschen Gesetzgebung. Berlin 1897.
Desjardins, La guerre de l'Afrique australe et le droit des gens. Revue des Deux Mondes, 1900.
Documents de la Conférence radiotélégraphique internationale de Berlin 1906, publiés par le Département des Postes de l'Empire Allemagne. Berlin 1906.
Ducretet, Traité élémentaire de télégraphie sans fil. Paris 1903.
Fauchille, Le domaine aérien et le régime juridique des aérostats, in Revue générale de Droit international public, Bd. VIII, Nr. 4, 1901 und Annuaire de l'institut de droit international 1902, 19.
Fischer, Die Telegraphie und das Völkerrecht. Leipzig 1876.
Fischer, Das neue deutsche Telegraphengesetz, in Schmollers Jahrbuch für Gesetzgebung usw. Bd. 16 Heft 3.
Fitger, Die Rückwirkung des ostasiatischen Krieges auf das Völkerrecht. Berlin 1904.
Geffken, Das Seekriegsrecht und die Neutralität, in von Holtzendorffs Handbuch des Völkerrechts, Bd. IV S. 29 u. 30, 1889.
Giordana, La proprietà privata nella guerra marittima. Roma 1907.
Grünwald, Das Luftschiff in völkerrechtlicher und strafrechtlicher Beziehung.
Grünwald, Der Luftraum in rechtlicher Beziehung zu den Teilen der Erde, über denen er sich befindet (Archiv für öffentliches Recht Heft 2/1909).
Hennig, Seekabel, drahtlose Telegraphie und Kriegsrecht, in Deutsche Revue, Bd. 1, 1906.
Hennig, Telegraphie und Seekriegsrecht, in „Preußische Jahrbücher" Heft 1/1911.
Hilty, Die völkerrechtlichen Gebräuche in der atmosphärischen Zone, im Archiv für öffentliches Recht, Bd. XIX, 1905.
Holland, in Revue de droit international et de législation comparée, 2. Serie, VII, 1905.
Holtz, Der gegenwärtige Stand der Luftrechtswissenschaft, in Schweizer Juristenzeitung 1912 S. 247.
Jahrbuch für Deutschlands Seeinteressen für 1905 und 1909 von Nauticus, Berlin.
Jahrbuch der drahtlosen Telegraphie und Telephonie, 1908 und 1909.
Jentsch, Telegraphie und Telephonie ohne Draht. Berlin 1904.
Jouhannaud, Les câbles sous-marins, leur protection en temps de paix et en temps de guerre.
Journal télégraphique, Bern (verschiedene Jahrgänge).
Jurisch, Grundzüge des Luftrechts. Berlin 1897.
Kausen, Die Radiotelegraphie im Völkerrecht. München 1910.

Kebedgy, La télégraphie sans fil et la guerre, in Revue de droit international Bd. VI, 1904, S. 445/451.
Kleen, Lois et usages de la neutralité.
Kleen, De la contrebande de guerre et des transports interdits des neutres. Bruxelles 1893.
Kohler, Die Luftschiffahrt im Völkerrecht in „Zeitschrift für Völkerrecht und Bundesstaatsrecht" 1910.
Kohler, Luftfahrtrecht. Berlin 1912.
Landsberg, Die drahtlose Telegraphie im deutschen und internationalen Verkehrsrecht. Marburg 1909.
Lapparant, La télémécanique et les expériences de M. Branly, Correspondant 10. juillet 1905.
Lawrence, War and neutrality in the Far East. London 1904 S. 89 ff.
Ludewig, Zu dem Entwurfe eines Gesetzes über das Telegraphenwesen des Deutschen Reiches, 1891.
Le Fur, Étude sur la guerre Hispano-Américaine, 1899.
v. Liszt, Das Völkerrecht. Berlin 1907.
v. Liszt, Lehrbuch des Deutschen Strafrechts, 1896.
Lodemann, Die Bedeutung der drahtlosen Telegraphie für die Versicheruug, insbesondere die Seeversicherung. Zeitschrift für die gesamte Versicherungswissenschaft Bd. VII, 1907.
Lueder, Krieg und Kriegsrecht im allgemeinen, in v. Holtzendorffs Handbuch des Völkerrechts Bd. IV St. 27, 1889.
Maas, Der Telegraphengesetzentwurf und seine Gefahren, eine Kritik, 1891.
Meili, Das Recht der modernen Verkehrs- und Transportanstalten, 1888.
Meili, Das Telephonrecht. Leipzig 1885.
Meili, Die Telegraphie und Telephonie in ihrer rechtlichen Bedeutung für die kaufmännische Welt. Wien 1892.
Meili, Die drahtlose Telegraphie im internen Recht und Völkerrecht. Zürich 1908.
Meili, Die internationalen Unionen über das Recht der Weltverkehrsanstalten und des geistigen Eigentums. Leipzig 1889.
Meili, Das Luftschiff und die Rechtswissenschaft. In Bl. für vergl. Rechtswissenschaft Nr. 8/1909.
Méringhac, Les Lois et coutûmes de la guerre sur terre, 1903 und Traité de droit public international II (S. 398—410).
Meyer, Alex, Die Luftschiffahrt in kriegsrechtlicher Bedeutung. Frankfurt a. M. 1909.
Meurer, Luftschiffahrtsrecht. In den „Annalen des Deutschen Reiches für Gesetzgebung usw." Nr. 3/1909.
Nagaoka, Étude sur la guerre russo-japanaise au point de vue de droit international, in Revue gén. d. Dr. Int. p. XII, 1905.
Nesper, Die drahtlose Telegraphie und ihr Einfluß auf den Wirtschaftsverkehr. Berlin 1905.
Nys, Le droit international; le domaine aérien.
Nys, Droit et aérostats dans la Revue de droit international et de législation comparée, IV, 1902.
Perels, Privateigentum auf See in Kriegszeiten, Marine-Rundschau 1903.
Perels, Das internationale öffentliche Seerecht, 1903.
Pfitzner, Die internationale Vorkonferenz für Funkentelegraphie in Berlin, im Archiv für Post und Telegraphie. Berlin 1904.
Pietri, Étude critique sur la fiction d'exterritorialité. Paris 1895.
Pincitori, Il contrabbando di guerra. Palermo 1902.
Poinsard, Études de droit international conventionnel. Paris 1894.
Rolland, De la correspondance postale et télégraphique dans les relations internationales. Paris 1901.
Rolland, La télégraphie sans fil et le Droit des gens, in Revue générale de d. i. p. Bd. XIII, 1906.
Schneeli, Radiotelegraphie und Völkerrecht. Berlin 1908.
Scholz, Krieg und Seekabel. Berlin 1904.
Scholz, Drahtlose Telegraphie und Neutralität. Berlin 1905.
Scholz, Völkerrecht und Funkentelegraphie, in Deutsche Juristenzeitung Bd. XII, 1907.
Scholz, Räumliche Erweiterung der Gebietshoheit durch Rechtskonstruktion, in „Zeitschrift für Völkerrecht und Bundesstaatsrecht" 1911 S. 157.
Spectateur militaire, La guerre sudafricaine 1900.
Thurn, Die Funkentelegraphie, 2. Aufl. Leipzig 1913.

Thurn, Die Seekabel unter besonderer Berücksichtigung der deutschen Seekabeltelegraphie in technischer, handelswirtschaftlicher, verkehrspolitischer und strategischer Beziehung. Leipzig 1909.
Thurn, „Die Funkentelegraphie im Verkehrsrecht". In „Weltverkehr". Nr. 7/Oktober 1911.
Thurn, Funkentelegraphie und Telegraphenregal in „Zeitschrift für Post und Telegraphie". Wien Nr. 12/1910.
Thurn, Die Funkentelegraphie im Völkerrecht, in „Zeitschrift für Post und Telegraphie", Wien Nr. 20—24/1910.
Thurn, Die Funkentelegraphie im internen und internationalen Verkehrsrecht im „Jahrbuch für Verkehrsbeamte" 1911.
Thurn, Internationale Regelung der Funkentelegraphie in Marine-Rundschau, Juli 1913.
Thurn, Die Funkentelegraphie im öffentlichen Verkehr im „Jahrbuch für Verkehrswissenschaften" Heft 2/1913.
Weck, Deutsches Luftrecht. Berlin 1913. In dieser Arbeit ist auch ein ausführliches Verzeichnis der für das „Luftrecht" besonders in Betracht kommenden Zeitschriften, sowie ein Verzeichnis der Rechtsquellen enthalten.
Wiegner, Die Kriegskonterbande in der Kriegswissenschaft und der Staatenpraxis. Berlin 1904.
Wilß, Das Gesetz über das Telegraphenwesen des Deutschen Reichs vom 6. April 1892 nebst dem Gesetze, betr. die Abänderung dieses Gesetzes (Telefunkennovelle) vom 7. März 1908. Frankfurt (Main) 1908.
Zuculin, J cavi sottomarini e il telegrafo senza fili nel diritto di guerra.

FSC
www.fsc.org
MIX
Papier | Fördert
gute Waldnutzung
FSC® C083411

Kolibri 360 GmbH
Ferdinand-Jühlke-Straße 7
99095 Erfurt, Deutschland
produktsicherheit@kolibri360.de